학교 교과의 탄생과 변화

School Subjects and Curriculum Change - Studies in Curriculum History

SCHOOL SUBJECT & CURRICULUM
CHANGE

학교 교과의 탄생과 변화

살아남은 교과, 사라진 교과

아이버 굿슨
지음

김순미 노현주 신혜영 양미소 이윤미 조현정 하은숙 한경희
정광순 조상연 김세영
옮김

ㄱ

교육법을 개혁하고, GCSE(중등교육자격검정시험), TVEI(기술 및 직업교육), 관련 정책들을 추진하고 있는 이런 시대에 1970년대 교육사에 관한 책을 발간했다는 소식은 매우 유감스럽다.[1]

위 글은 1988년 판 『학교교과와 교육과정 변화School Subjects and Curriculum Change』(2판)[2)]을 출판하고 나서, 티클(Tickle)이 한 신문에 발표한 내용이다(이 기사를 쓴 Tickle을 Mr. Tickle이라고 부를 만큼이나 우스꽝스러운 논평이다). 가히 역사적인 기억 상실증이라고 할 만한 표현이다. 1970년대 교육과정 연구라고는 하나, 그것이 1980년대에 시사하는 바가 없을 것이라고 생각하니 답답할 따름이다. 이 기사에서 대처라이트(Thatcherite)[1]의 교육 정책을 혁명적이라고 지지하는 것으로 보아, '과거를 지배하는 자가 미래를 지배하고, 현재를 지배하는 자가 과거를 지배한다'는 오웰리언(Orwellian)[2]의 슬로건을 떠올릴 정도로 역사를 보는 관점이 '무모'해 보인다.

현재 시점에서 과거를 조명하고 해석하는 활동은 매우 중요한 작업이다.

1. 대처주의자. 대처주의는 마가렛 대처가 추진한 민영화 및 자조 정책으로 신자유주의 표방, 교육을 시민적 권리로 접근할 수 있는 '공공재'가 아닌 '서비스 상품'으로 보고, '다양한 교육의 생산 보장'이란 명목으로 단위 학교에 자율성을 부여하며, 학부모·소비자의 선택을 받기 위한 학교·공급자 간의 경쟁체제를 구축하고자 했다(편집자 주).
2. 오웰적인, 전체주의적인, 권위주의적인(편집자 주).

1988년 교육개혁법 제정도 마찬가지다. 이 역사적인 사건에 대한 오늘날의 탄원에 대해서는 묵묵부답이다. 나는 1961부터 1980년까지 나의 교육과정 역사를 언급하며 티클이 리뷰했던 책에 다음과 같이 썼다.

> 최근 몇 년 동안 변화는 파도 같았다. 물론 영국의 공립학교들이 대혼란에 빠졌고, 이렇게 갑작스러운 단절을 경험하고 있다. 이런 점에서 대처라이트(Thatcherite)의 '신세계'가 영국교육에 주는 시사점에 대해 거의 침묵하고 있다고 생각한다. 혁명은 중요할 때는 연속적이지만 그렇지 않을 때는 불연속적이다. 나는 새로 발표한 '국가교육과정'이 그렇다고 생각한다.[3)]

1992년 9월 그윈 에드워즈(Gwyn Edwards)는 연방에서 발간한 교사용 안내서인 『교육과정을 위한 전략A Strategy for Curriculum』 등 국가교육과정에 대한 근거를 소개하는 몇 가지 문서를 리뷰한 후 다음과 같이 말했다.

> 국가교육과정이 선행하는 교육과정이라는 점을 확실히 하고 있음에도 불구하고, 국가교육과정에 대한 논쟁은 멈추지 않고 여전히 계속되고 있다. 나아가서 지난 10년 동안 교사들은 정부의 급진적인 교육개혁에 대해 수동적이었고, 가장 규모가 큰 대표노조인 교원노조가 나서서 교육에 대한 전문적인 목소리를 다시 내자는 주장을 하고 있다.[4)]

에드워즈는 교사용 안내서를 통해 교사들이 국가교육과정의 문화적 편견과 사회적 구성주의를 지속적으로 비판하고 있다고 보았다. 교사용 안내서는 교과를 기반으로 하는 국가교육과정의 부적절성(결국 '선택적, 논쟁적, 임의적인 판단 결과물'이라는 점)을 인정하고 있었다. 심지어 에드워즈는 '이 문서는 구성주의 시각이 부족하다'고 지적했다. 국가교육과정에서는 사회-정치적 기관인 학교에서 교과들이 '지위, 자원, 영역' 경쟁을 해야 한다는 점을 전제하고 있었다.

국가교육과정에 대한 토론 과정에서 이 점에 대한 논의들을 누락했지만, 사회적 구성주의 연구들은 이 점을 분명히 지적해 왔고, 이 점은 후속 연구자들에게 연구 계기를 제공했다. 여러 연구자들이 '전통적인 교과' 구성 및 변천과정(역사)을 연구하기 시작한 것이다. 그들은 국가교육과정이 내포하고 있는 사회 계층, 성별, 민족적 편견을 드러내 왔다. 그러나 국가교육과정이 주어지면서 이러한 연구들은 멈추는 듯하다. 대신에 '교육과정 시행'으로 관심이 바뀌었고, 학교 차원에서는 '저항'하거나, 대안으로 '대대적인 재구성'을 하는 것으로 관심이 바뀌고 있다. 모든 곳에서 국가교육과정에 관심을 갖지만, 그 관심이 국가교육과정에서 핵심적인 사회 구성적인 내용 및 형식 문제에 대한 것은 아닌 것 같다.

1992년 10월, 런던, 온타리오(London, Ontario)

아이버 굿슨

굿슨이 쓴 『학교교과와 교육과정 변화School Subjects and Curriculum Change』 초판은 지난 10년 동안 가장 뛰어난 분석을 기반으로 한 연구 저술이다. 초판에서 굿슨은 노동 계층의 재생산 문제에 집중했다. 굿슨은 공교육이 노동자 계층(철도작업자, 농부, 가스 수리공 등)의 자녀 교육이나 문맹을 퇴치한다는 생각에 대해 회의적이었다.

굿슨은 일곱 살에 읽기를 시작했고, 이후 저항 운동가로 활동했다. 노동자 계층 출신이며, 학교를 다니기 시작한 청년 굿슨은 '부적응자'였다. 그는 항상 'A' 또는 'O' 레벨 평가에 맞지 않지만 호라이션 앨거(Horation Alger) 신화(힘든 과정을 밟아야 성공한다는 믿음)에 근거해서 제공하는 프로그램을 이수했다. 이것은 오히려 굿슨에게 헤게모니가 아니라 어떤 과정에서 우리는 약하고, 부딪히고, 깨진다는 것을 알려 주는 신호였다. (윌리스(Willis)의 청년들[1]과는 달리) 굿슨은 교육과정이 자신의 권리를 보호하기보다는 오히려 자신들을 억압하면서 복잡하게 만들어서 균열시킨다는 걸 알았다.

굿슨은 최고의 교육자이며, 대부분의 교육연구가 주목해 온 이론가들을 넘어설 정도로 지적이고 학문적이며, 국제적으로도 유명하다. 굿슨의 책을 통해서 독자들은 자신들의 노동 계층의 뿌리를 찾기도 한다. 나는 굿슨의 연구 설계, 분석 방식, 결론, 정치적, 윤리적 명제 등이 독창적이라고 생각한다.

굿슨의 연구 주제(학교교과와 교육과정 변화)는 오늘날에도 결코 과소평가

해서는 안 될 정도로 매우 중요하다. 이 책은 1982년 초판 발행 이후, 수십 년 동안 독자들이 지난 역사를 현대적으로 해석해 보도록 하는 데 지속적으로 영향을 미치고 있다.

굿슨은 복잡한 교육과정 진화 및 분화과정(즉 학문적, 공리주의적, 교육학적 전통을 형성해 온 과정)을 연구하였는데, 이 과정에서 형성된 역사적 담론을 우리가 어떻게 이해할 수 있는지 안내해 주고 있다. 굿슨은 학교교과를 구성해 온 과정, 이 과정에 영향을 미친 이념(이데올로기), 정치, 시간이 지나면서 고착한 획일성, 교과로 존재하기 위한 협상 방식, 권력과의 관계, 유지 수단 등을 연구하였다. 굿슨은 이런 연구를 통해서 교육과정 개발에 영향을 미치는 세 가지 핵심 아이디어를 확인하였다. 첫째, 교과가 항존적인 것이 아니라 교과 내 하위 내용들을 지속적으로 바꾸어 왔다는 점이다. 둘째, 교과는 교과로서 합법화를 추구하면서, 실용적 혹은 교육적인 것보다는 학문으로서 정체성을 강화하는 편이라는 점이다. 셋째, 교과는 교과로서 형식과 가치를 높이기 위해 서로 경쟁한다는 점이다. 학교 시스템 안에서 교과로서 지위, 자원, 경계를 확보하고, 특별하고 '가치 있는' 지식을 구성한다는 점을 명시하려고 노력한다.

굿슨이 주장한 것처럼, 교과 간의 협력과 경쟁 구조, 학문성 등은 일반적으로 '학문적 교과'라고 부르는 기존 교과들이 가지고 있으며, 교과는 이를 재생산하려고 한다. 굿슨은 세 교과(생물, 지리, 환경)가 서로 어떻게 갈등하면서 진화했는지 예리한 개념으로 분석한 통시사적 사례 연구를 기반으로 교육과정 역사 내러티브를 썼다. 마지막 장에서 굿슨은 이 내러티브를 교과가 교과로서 권력, 지위, 안정을 확보하기 위해 투쟁하는 것이라기보다는 교육과정의 변천이라고 표현하였다. 학교교과는 근본적으로 사회적인 전략이 영향을 미치는 담론 싸움 과정에서 나오는 산출물이다. 이를 위해서 교과 내에서, 교과 그룹을 결성해서 교과 간에 논쟁이 일어난다. 그러나 이렇게 학교 안에서 살아남은 교과라고 해서 모두 하나의 학문 분야로 확고하게 정착하는 것은 아니다.

굿슨은 학문 간의 경계 짓기가 갈등 원인이라고 분석했다. 즉 학교교과는 정치적 갈등 과정에서 집단적인 담론으로 등장한다. 이 과정에서 우리는 교과를 인식론적으로 질서 정연하고, 보편적인 지식이라고 생각한다. 그러나 정작 교과는 점진적이고 반복적인 과정에서 등장하며, 교과로서 자리 잡기 위해서는 최종 단계(즉 온전한 하나의 학문 분야로서 '전문학자'가 장악하고, 자신의 영역과 경계를 확보해서 외부 공격으로부터 스스로를 보호하는 단계)까지 가야 한다.

굿슨은 이 연구를 통해 교과를 이해하기 위해서는 과학적인 정확성보다 하나의 교과로 규정하고 형성하는 역사적 과정 기술이 더 중요하다고 했다. 굿슨은 교과의 진화나 역사를 밝히는 데 분석가로 참여하여 해석하는 역할을 하면서 독자들에게 이 과정을 상세하게 설명한다.

굿슨의 연구에서 얻을 수 있는 중요한 교훈 중 하나는 어떤 교과(학문적 교과이든 아니든)도 그 자체로 정당화되는 것은 아니라는 점이다. 학문은 논리이기도 하지만, 사회적으로 또 자료적으로 실재하는 담론으로 의미를 구성하고 창조되는 것이다. 모든 교과는 경계 역할을 하는 평가 범주와 진리 체계를 구축하면서 형성된다. 학문은 이런 방식으로 특정한 지식에 대한 권한을 갖는다.[2] 지식을 기호로 축소하는 뒤샹(Duschamp)의 『더 러버스The Lovers』와는 달리, 지식은 절대로 객관적이지도 않고, 고정 및 불변하는 것이 아니다. 시간이 지나면서 교과 지식 일부는 역사적으로 고정되지만, 일부는 마치 참가자들이 게임 규칙을 상황에 따라 변경하듯이 변한다.

모든 학생이 동등한 지점에서 시작하는 것도 아니다. 일부는 불리한 조건을 가지고 시작할 것이고, 일부는 승자와 패자를 정하는 결정적인 상황에서 시작하기도 한다. 역사적 관점에서 보면, 교사는 제도적으로 이런 불평등한 교육과정, 기관에서 재정을 지원해 개발하는 프로그램이라는 점에서 기득권을 가진 지식을 사용한다(물론 교사는 문화적 자본을 '가진' 학생들에게 도움이 되도록 프로그램을 번안한다. 굿슨은 이를 메리토크라시적 특권층(meritocratic minority)이라고 불렀다). 또 모든 학생이 차등적인 권한을 가지는 더 대중적인 관계망 안에 있다. 굿슨은 교육과정이 굉장히 전투적이고, 정치적이라고 주장한다. 굿슨이 '메리토크라시적 특권층'이라고 부르는 소수층(역사적으로 다른 집단에 비해서 가장 권한과 기득권을 독점해 온 집단)이 향후 10년 동안 총체적으로 교육과정을 장악해 왔다고 보았다. 그 이유는 굿슨도 지적하듯이 '학문적 전통을 가진 교과가 카드를 손에 쥐고 있기 때문'이다. 그리고 학문적 전통이 강한 교과들은 재정 지원 및 자원을 할당하는 과정에 특별한 영향을 미치고 권한을 상속받는다. 또한 교육과정을 통해서 교과 내에서도 지위가 높은 지식들을 사회화하도록 영향을 미치며 교과를 주종하는 사람들을 유지 확산한다. 이런 것을 교육과정을 이해하는 방식이라고도 표현할 수 있지만, 이렇게 해서는 헤게모니(굿슨은 헤게모니에 '지배'뿐만 아니라 '항복'의 의미도 포함한다)가 미치는 영향을 정확하게 파악하기 힘들다. 교사들은 활동에 필요한 자료에 관심을 갖는다(교사들은 자신의 활동에 직접적이고 도움이 되는 것에 관심을 둔다). 자료는 광범위하고 복잡하게 교사 활동 및 학생 활동에 영향을 미치기 때문이다.

굿슨은 학교교과가 교과에 모순적이기도 하고 스스로 영향을 미치기도 하는 헤게모니 형성 과정에서 일정 부분 만들어진다고 이해한다. 헤게모니 형성 과정에 대해 스튜어트 홀(Stuart Hall, 1988)은 다음과 같이 말했다.

> 항상 상대와 투쟁 중이고, 정치적으로 재조직된다. '선도적인 지위'를 가지고 사회 여러 분야(가령 경제, 시민사회, 지적이고 도덕적인 삶, 문화 등)에 영향을 미치며, 광범위한 서로 다른 종류의 투쟁을 하고, 대중이 합의하는 전략적인 조치가 통하며, 따라서 새로운 역사적인 프로젝트로서 사회적으로 충분한 권위를 확보한다. 완성 또는 확정되는 것이 아니다. 항상 '경쟁하는 중'이며, 스스로를 보호하려고 노력 중이며, 늘 '현재 진행형'이다.[3]

교과 분야의 학술공동체뿐 아니라 각 지방정부도 이권 단체들이다. 각 집단, 기관들은 서로 이해관계가 상충하는 역할을 한다. 그들은 지방 및 연방의 교육과정을 논의할 때 서로 결탁하며, 부분적으로는 상호 의존하고, 참가자로서 개인적·전문적으로 생존한다. 굿슨은 『학교교과와 교육과정 변화』에서 학교교과로서 지리교과가 새로운 환경교과 사이에 충돌, 현장 지리와 지역지리 간의 동맹 등 다양한 갈등과 동맹 과정을 드러냈다. '새 지리' 덕분에 새로운 '통합지리'가 출현했고, 자연과학과 생태학은 정치적으로 분리되었고, 생물과 환경은 통합되었다. 굿슨은 이런 세력 다툼, 경계 짓기, 국가 차원의 지원 배분 등의 과정에서 교과가 패권을 잡기도 하고 놓치기도 하는 과정을 우리가 볼 수 있도록 도와준다. 굿슨은 다음과 같이 묻는다. 어떤 교과가 현장을 장악하고 있는가? 어떤 교과가 도전하고 있는가? 기존 교과는 새 교과의 도전을 막을 수 있는가? 대학의 학자들이 왜 우위를 차지하는가? 교과를 가르치는 교사를 '양성'하고, 학문적으로 가장 가치 있는 지식을 규정하기 때문인가?

굿슨은 학교교과 분야에서 학문적(academic) 교과, 실용적(utilitarian) 교과, 교육학적(pedagogic) 교과 세 가지 전통으로 검토한 후 학문적 전통이 가장 우위였다고 보고했다. 학문적 전통은 무엇보다 교과를 기반으로 하며, 시험제도를 통해서 유지되어 왔다. 실용주의 전통은 경제 및 사업 분야에서 비전문적 직업들, 특히 지위가 낮은 계층을 기반으로 실용적인 지식을 반영하고자 노력해 왔다.

교육학적 전통은 'O'와 'A' 레벨 평가에 적합하지 않은 학생들을 기반으로 다소 낮은 차원의 지식을 담아 왔다(학창 시절 굿슨이 경험한 학교교과다).

특히 굿슨이 말하는 교과의 진화에서 눈여겨볼 만한 내용은 학문적 전통에서도, 즉 동일한 교과도 하위 영역의 내용을 바꾸면서 변화를 거친다는 점을 밝힌 것이다. 물론 이것은 로비 단체와 전략적으로 제휴하는 능력에 따라 다르다. 굿슨은 특히 지식의 형성과 정당성, 지식 분야 및 형태를 재생산하는 과정, 헤게모니 과정에 대한 담론, 이념과 사회적 실천이 상보 작용하는 것에 주목하였다. 또 굿슨은 교과가 상대 교과와 경쟁하기도 하고, 새로운 적대 관계가 되기도 하는 등 외부에서 항상 위협한다는 것도 밝히면서, 교육과정이 계속해서 투쟁하는 과정을 거친다고 결론내렸다.

굿슨은 경로 분석을 통해서, '자연과학'과 생물(식물학, 동물학, 생태학, 분자생물학 등)이 서로 동맹한 과정, 지리학의 하위 영역(지역지리학, 현장지리학, '새지리학')들이 어떻게 동맹하면서 변해 왔는지를 드러냈다. 이 과정에서 '환경'은 학문의 형성과정에서 큰 관심사였지만, '학문'으로서 지위를 획득하는 데 어려움이 있었다. 환경이 생물이나 지리처럼 견고한 교과로서 지위를 얻는 데 실패한 것은 'A' 레벨 평가 과목에 포함되지 못했기 때문이었다. 지리나 생물도 학문으로서 명확한 경계를 정하면서 자주 충돌했다. 교과가 되지 못하는 이유가 꼭 경계를 정하지 못하기 때문만은 아니다. 교사의 로비와 기득권 단체들 간의 분쟁, 그리고 이들 간의 논쟁이 보다 더 광범위한 정치와 맞물려 있다. 생물과 지리는 상대적으로 지식, 자료, 재무, 자원 등이 보장되었다.

여기서 하나 더 덧붙이고 싶은 내용은 굿슨이 수많은 학교교과의 정당성 논쟁들을 분석해서 교육과정을 자신만의 시각으로 조망했다는 점이다. 굿슨은 교육과정 분야의 갈등이 정치나 국가의 존재와 만나는 접점에서 일어난다는 관점을 독자들에게 제공해준다.

굿슨은 학문 지식이 대학과 학교 교육과정을 통제하는 데 그다지 큰 영향을 미치지 못했다고 보았다(굿슨은 지식을 사회학적 관점으로 본다). 그러나 기존 지식을 분배하고, 직업을 전망할 수 있는 권한을 부여받은 교사들, 이런 특권을 유지하고 보호하려는 사람들이 주로 지식을 홍보한다. 굿슨은 다음과 같이 말한다.

> 교과에 대한 비전은 전공자와 계속 밀착된다. 특히 교과를 전공하는 학자나 교사들의 자료에 대한 관심과 잘 부합한다. 지식의 위상과 원천이 서로 관련이 있다는 점을 고려한다면, 교과가 학문이 되어야 더 잘 발달할 수 있다.

물론 굿슨은 '학문의 가치'와 엘리트주의, 계급주의가 관련이 있다는 점도 놓치지 않았다. 즉 학교교과의 성공에는 총명하고 능력 있는 사람들이 개입한다. 결국 교사의 권위도 교사가 가르치는 지식이 학문으로서 어느 정도 견고한가에 의존한다. 굿슨은 종합학교 시스템도 크게 다르지 않다고 말한다.[4]

> 종합학교에서도 세 가지 전통[학문적 전통, 실용주의적 전통, 교육학적 전통] 중 학문적 교과들이 가장 높은 지위를 누리고 있다. 학문적 교과, 평가, 학생의 능력, 이 셋이 동맹을 맺으면서 종합학교는 이전의 학교들과 유사하게 교육과정을 차별화하여 제공한다.

특히 교육개혁에 대한 논의에서 굿슨은 교과의 범주를 바꾸고, 지식 유형을 바꿔 보는 실험도 해 볼 필요가 있다고 주장한다.

> 교육과정 변천 관점에서 보면, 세 가지 전통[학문적 전통, 실용주의적 전통, 교육학적 전통]이 모두 동등하다. 그리고 교과 간뿐만 아니라 교과 내에서도 지식이 변해 왔다.

다시 말해서 굿슨은 지배적인 학문적 교과 전통을 '이념뿐만 아니라 조직 구조로도 확인하였다.' 예를 들어 위원회에서는 학문적 전통, 실용주의적 전통, 교육학적 전통을 통합했고, 새로운 교과뿐만 아니라, 기존의 교과도 학문적 교과 지식을 복제했다. 또 학문적, 실용주의적, 교육학적 전통 간의 지위는 동등하지 않았고, 불평등했다.

학자와 교육자들이 협력해 학문적 전통을 '사수'하면서, 학문적 교과들을 효과적으로 분산시켰다. 학문적 교과로서의 지위를 획득하는 과정을 푸코(Foucault)는 '장치(dispositif)'라고 표현하는데, 이는 특정한 담론과 관행을 반영한다. 학문은 교과로서 타당하다는 점을 강조하면서, 교육적으로도 인정을 받는 것이 중요하다.

학문으로 인정되는 교과는 학습자의 일상 세계와 분리되고, 교과로서 지위가 높다. 때문에 새로운 교과들이 (사실 학생이나 교육과 더 밀접하게 관련이 있는 교과) 학문적 지위를 이미 가지고 있는 교과들과 경쟁해서 교과로서 합법적인 발판을 마련하는 것은 거의 불가능하다.[5] '학문적 교과, 시험, 학생의 능력'(p.193)을 결부시켜서 교과의 경계를 짓는 일은 학생의 목소리와 자아, 사회적 권한 부여와 일치하지 않는다. 농업교과의 사례를 들어보자. 농업이 '시험' 과목에 포함되지 못한 채로 학교에서 하는 교육활동 정도로 규정되었다. 이에 농업은 연쇄적으로 교과로서 인정받지 못했다. '시험' 과목에 포함되면서 자신을 학문이라고 규정하지 않는 한, 교과는 엄청난 생존 위협에 처한다.

굿슨의 포스트모던한 연구 내용은 교과교육 형성에 대한 새로운 통찰을 제공한다. 굿슨은 교과를 학문으로 구분하는 것이 일반적이지 않다고 주장하면서, 모더니즘 시대의 전제를 다시 살펴보게 한다. 오히려 교과는 다른 지식, 경제 등의 요소들로 그 중요성을 부여하면서 살아남았다. 교과는 문화적 산물로 역사적 투쟁의 결과물이지, 형이상학적 분위기의 초월적 진리로 사회 문화와 독립적인 것으로 볼 수 없다. 학교교과에 대한 굿슨의 이런 관점은 사실 다른 '포스트 모더니스트' 관점의 이해 방식과도 맥을 같이한다.[6)]

스콧 래쉬(Scott Lash, 1991)는 포스트모더니즘 패러다임을 '문화적 산물의 해체(de-differentiation of cultural production)'라고 말한다. 즉 포스트모더니즘은 미적, 이론적, 윤리적 등 모더니즘 관점과 다르게 장르나 경계가 모호하다.[7)]

예를 들어 래쉬의 포스트모던적 관점에서는 모더니즘에서 신성시해서 침범하지 않았던 경계를 허문다. 과학, 대중, 신화의 경계를 허문다. 포스트모더니즘에서는 관례가 무너지고, 전문가뿐만 아니라 다수의 수요자에게도 지식을 개방한다. 포스트모더니즘은 새로운 지식, 일련의 혼합 장르의 출현, 융합을 암시한다. 지식은 합리성뿐만 아니라 일상생활의 감각적 측면도 가지고 있다.

나는 굿슨이 학교교과를 보는 관점이 래쉬(Lash)의 관점을 차용하고 있다고 본다. 래쉬는 프랑스 사회학자 피에르 부르디외(Pierre Bourdieu)가 구분한 지식과 문화 생산, 모더니즘적 차별화와 포스트모더니즘적 해체 개념으로부터 영향을 받았다. 우리는 래쉬와 부르디외의 연구에 의존해서, '자율성을 가진 분야가 많을수록, 그 분야의 산물은 사회적 분야(또는 권력 분야)에 있는 소비자가 아닌 다른 생산자를 위한 것'이라고 주장할 수 있다.[8)]

부르디외는 한 분야가 사회 분야와 권력 분야로부터 자율적일수록 과학 언어를 더 많이 구사한다고 말한다. 권력과의 '관계' 논리 대신 '참과 거짓' 논리를 편다. 그러나 부르디외는 과학을 유효한 진술이 아니라 '사회적으로 인정하는 합법적인 발언'이라고 주장한다.[9]

결국 '과학 자본'은 합법성을 얻기 위한 지식을 갖추는 것이다. 그러나 굿슨이 말하는 교육학적 전통은 권력관계에 대한 논리가 지배하는, 즉 사회 권력과 더 가깝다. 학교에서 가르치는 지식은 경제적 수준이 낮은 학생들이 사회에서 살아남도록 돕기 위한 직업 또는 학생들의 일상생활과는 거리가 멀다. 교육학적 전통에서 학교교과는 문장을 바르게 작성하는 능력보다 학생들의 참여와 학생들의 삶에 영향을 미치고자 한다. 굿슨의 이런 관점은 래쉬의 '차별화/해체 모델'을 지지한다.

오늘날 학생들이 대부분의 시간을 학교에서 보내기 때문에(이에 폴 윌리스(Paul Willis)는 학교에 다니는 것을 지구촌의 '공동 문화'[10]라고 말한다) 지위가 높은 지식을 갖추고자 하는 압력은 특정 집단 사이에 잠재되어 있는 분열을 촉발시킨다. 왜냐하면 굿슨도 말했듯이, 이런 지식은 '특정인'이 아닌 학생들과는 관련이 적기 때문이다. 굿슨의 연구로 우리는 왜 학교교과가 대부분 사람들과 관련 있는 지식(일반적으로 대중문화가 된 지식)이나, 학생들과 관련이 있는 지식을 수용하지 못하는지, 나아가서 왜 교과가 학생들의 관심을 끌지 못하는지를 이해할 수 있다.

교과의 지위가 높을수록 노동자 계층의 생활 경험과 관련 있는 실용적이고 사회적인 지식을 염두에 두지 않는다. 교과는 얼마나 유사성이 있는가, 이질적인가 하는 정도에 의존한다. 경제가 어려운 시기에는 학생들이 학문적인 지식에 몰입하지 않는다.

물론 미국의 (작업 과정을 분업화해서 생산성을 증대시키는) 포드식 경제를 이

끄는 기업들은 대학 프로그램뿐만 아니라 중등학교 프로그램에도 부정적으로 영향을 미친다. 이 점은 학문이 산업보다 영향력이 작다는 주장을 설득력 있게 만들어주기도 한다. 이렇게 볼 때, 산업화 이후 읽고 쓰는 능력 습득을 강조한 것도 고용가능성을 위한 것과 직결되어 있다. 특히 기업 중심의 뉴라이트[11] 국가에서는 더욱 그렇다.

미국에서 부나 권력을 가진 기득권 집단은 인종, 사회경제적 지위, 성별에서 차별받은 집단보다 학문을 강조하는 공립학교 구조를 더 지지한다. 지난 몇 십 년 동안 미국의 학교교육은 아프리카계나 라틴계 가정의 자녀들 입장에서 보면 눈에 띄게 나빠졌다. 문화 관련 교육과정에 대해 적극적으로 로비를 하는 집단은 주로 보수주의 집단, '민족중심' 혹은 '미국 우선주의'를 지지하는 사람들이다. 유럽중심주의, 논리중심주의, 가부장제를 지지하는 사람들은 학교교육을 탈정치적으로 인식하고, 뉴라이트가 허용하는 한도 내에서 다양성을 받아들인다. 서구 문화 전통을 빛나는 문명의 정점으로 여기며, 이런 향수에 젖은 교육자와 학생들은 '순결한 이성'[12]을 쫓아가는 소피스트가 된다.

앨런 블룸(Allan Bloom)의 연구[12]는 서양의 계몽주의를 기반으로 지식 중심 교육과정을 통해서 학교를 살릴 수 있다고 꿈꾼다. 이 꿈은 블룸의 식민지적 상상을 통해 구체화되었고, 중앙의 제국주의를 기반으로 하며, 대중들에게는 좌절을 준다. 공립학교 교육을 수호하려는 사람들은 대학에서 대중문화 강좌를 가르치는 데 반감을 가진 블룸의 주장을 근거로 국제 경쟁에서 유리하려면 미국의 '표준'을 상향 조정해야 하고, 이에 국가교육과정이 필요하다고 말한다(더 암묵적으로는 미국이라는 국가 정체성을 유지하려면 영국인을 'I'로 유색인종은 'Other'로 상정하고, 유색인종을 악마로 규정한다). 블룸은 학문, 즉 포스트모던적인 지식의 분화에 반대한다. 오히려 고대 그리스나 로마 지식의 의미와 빅토리아 시대 말기의 고결한 학문적인 취미들이 현실적인 이유들로 파괴되고 상실되는 것을 안타까워했다.

블룸의 유토피아(백인 부르주아 남성들과 아이비리그 학교의 순수문학주의자들이 드나드는 빅토리아식 살롱과 튜더 도서관 등)에서 비서구 출신 사상가들은 초문명화된 대도시 지식인의 품위를 떨어뜨리는 반전을 도모했다.

다시 말해 블룸은 비서양적 지식과 대중적인 생각들은 모두 야만적이고 원시적인 것으로 여기며 지식으로 인정하지 않았다. 블룸은 서양 계몽주의에 반대하는 학자들(대부분 부르주아 남성 학자들)을 설득하는 데 성공했다. 식민지 개척자들에게 보편적인 언어와 수사학으로 헤게모니 판타지를 더 쉽게 각색했다. 유로-아메리칸 문명은 '진실'이라는 이름으로 자신들의 위엄을 지키고 있으며, 도덕적으로 서양의 정신(the Western Psyche)은 어둠과 억압된 무의식의 세계를 순찰하고 있다.

블룸과 그의 동료들은 형이상학적 지식이 이미 야기하고 있는 위험을 깨닫지 못했다. 오늘날 학교는 너무나 많은 학생을 낙제로 분류하고 있다. 왜냐하면 서구적인 지위를 가진 문화적 자본(cultural capital)을 중심으로 분류하기 때문이다. 아이러니하게도 뉴욕의 하워드비치(Howard Beach), 오존파크(Ozone Park), 엘 바리오(El Barrio) 등과 같은 도시에 거주하는 학생들은 할렘 르네상스(Harlem Renaissance), 멕시코(Mexico), 아프리카(Africa), 카리브해 지역(Carribean), 아즈텍(Aztec), 마야(Mayan), 줄루(Zulu) 문화보다는 대도시의 반체제 지식인들이 설계한 동유럽을 더 많이 접할 것이다. 시험은 서구 및 부르주아 자본으로 걸러낸 정보 지식 중심이고, 이 시험 성적은 학군을 정하고, 주정부의 재정 지원 계획을 정당화하는 데 이용되고 있다. 안타까운 일이다. 이 점은 굿슨이 고차원적 지식을 분석한 논문의 결과와도 잘 들어맞는다.

또 굿슨은 학교에서 가르치도록 선택된 지식들은 애초에 신성불가침한 지식으로 생각한다는 점도 지적한다. 다시 말해서 학교에서 다루는 지식은 정전(canon, 正典)으로서 형성과정을 거친다. 헨리 루이스 게이츠(Henry Louis Gates. Jr., 1990)는 다음과 같이 말한다.

> 우리가 가르쳐야 할 역사의 일부는 '정전(canon)'이라는 아이디어 형성의 역사이어야 한다. 물론 교육학 연구 문헌이나 학교교육 제도 관련 문헌들을 수집해야 한다. 일단 우리가 그것들이 어떻게 생겨났는지 이해하게 되면, 우리는 더 이상 정전(canon)을 우연히 얻은 것으로 보지 않게 된다. 그리고 우리는 그것이 제도의 역사와 관련해서 끊임없이 변한다는 것을 제대로 이해할 수 있다.[14]

굿슨의 연구는 정전의 역사가 어떻게 형성되었는지를 이해하도록 도움을 준다. 1970년대 영국 교육에 대한 논쟁과 갈등을 대상으로 하지만, 미국에서 교과별 지식 구분과 포스트모더니즘이라는 여건 안에서 교과라는 영역 경계가 어떻게 작용할 수 있는지 이해하도록 돕는다.

물론 계급의 붕괴, 포스트 포드식(post-Fordist) 산업, 계급정치의 쇠퇴, 서비스 종사자의 급증, 재래시장의 재정 이탈, 국제 분업, 이런 새로운 글로벌한 변화들이 교과 및 대중적인 학교교육에 어떤 영향을 미칠지는 더 두고 볼 일이다. 이 과정에서 어떤 교과가 등장할 것인가? 누가 도전하고 선도할 것인가? 하위집단이 나타나서 기존의 어떤 집단과 연대할까? 교과 변화는 어떤 영향을 미칠까? 이런 질문에 답해 보는 것도 매우 중요하다.

미국에서 어떤 강좌를 합법화하고, 학문으로서 위상을 부여하는 과정은 매우 아이러니하다. 기존 교육과정 분야는 교육과정으로 여기지 않았던 문화 관점, 인종학 관점, 여성학 관점의 교육과정 연구자들은 식민주의, 가부

장주의에 기반한 유럽 중심의 교육과정이 쇠퇴하고 있는 상황과 만난다. 하지만 이런 관점들이 교육과정 분야가 되기 위해서는 대학에 진입해야 하고, 이를 위해서는 또 '과학적 자본(scientific capital)'을 마련해서 학문으로서 정당성을 증명해야 한다.

이 과정에서 그들은 지식을 융합하고, 모더니즘적으로 경계를 만들어 놓은 학문의 경계를 허물어야 한다. 그러나 그들도 대학에서 살아남기 위해, 전통적인 학문으로 성장해 온 모더니즘적 기준에 얽매여 있다. 최근에 샌프란시스코 주립대학에서 개최한 인종학과 관련 토론회도 우리에게 이런 아이러니를 보여주었다. 한 흑인 정치학 교수가 흑인 정치(black politics)라는 새로운 강좌를 개발했다. 그러나 흑인 연구 분야나 학생 운동 분야 교수들은 이 교수가 개설한 강좌를 놓고 대학이 '유럽에서 흑인연구를 정착시키기 위해 다문화주의라는 망토를 뒤집어씌우고 있다'고 항의했다. 지난 20년 동안 대학 캠퍼스에서 분노에 찬 시위를 기반으로 발전해 온 흑인 연구나 학생 운동 분야들이 현재 위기에 처해 있다. 어떤 흑인 학자들은 흑인 연구가 타 분야 학문과 너무 쉽게 제휴한다는 점을 위기로 보고, 아프리카 중심의 관점에서 프로그램을 배치하기를 원했다. 다른 학자들은 치카노(멕시코계 미국인) 연구 및 아시아계 미국인 연구와 흑인 연구의 통합을 모색하자고 한다.[15] 굿슨은 이런 영역 싸움의 결과를 정치보다는 각 분야의 경제적인 현실과 더 관련이 있다고 분석했다. 한 분야를 다양화하려는 것과 다른 분야가 이런 다양화에 저항하는 이유는 경제 및 재정 때문이라는 점을 시사한다. 또 다른 관점에서 보면, 가령 '다문화 사회'라는 용어로 인종학 분야를 통합하려는 것은 연방 정부와 주 정부 간의 주도권 싸움과도 관련이 있다. 지금까지 우리는 연방 및 주 정부가 뉴라이트 이념에 젖어 있었고, '상호문화주의'나 '다문화주의'는 보수-좌파 논쟁(갈등)에 빠지지 않을 정도로 모호하기 때문이다.

교사 혹은 교육과정 개발자들은 포스트모던 문화가 포스트 포드식 특성들을 계속 직면할 때 어떤 교육과정이 나올 수 있는가 하는 질문을 제기해야 한다(포스트 포드식이란 서비스 및 정보 경제로 전환, 생산 주기 단축, 노동 계급의 축소, 개인주의의 부활을 의미한다). 스콧 래쉬(Scott Lash)가 말하듯이, 포스트모던 문화는 경제 자체를 일종의 문화로, 즉 하나의 의미 체계로 본다. 포스트 포드식 경제에서는 정보보다 생산을 더 중요하게 여긴다. '수요' 측면에서 보면, 소비와 '사용 가치(use value)'와는 구별되는 '신호 가치(sign value)'가 존재하는데, 사실 이런 신호 가치는 제한이 없다.

대중에게 계속 광고를 하고, 문화적 의미를 과잉 공급하고 있는 시대에 어떤 교과의 위상이 바뀔까? 생산자 자본주의에서 소비자 자본주의로 바뀌면서, 분배권도 변화를 겪는다. 폴 윌리스(Paul Willis)가 최근 지적한 바와 같이, '적어도 제품에 대한 이야기, 노동시간 단축 등(포스트 포드식 산업)은 문화 변화에 따른 마케팅이자 정치적 대응일 수 있다.' 하지만 여기서도 학생 정체성 형성과 시장이 서로 관련되어 있다는 점을 부인하기 어렵다. 좀 더 포스트모던한 문화 존재가 되려면 어떤 교육과정이 필요할까? 오늘날의 포스트모던적인 젊은이들의 문화는 앨런 블룸과 그의 동료들이 지향하는 고급문화와는 거리가 멀기 때문에, 교육과정은 포스트모던 젊은이들의 문화를 반영해야 할 것이다.

폴 윌리스는 최근 저서 『공통 문화Common Culture』에서 오늘날 우리가 대중문화나 고급문화가 지배력을 상실한 시대에 살고 있다는 점을 관찰했다. 대중문화는 오늘날 사람들의 일상적이고 평범한 생활을 지배한 것도 아니다. 대중문화에 상업이 영향을 미치고 있기 때문에 형식미학이나 토대미학으로 대체되고 있다. 윌리스는 이러한 흐름을 피할 수 없다면, 한 가지 방법은 주체들에게 일상 문화를 돌려주고, 그들이 스스로 자신의 문화를 발전시키도록 하고, 그들 자신의 상징적 자원의 조건, 생산, 소비를 통제하도록 내버려 두라고 주장했다. 그런데 상징적 자원이 '그들만의 권력과 논리 패턴이 있다'는 사실을 고려할 때, 내버려두는 것도 쉬운 일은 아니며 아무것도 보장할 수 없다. 그러나 젊은이들이 누리는 일상적인 문화생활은 이미 기본적인 미학으로 감각적인 사람들의 인간 활동에 구체적으로 내재되어 있다. 그렇다면 교육과정도 대중문화에 개입할 수 있는 '범위, 복잡성, 우아함, 자의식, 목적성을 높여' 학생들을 돕는 방향을 모색할 필요가 있다.

이러한 점에서 학교교육은 문화 창조에 기여한다. 문화 통합 담론이나 학문 간 경계를 허물고 있는 지금의 추세를 어떤 교과에 반영할 것인가? 이런 점들을 반영한 새로운 교과를 어떻게 정당화할 것인가? 미디어 리터러시, 페미니즘 연구, 문화 연구 관련 강좌를 중등학교로 확대해야 하는가? 이런 주제들도 학문화 과정을 통해 '과학적 자본'을 획득하는 과정을 밟아야 하는가? 이렇게 학교교과를 정당화하는 데 집중할 것인가, 아니면 일상적인 생활과 관련한 사회적인 영역들(문화적 해방, 정치적 해방, 헤게모니 저항, 직업 관련 영역 등)과 관련해서 정당화할 것인가?

지식을 해체하는 교육과정 개혁을 하려면, 다음과 같은 질문에 당면하게 된다. 대중적 관점에서 기존 헤게모니에 반하는 통합이 가능할까? 나는 문화가 아무리 일시적이라 해도 '헤게모니 미디어'를 통해 기존 문화에 동화하지 않을 수 없다면, 반대 문화를 형성할 수밖에 없다는 마이크 데이비스(Mike Davis, 1990)의 의견에 동의한다. 이를 위해서는 '대안적인 비전'과 더불어 새로운 구조나 조건이 필요하다.

이렇게 개입할 수 있는 '구조적인 조건'을 조성할 수 있는 장소가 바로 학교일 것이다. 내가 생각하기에 굿슨의 주장, 즉 교육과정을 구성하는 교과에서 가르치는 것을 사회에 유용한 것으로 확대하는 것이 포스트모더니즘 조건 중 하나인 것 같다. 굿슨의 연구에서는 전통적인 지식이 얼마나 자신을 폐쇄적으로 격리 보호하면서, 학문으로서 위상이 낮은 교과 집단 및 대학, 외부의 침해 가능성으로부터 얼마나 열심히 자신을 보호해 왔는지를 아주 잘 보여준다. 또 학문적 교과들이 교육과정과 교육에서 관행이 되면서 가진 권한으로 학생의 삶을 얼마나 침해하는지를 잘 보여 주고 있다. 굿슨이 교육과정 개혁 및 변천을 이해하기 위해 개발한 개념 틀은 은유나 암시 이상이다. 그것은 우리에게 교육과정이 지향하는 이상을 명확하게 표현해 주고 있으며, 우리가 지향하는 방향을 정립할 수 있는 강력한 수단을 제공한다. 굿슨의 연구는 기존 헤게모니와 투쟁할 수 있는 전략을 명확히 제시하지는 않는다. 그럼에도 불구하고 굿슨의 연구는 교과라면 모두 경제적, 이념적 이해관계를 가지고 있다는 점을 제기하면서, 포스트모더니즘 시대 우리가 어떤 교육과정을 개발해서 지금의 교육과정을 개혁해야 하는지 그 가능성을 숙고하고, 이런 담론을 표면화하도록 해준다. 이런 역사적인 관점에서 오늘날 우리가 할 수 있는 가능한 것들을 고민하게 해준다.

『학교교과와 교육과정 변화』는 지적인 포용성이 넓은 책으로 향후 수십 년 동안 상당한 영향을 미칠 것이다. 특히 이 책의 개정판은 영국이라는 지역을 뛰어넘고 있다. 첫 관심사를 확장해서 굿슨은 교육과정의 변천 과정을 알아볼 수 있는 틀을 구축했고, 이 틀은 훨씬 더 많이 활용될 것이다. 굿슨은 자신의 해석이 당시 영국의 정치적 분위기 및 상황과 관련이 있다는 점을 인정하면서도 절대주의적 관점에서 이해하지 말아달라고 당부했다. 그럼에도 불구하고 그의 관점은 영국을 넘어서 미국의 교육과정 변천을 이해하는 데도 활용 가능하다. 특히 인간에 대한 연민이나 존엄성보다는 기업 및 산업 문화가 성행하고, 부패가 만연하고, 궁극적으로 민주주의가 후퇴하고 있는 오늘날, 굿슨의 관점은 더 유효하다.

굿슨은 우리가 공부하는 교과가 우리가 어떠한 존재가 되는 데 영향을 미친다는 점을 가르쳐 주고 있다. 교과나 학문을 접하는 과정은 우리가 사회적인 주체로서 미래의 어떤 존재가 되는 과정이기도 하다. 이 과정에서 우리도 역사에 개입한다. 그래서 교육과정을 둘러싼 논쟁은 사람들 간의 투쟁이며, 그 투쟁의 결과(물)는 우리가 어떤 사람이 되는가에 영향을 미친다. 교육과정은 단순히 주체성 관련 담론만은 아니다. 교육과정은 우리가 한계를 넘어설 뿐만 아니라, 더 나은 세상을 꿈꾸고 미래라는 비전을 재현하도록 하는 데 기여한다.

굿슨의 연구는 철도 선로공, 농부, 가스 설비공, 소외계층의 남녀노소들에게 희망을 주는 것만도 아니고, 문화적으로, 과학적으로 정당화하는 투쟁에서 어떤 교과가 이기고 어떤 교과가 졌는지를 알려주려는 것만도 아니다. 이를 넘어서서 더 많은 것을 이해할 수 있도록 해준다.

마이애미대학 교육문화연구센터 연구교수

피터 맥라렌(Peter McLaren)

이 글은 이 책 출판 10주년을 기념하면서 피터 맥라렌(Peter McLaren)이 쓴 에세이 중 일부다. 또 공저자인 파멜라 스미스(Pamela Smith)도 『Educational Studies, 20(2)』(Summer, 1989) pp.205-209에서 리뷰한 내용이기도 하다.

| 차례 |

3부. 교과들 간의 관계: 교과 영역 갈등

4부. 결론

이 책의 이해를 돕기 위한 **영국 중등 학제**

■ tripartite system(삼원 학교 체제)

영국의 11~18세 학생을 대상으로 중등 의무교육제도 정비 전 1) grammar school, 2) technical school, 3) secondary modern school로 구분하여 교육하는 체제.

1) grammar school: 소수의 학생을 대상으로 고등교육 진학을 목표로 하는 교육과정을 운영하는 학교.
2) technical school: 사업가 양성을 목적으로 하여 소수의 학생을 대상으로 이과 및 기술교육을 중시하는 교육과정을 운영하는 학교.
3) secondary modern school: grammar school, technical school에 진학하지 못하는 절대다수의 학생을 대상으로 운영하는 학교.

■ comprehensive system(중등종합학교 체제)

1918년 교육법과 1922년의 노동당의 '모든 사람에게 중등교육을(secondary education for all)'이라는 강령을 통해 교육제도가 정비되면서 만들어진 중등의무교육을 위한 학교 체제. 11세에 시험으로 grammar school, secondary modern school, technical school로 구분해 장래를 결정하는 것은 기회균등 관점에서 타당하지 않다는 인식에 따라 삼원 학교 체제 대신, 전체 중등학교 졸업자를 같은 학교에 수용하여 개개인의 적성과 능력에 적합한 교육과정 운영을 목적으로 함.

■ CSE(중등교육학력인정시험(Certificate of Secondary Education)

중등교육학력인정시험으로, 현재는 GCSE(General Certificate of Secondary Education)로 유지되고 있음. 영국 중등학교 10, 11학년 학생들을 대상으로 의무교육의 마지막 해에 학생들의 성취도를 평가하는 시험. O-level GCE(Ordinary level General Certificate of Education)와 CSE(Certificate of Secondary Education)의 후속으로 1986년 도입되어 1988년 최초의 시험이 시행됨.

■ GCSE(중등교육자격검정시험(General Certificate of Secondary Education)

영국 중등학교를 졸업하면서 치르는 자격시험. GCSE 과정에서는 영어, 수학, 과학, 종교교육, 체육이 필수과목이고, 이외에 다양한 선택과목이 있음. 대부분의 학생은 영어, 수학, 과학 3 과목을 시험 과목으로 선택하고 여기에 몇 개의 과목을 추가로 선택하여 시험을 치름.

■ Sixth-Form(식스폼)

보통 5년간의 중등학교 이후 2년 과정인 영국의 중등교육 마지막 단계. 대학 진학을 목표로 A-level 시험을 준비하는 과정. 초등 6년을 마치고 중등 1학년(Year 7)을 First Form이라고 할 때 마지막 여섯 번째 학년(Year 12)은 6학년(6th Form)임에서 유래한 명칭으로, 흔히 A-level 과정이라고도 함.

■ A-level(Advanced level)

Sixth Form이라고 불리는 영국의 중등교육의 마지막 단계인 12, 13학년에 치르는 시험. 공식 명칭은 General Certificate of Education Advanced Level(GCE A Level)임.

Sixth Form 과정 후 치르는 시험을 GCE A-level이라고 하며, 대학입학시험에 해당함. 진로를 고려하여 3~4개의 과목을 정해 시험을 치르고 성적은 A*, A, B, C, D, E와 같은 등급으로 표기하며, A-level 시험의 결과로 대학 합격 여부가 확정됨.

과거 O-level 교과는 수학, 영어, 언어, 과학, 역사, 지리 같은 학문지향적인 교과로 A-level 시험보다 높은 교과 위상을 가졌으나, 현재는 폐지됨.

I. 학문적 교과 되기

학교교육과정의 사회적 역사에 대한 사례연구

1. 서론

이 책은 학교교과에 대한 여러 역사적 사례연구를 제시하고, 이러한 학교교과 안팎의 변화와 갈등의 근본적인 패턴을 검토한다. 이 책의 사례연구는 '학교교과가 되는 과정'에 초점을 두고 있기 때문에, 학교교과가 학교교육과정으로 자리 잡기 위해 어떻게 변화되어 가는지에 관심을 갖는다. 학교교과와 교육과정의 변화를 일반적으로 설명하려는 것에 관심을 두는 것이 아니라, 오히려 이에 대해 문제를 제기하면서 통찰력을 만들어 내는 것에 집중한다. 이 책은 교육과정 연구에서 사회-역사적 접근 방식이 유용하다는 신념을 기반으로 한 것이다.

요약하자면 이 책은 다음 세 가지 가설을 증명하고자 한다. 첫째, 교과는 단일체가 아니라 교과를 만드는 데 관여하는 다양한 집단들과의 융합체로 계속해서 변화하는 것이다. 교과 내 이런 소집단들은 교과의 경계와 우선순위에 영향을 주고 변화시킨다. 둘째, 학교교과(및 연관된 대학 학문)가 만들어지는 과정에서 기본 교과들은 교육적이고 실용적인 전통에서 학문적인 전통을 추구하는 방향으로 변화하는 경향이 있다. 교과를 학문으로 보고자 하는 욕구는 가장 결정적으로 교과와 학문이 확고한 지위를 갖는 과정에 영향을 미칠 것이다. 셋째, 사례연구에서 볼 수 있는 교육과정 논쟁의 대부분은 지위, 자원, 영역을 둘러싼 교과들 사이에서 일어나는 갈등의 차원으로 해석할 수 있다.

무엇보다도 학교교과 관련 사례연구는 교육과정의 변화와 갈등에 대해 '국부적인 세부 정보'를 제공한다. 교육과정 관련 이익집단에서 가장 활발하게 활동하는 개인과 소집단을 살펴보면 어느 정도 그 의도와 동기를 파악하고 평가할 수 있다. 그렇게 함으로써 교육과정에 행사되는 힘을 지배적인 이익집단에 귀속시키는 사회학 이론은 그들의 실증적 가능성에 대해 면밀히 검토할 수 있다.[1]

개별 학교교과 그룹에 미시적으로 주의를 기울이는 것은 거시적인 경제의 변화나 지적 사고의 변화, 지배적 가치 또는 교육 체제의 결정적인 중요성을 부정하는 것이 아니다. 오히려 이러한 거시적 변화가 향후에 미시적 수준에서 적극적으로 재해석될 수 있다는 주장도 있다.

거시적인 변화는 교과 파당, 협회 및 공동체에 다양한 새로운 선택 가능성을 제시하는 것으로 간주된다. 시간이 지남에 따라 지적 사상의 역사뿐 아니라 교과가 어떻게 변하는지를 이해하기 위해서는 교과가 어떻게 새로운 아이디어와 기회를 포착하고 촉진시키는지 이해할 필요가 있다. 교과 그룹이 공학적인 교육과정 변화에 있어 영향력을 미친다는 것은 논쟁의 여지가 없지만, 그들의 반응이 전체의 한 부분으로 중요하다는 점이 간과되고 있다.

학교교육과정에 대한 사회학적 설명을 검토하는 것 외에도, 학교교과의 사회적 역사를 강조하는 일은 중등종합학교(이하, 종합학교) 미래의 중요성과 관련한 통찰과 의문을 만들어 낸다. 다양한 학교교과의 차등적 지위(및 이용 가능한 자원)는 중등학교의 종합화(comprehensivation)에 앞선 별도의 교육에서 비롯된다. 예를 들어, 공예와 실기 교과는 여전히 초등학교를 기반으로 하고 있다는 점에서 낮은 위상을 가진 것으로 인식된다. 따라서 학교교과는 현대 학교 안에 존재하는 교육과정의 차별화 구조를 심층적으로 보여준다. 중등학교의 종합화에 대한 최근 연구는 이러한 차별화된 교육과정이 서로 다른 학생에게 제공될 때 어떻게 분열을 초래하는 장치가 생겨나는지를 보여주었다. 중등학교 종합화의 이상에 따라 학교교육 내부 체제를 변화시키는 것은 교과 기반 교육과정의 기원과 지속적인 강점에 대해 상세한 이해를 전제로 한다. 현재 교과 개념과 수업계획서 구성, 관련 지위 및 자원은 학교교과가 조직의 변화에 직면하여 사회 계층을 확고하게 유지하는 역할을 한다.

가. 학교교과에 대한 해설

특정 교육철학자들은 한동안 '학문'과 학교교과를 동일선상에 놓고 연구해왔다. 예를 들어, 허스트(Hirst)는 '논의의 여지없이 논리가 탄탄한 학문'으로서 학교교과에 관해 이야기한다.[2] 그러나 이러한 철학적 관점은 '학생의 능력이 어떻든 이성적 존재로서 모든 발달의 핵심은 지적 능력'이라는 특별한 교육적 신념에 뿌리를 두고 있다.[3] 이러한 신념에 따라 허스트(그리고 피터스(Peters))는 '교육의 주요 목표는 마음의 발달'이라고 주장한다. 이러한 목표는 '지식의 형태에 대한 정의'[4](나중에 '지식의 분야'를 포함하도록 확대됨)를 통해 가장 잘 추구할 수 있다. 이러한 지식의 형태와 분야는 학교교과의 기초가 되는 '논리적으로 응집력 있는 학문'을 제공할 수 있다.

따라서 허스트와 피터스의 철학은 학생들의 지적 발달을 촉진하고자 하는 학교교육과정에 대한 설명적 근거를 제공한다. 이러한 학교교과 개념 모델은 학문이 대학의 학자 공동체에서 만들어지고, 그 후 학교교과로 사용하기 위해 '번역'된다는 것을 의미한다.

페닉스(Phenix)는 '학문을 일반적으로 검증하는 일은 지식인의 식별 가능한 조직화된 전통, 즉 특정 기능에 능숙한 사람이 지적인 기준을 통해 정당화할 수 있는 특성적 활동이어야 한다'고 주장한다.[5]

대학을 기반으로 학문이 구축되고 나면, '학문적' 학교교과가 어떤 조언이나 일반적인 지휘를 받을 수 있는 지식의 분야가 된다는 주장은 설득력이 있는 설명이다. 그러나 이러한 설명은 학문과 관련 학교교과의 발전에 대한 기정사실만을 뒷받침할 뿐 학교교과가 왜 이런 양상으로 발전하는지와 장차 학문적 교과가 되고자 하는 교과들이 비슷한 경로를 따르게 하는 힘이 무엇인지에 대해서는 설명하지 못한다. 학문적 지위에 이르는 과정을 이해하기 위해서는 학교교과의 사회적 역사를 조사하고, 그것의 구성 및 촉진에 사용되는 전략을 분석하는 일이 필요하다.

사회학자들은 철학적 연구가 학문적 교과를 기반으로 하는 교육과정에 대해 정당성을 제공하는 방식을 주목했다. 허스트와 같은 학자들은 영(M. F. D. Young)이 말하는 교육의 관점을 제시한다. '학문적 교육과정의 전통적 영역에 긴밀하게 대응하여 특정 시대의 사회역사적 구성물에 불과한 것을 검토하기보다는 다양화하는 일련의 독특한 지식의 절대주의적 개념에 기초해야 한다'.[6] 이 책은 영(Young)의 비판을 수용함과 동시에 학교교과가 상당한 이익집단을 대표한다는 점을 이야기한다. 교과를 '특정 시간의 사회역사적 구성물에 불가한 것'으로 보는 관점은 한 측면에서는 적절하지만, 시간이 지남에 따른 교과의 발전과 지속에 관련되는 모든 집단에게는 부당한 것이다.

1968년 머스그레이브(P. W. Musgrave)가 당시 사회학자에게 상당히 독창적인 제안을 했다.

통신 네트워크, 물질적 기부 및 이데올로기에 의해 유지되는 사회 체제로서 학교와 국가의 모든 교과를 검토한다. 학교 안에서, 그리고 더 넓은 사회 안에서 서로 경쟁하고 협력하며, 그들의 경계를 규정하고 방어하며, 구성원들에게 헌신을 요구하고 그들에게 정체성을 부여하는 것, 사람들의 공유물로서의 교과는 … 본질적으로 지적인 것으로 보이는 것조차도 사회적 상호작용의 결과로 간주할 수 있다.

머스그로브는 '이러한 입장에서 교과에 대한 연구는 학교 차원에서 거의 이루어지지 않았다'고 말했다.[7]

이글스턴(Eggleston)의 최근 연구처럼 머스그로브의 권고를 따르려는 연구들이 많이 있었지만, 지식사회학 분야에서 가장 영향력 있는 연구는 1971년 영(Young)이 편집한 논문집인 『지식과 통제』이다. 이 논문들은 다음과 같은 번스타인(Bernstein)의 주장을 반영한다. '사회가 공적인 것으로 여기는 교육적 지식을 선정, 분류, 배포, 전달, 평가하는 것은 권력 분배와 사회 통제 원리를 모두 반영한다'.[8] 영(Young)도 마찬가지로 '권력을 가진 사람들에 의해 지식이 선택되고 조직된다는 가정은 교육과정에 대한 사회학적 질문을 제기하는 데 효과적인 관점'이라고 주장한다.[9]

이 나라의 학문적 교육과정은 어떤 지식의 종류와 영역이 다른 것보다 훨씬 더 '가치가 있다'는 가정을 포함한다. 가능한 빨리 모든 지식이 전문화되어야 하며, 전문화된 교과와 관련 전문교사들 사이의 관계를 강조한다. 따라서 교육과정의 변화를 하나 이상의 차원을 따라 지식을 계층화, 전문화, 개방화하면서 지식 개념의 변화를 포함하여 바라보는 것이 유용하다. 더욱이 우리가 어떤 교육과정과 관련된 사회적 관계의 패턴을 가정할 때, 이러한 변화는 관련된 지배적 그룹의 가치, 상대적인 힘 및 특권을 훼손하는 것으로 인식되어 거부될 것이다.[10]

특정한 정보가 제공되기는 하지만, 불특정의 '우세한 집단'이 다른 소집단을 관리하고 영향을 미치는 과정은 면밀히 검토되지 않는다. 우리는 교육과정 문제에 대한 학교의 자율성이 '실제로 대학이 학교시험위원회를 제외하고 입학 요건 등 거의 모든 것을 지배하기에 식스폼(sixth form)[1]교육과정의 통제를 받고 심지어 제한받고 있다는 것'을 안다. 영(Young)은 "여기에 직접적인 통제가 함축되어 있지 않으며, 오히려 교사들이 '우리 모두가 알고 있는 대학들이 원하는 것'이라는 공통된 가정을 통해 교육과정을 합법화하는 과정"이라고 주장한다.[11] 주요한 통제 주체로서 교사의 사회화에 대한 관심은 다른 곳에서도 볼 수 있다.

> 현대 영국 교육시스템은 엄격한 지식의 계층화와 함께 학문적 교육과정에 의해 지배되고 있다. 이는 만일 교사와 학생들이 그러한 가정을 정당화하는 제도화된 구조 내에서 사회화된다면, 교사에 대한 높은 지위(및 보상)는 (1)공식적으로 평가되는 (2)'유능한' 학생들에게 가르치는 (3)이러한 교육과정에서 가장 성공적인 것을 보여주는 동질 집단 학생들에게 가르치는 교육과정의 영역과 연결될 것이다.[12]

영(Young)은 계속해서 '학문적 정당성을 높이거나 유지하려는 관점에서 지식 실천가의 수업계획서 구성을 연구하는 것은 유익하다'고 말한다.[13]
『지식과 통제』에 실린 부르디외(Bourdieu)의 두 논문은 영국의 지식사회학자들에게 미친 영향력을 요약하고 있다.[14] 『지식과 통제』의 다른 연구자들과 달리 부르디외는 그의 주장을 검증하기 위해 실증적인 연구를 계속했다. 그의 최근 연구는 학교가 아닌 대학에 집중되어 있지만, 교육을 통한

1. 중학교(5년제) 이후 대학 입시(A- 레벨)에 집중하는 고등학교 과정인 제6학년(Year 12)(편집자 주).

재생산을 다루고 있으며, '교육 시스템의 구조와 역사'에 속한 연구에서 중요한 부분을 연구하기도 했다.[15]

영(Young)은 또한 지식과 통제 이론을 검증하기 위해 역사적 접근의 필요성을 느끼게 되었다. 그는 최근에 '우리가 일하는 한계를 개혁하고 뛰어넘는 하나의 결정적인 방법은 그러한 한계가 어떻게 주어지고 수정되는지가 아니라 역사 속 인간의 상반된 행동과 이익을 통해 어떻게 생산되는지를 보는 것'이라고 말했다.[16] 번스타인도 마찬가지로 '만약 우리가 교육의 내용을 과감하게 바꾸려면, 이러한 내용의 역사, 외부 기관들과의 관계 및 상징적인 합의가 필요하다'고 주장했다.[17]

나. 학교교과의 사회적 역사에 대하여

최근 많은 연구들은 이 책에서 다룬 질문과 관련한 교육과정 이슈를 탐구하기 위해 역사적 접근 방식을 사용했다. 19세기 공립학교의 고전적 학문 교육과정에 대한 윌킨슨(Wilkinson)의 연구가 이런 종류의 것으로, 베버(Weber)의 초기 연구에서 아이디어를 가져왔다.[18]

베버는 유교 교육을 연구한 후 당시의 중국 관리 양성 교육에서 세 가지 중요한 요소를 확인했다. 주요 강조점은 예절과 '책 읽기'였으며, 교육과정은 주로 고전 텍스트를 배우고 외우는 것에 국한되었다. 이 교육과정은 수학자, 천문학자, 과학자, 지리학자가 드물지 않던 사회에서 사용 가능한 많은 지식 중 매우 협소한 범위만을 선택하여 구성되었다. 그러나 이러한 다른 지식 분야를 문인들은 '저속한' 또는 '비학문적'인 것으로 분류하였다. 공직에 엘리트들을 등용하기 위한 이 제한된 교육과정에 기초한다면, 책을 읽지 않은 사람은 당대 중국 사회에서 '교육받지 못한 사람'으로 간주된다

는 것을 의미한다.[19]

윌킨슨은 유교 교육과 후기 빅토리아 시대 공립학교 교육이 '책 읽기'가 아니라 '정치적 엘리트를 유지하는 신사적 이상'이라는 공통점을 밝혀냈다. 공립학교 교육과정은 '상류 계급이 선호하는 특정 스타일과 고전적 지식을 강조하는 기준 자체'이다.[20]

윌킨슨의 논문은 머스그로브가 편집한 논문집인 『사회학, 역사와 교육』에 실렸다. 머스그로브의 다른 논문은 윌킨슨와 비슷한 주장을 하고 있다. 교육에서 라틴어와 엘리트 전통에 대한 캠벨(Campbell)의 연구는 '지역사회에서 학교의 사회적 명성과 고전적 기반 사이에 직접적인 관계가 있다'고 지적한다.[21] 구디(Goody)와 왓츠(Watts)는 교양 있는 문화의 주요 특징은 '개인의 사회적 경험을 무시하는 추상화, 개인이 자연 및 사회 세계를 검토하고 확인하기 어렵게 만드는 지식의 구획화'라고 말한다.

데이비드(David)와 로스블라트(Rothblatt)는 대학의 엘리트 교육의 역사를 연구하였다. 데이비드의 연구는 19세기 스코틀랜드 대학의 교육과정 변화 양상에 관한 것이며, 구술 표현보다는 문헌이 점차 더 강조되었다는 점을 밝혔다.[22] 19세기 케임브리지에 대한 로스블라트의 연구는 선호하지 않는 '실용적인 지식'보다는 고전 연구를 우위에 유지하기 위해 취했던 케임브리지 교수들의 전략을 설명하였다.[23]

> 상업과 산업의 가치에 대한 경멸이 너무 깊게 뿌리박혀 있었고, 수많은 교수는 실용성을 이유로 상업과 산업의 학문 교과 가치를 폄하했다. 그들은 비지니스의 이익으로 연결되는 주제는 대학의 인정을 받을 가치가 없다고 생각했다. 케임브리지 교수들은 교육과정 개혁이 사업적 또는 정치적 출처에서 비롯된 것으로 의심되면, 제안된 변화를 기술적이고, 천박하고, 실용적이며 쉬운 선택이라고 비난했다.[24]

많은 연구가 개별 교과 내의 전통과 지위, 학문적 수용성 추구에 초점을 맞추고 있다. 레이튼(Layton)의 연구인 『인간을 위한 과학』은 과학을 사람의 삶과 연결시키려는 19세기 과학의 여러 전통을 탐색했다. 이 책은 실험실, 교과서 및 수업계획서에서 만들어진 과학의 버전을 학문적 버전이 어떻게 지배했는지에 대한 여러 가설을 제시한다. 예술석사협회의 핸슨(Hanson)은 학문적 지위의 향상을 추구하는 교과협의회의 역할을 문서화하였다. 이 협의회는 다른 지식의 범주들보다 높은 지위를 부여하는, 혹은 그렇게 보이는 학문적 외형이나 명칭에 큰 관심을 보였다.[25]

도드(Dodd)는 이글스턴(Eggleston)의 디자인 교육 연구에 이어 최근 학교 교육과정의 디자인과 기술의 역사를 검토했다.[26] 연구의 주요 주제는 해당 교과 교사들 사이의 높은 지위에 대한 욕망이다.

'몸을 쓰는 활동'이라는 단어는 그 본질과 기여도가 변함에 따라 여러 이름으로 불려왔다. 지금도 계속되고 있는 명칭에 대한 논의에는 사실 '지위'와 '존중'이라는 문제가 숨겨져 있다. 가장 최근에 바뀐 용어인 '수공예'나 '설계' 또는 '기술' 같은 단어들은 강조점이 변화된 것을 반영한 것이기도 하지만, 여전히 이전의 논쟁은 유효하다. '실용적'이라는 단어가 이 교과의 본질적인 부분을 꽤 적절하게 묘사하지만, 그것은 '감정이 반영된 단어'이다. 이 교과는 점차 발전함에 따라 수업계획서를 사용한다든가(종종 다른 기관이 받아들일 수 없는 형태지만), '대안적인 방법'과 같은 완곡어법을 사용하고, 특정 종류의 외부 평가(항상 최고의 평가 도구는 아니었다)에 참여하는 방식을 통해 보다 인정받고자 노력했다. 그러나 이러한 노력들은 실용적인 교과가 전통적으로 낮은 지위를 갖고 있다는 사실을 감추지는 못했다.[27]

레이몬드 윌리엄스(Raymond Williams)의 1961년 연구는 교육과정의 역사에 대한 일반적인 연구 중 사회적 집단과 교육 철학을 연결하는 데 시사점을 남겼다. 그는 '우리가 지난 과거 계속해서 보아왔던 교육과정은 전통적 관심사를 선택하는 것과 새로운 관심사를 강조하는 것 사이의 타협을 나타낸다. 역사적으로 다양한 시점에서, 이러한 타협조차도 오래 지연될 수 있고, 종종 혼란스러울 수 있다'고 언급하였다.[28] 교육과정의 역사를 이해 집단에 초점을 맞추어 보는 관점은 최근 이글스턴의 주장을 통해 상당히 확장되었다. 그는 '근본적인 갈등은 지식과 이 지식이 제공하는 힘을 정의하고 평가하고 분배하는 그룹의 구성원이 되기 위한 경쟁자들의 정체성과 정당성에 대한 것'이라고 말한다.[29]

뱅크(Bank)의 연구 '영국 중등교육에서의 동등성과 품격'은 교육과정과 사회 계층 출현의 관계에 새롭게 접근하는 연구를 보완해주는 귀한 자료이다. 윌리엄스는 학문적인 교육과정이 상류층과 전문직 계층의 직업과 연관이 있다고 말했다. 직업과 관련된 교육과정 대다수는 서서히 도입되었다. 뱅크는 '장인 및 중산층 가정의 어린이·청소년 비율이 증가함에 따라 학생들의 직업적 요구에 더 많은 관심을 기울여야 했고, 심지어 직업적 성격의 교과를 인정하기 위해 지금까지의 학문적 교육과정을 개정해야 했다'고 언급했다.[30] 그러나 다수의 직업과 관련된 교과들은 낮은 지위를 가진 것으로 치부되었다. 1937년에 작성된 TUC(Trades Union Congress)[2] 팸플릿은 직업 훈련을 하기 위해 사용하는 학교의 시간은 '공부에 대한 편견을 심어줄 뿐 아니라 좀 더 넓고 유용한 분야의 직업에 고용되는 데 필요한 가치 있는 시간과 노력을 빼앗는다'고 주장했다. 게다가 외부의 영향을 쉽게 받는 어린 세대에게 열등한 지위와 직급에 대한 생각을 각인시키는데, 이것은 좋

2. 영국의 노동조합회의(편집자 주).

은 교육이 아니라고 지적한다.[31]

이런 관점에서 직업 교육의 개념은 직업을 위한 준비로서 모든 교육의 포괄적 기본 목표를 가리키는 것이 아니라, 대다수가 일할 수 있도록 준비시키는 것, 즉 낮은 지위의 직업에 대한 우려를 나타낸다. 학문적 교육과정은 역사적으로 볼 때 높은 지위의 직업을 위한 준비를 목적으로 한다고 할 수 있다. 사실대로 말하자면 뱅크의 연구는 '학문적 전통의 지속성은 교사와 관리자들의 영향력에 기인한다기보다는 좀 더 근본적으로 모든 형태의 중등교육에 영향력을 미칠 수 있는 학문적 교육과정이 가지고 있는 직업적 지위에 기인한다'고 결론짓는다.[32]

학문적 교육과정에 적용되는 직업적 용어 역시 논쟁의 여지가 있다. 교육의 선택 기능 측면에서 교육과정이 전문적인 직업을 구하는 데 도움을 준다는 사실은 반드시 업무와 관련된 기술을 제공함으로써 직업을 준비한다는 것을 의미하지는 않는다.

학문적 교과의 지속적인 지배력과 높은 지위가 바람직한 직업의 자격으로 받아들여지는 것에 의심의 여지가 없다. 그러나 이것은 왜 적은 수의 '학문' 교과만 탄생하는 것인지, 또한 이러한 교과들이 '탄생'할 때부터 '학문적'인지 아니면 지위 상승을 추구하면서 더 학문적인 성격을 발전시키는 것인지는 설명하지 못하고 있다.

레이튼은 19세기부터 영국에서 과학의 변화를 분석한 소논문을 통해 중학교 교육과정에서 학교교과의 변화를 위한 시험적 모델을 개발했다.

첫 번째 단계

처음 도입되는 교과는 적절성 및 유용성을 근거로 자신의 존재를 정당화하면서 시간표에서 위치를 점유한다. 이 단계에서 학습자는 자신의 관심사와 관련되어 있기에 교과에 매력을 느낀다. 교사들은 훈련받은 전문가는 아니지만, 개척자들처럼 열정적이다. 주요한 기준은 학습자의 필요 및 관심과 관련되어 있다.

중간 단계

그 교과의 학문적 전통이 교사를 모집할 수 있는 훈련된 전문가 집단과 함께 등장하고 있다. 학생들은 여전히 교과 학습에 매력을 느끼지만, 자신의 문제와 관심사에 대한 연관성만큼이나 그 명성과 성장하는 학문적 지위에 매료된다. 교과의 내부 논리와 규율은 교과 선택과 구성에 점점 더 많은 영향을 미치고 있다.

마지막 단계

교사들은 이제 확립된 규칙과 가치를 지닌 전문 기관을 구성한다. 교과 선정은 그 분야의 요구를 이끌어 가는 전문 학자들의 판단과 관행에 의해 좌우된다. 학생들은 수동적이고 쉽게 체념하게 되는 전통에 입문하게 되는데, 이는 환멸의 서막이다.[33]

레이튼의 모델은 교과와 학문의 획일적인 설명에 대해 경고한다. 교과와 학문은 일정한 흐름 속에서, 시대를 초월한 본질적으로 가치 있는 내용과는 거리가 멀어 보인다. 그러므로 우리 사회 지식의 유형에 대한 연구는 철학적 또는 거시사회학적 분석을 넘어서 교과와 학문의 출현과 발전의 기저에 있는 동기와 조치에 대한 미시적인 역사 연구로 나아가야 한다.

이와 관련하여 벤 데이비드(Ben-David)와 콜린스(Collins)의 연구는 유용한 지침을 제공한다. 그들은 '새로운 과학의 근원에서 사회적 요소' 즉, 심리학을 분리하기 위해 노력했다. 첫째, 그들은 새로운 학문을 만드는 데 필요한 아이디어는 일반적으로 장기간에 걸쳐 여러 곳에서 유효하다고 가정했다. 둘째, 이러한 잠재적인 출발 중 몇 가지는 추가적인 성장으로 이어진다. 마지막으로 이러한 성장은 사람들이 지적인 내용뿐 아니라 지적인 정체성과 새로운 직업적 역할을 확립하는 수단으로써 새로운 생각에 관심을 갖

게 되는 시간과 장소에서 일어난다.[34)]

역사·사회적 요인을 고려한 지식의 조직과 촉진 방법에 대해 일련의 대안적인 가설이 등장하기 시작한다. 좀 더 전통적인 설명은 새로운 지식이 중립적인 학문에 의해 생성되고, 그 본질 및 교육적 타당성과 관련된 고려 사항에 따라 채택된다는 것이다. 지식 사회학자들은 '우세한 이익집단, 특히 대학'의 활동을 인용하면서 이에 대응한다.

대안적인 견해는 그것이 훨씬 더 복잡하다고 주장할 것이다. 교과와 학문은 교과의 관심사 내에서 다른 파벌과 전통에 끌리는 교사들과 학자들에 의해 구성된다. 이러한 파벌과 전통은 교과가 진화함에 따라 발전하거나 쇠퇴한다. 대체로 교과가 '성장'할수록 교과의 내용과 구성원의 성향이 좀 더 '학문적'이 된다. 따라서 해결하거나 탐구해야 하는 새로운 지적 문제나 영역이 생겨나면, 이와 관련한 다양한 교과와 학문의 발전 단계와 방향에 따라 서로 다른 반응이 예상된다. 새로운 지식이 교과 발전 또는 교과 내 특정 파벌의 이익에 잠재적으로 기여할 수 있는지 면밀하게 검토될 것이다. 새로운 지식의 수용·발전은 교과와 학문 관련자들의 지위와 새로운 직업 정체성을 제공할 가능성의 높고 낮음에 따라 변화할 수 있다.

교육과정 이슈에 대한 역사적 배경과 중등학교 체제가 발전함에 따라 교육과정과 평가의 변화 유형을 간략하게 설명할 필요가 있다. 학교교과에 대한 이러한 대안적 관점을 계속해서 고찰하는 것은 변화하는 교육 체제 안에서 특정 기간 동안 학교 교육과정에 대한 갈등을 분석하는 데 맥락적 배경을 제공한다. 지금까지 잠정적으로 공식화된 가설은 20세기 영국 교육 체제의 특정한 특성에 비추어 재구성될 수 있다.

2. 영국 교육 체제의 성장: 교육과정과 시험 유형의 변화

18세기 중반에서 19세기 중반까지 영국 경제 및 인구의 변화와 함께 국가 교육 시스템의 비상사태가 촉발되었다. 1751년에서 1871년 사이 영국 인구는 4배로 증가하였다. 공장과 도시산업이 발달하면서 산업에 종사하는 인구가 증가하고, 산업도시로 이동하는 인구도 많아졌다. 윌리엄스는 19세기 초에 다음과 같이 주장했다. "지역에 기반한 사회 질서 시스템에서 국가적 사회 계급시스템으로의 변화 과정은… 사실상 완전했다." 그가 주장한 이 변화 양상의 결과는 "새로운 종류의 계급교육이었다. 고등교육은 새로운 노동계급을 배제한 채 사실상 독점되었고, '도의적 구제(moral rescue)'라는 아주 좁은 예외를 제외하고는 보편교육을 원칙적으로 반대하였다."[1] 노동계급을 위한 주요 교육기관은 교회가 운영하는 주일학교와 작업 훈련을 제공해 주는 직업학교였다. 그러나 수업 대부분은 수백 명의 아이들로 구성되었다. 1851년 노동계급 아이들의 평균 교육 기간은 약 2년이었다. 1862년 '개정된 강령'은 교육과정을 심하게 제한하면서 3R(읽기, 쓰기, 셈하기)의 결과에 따른 보조금 지급제도를 도입하여 교육 수준을 높이는 모니터링을 시도하였다. 노동계급에 제한되었던 교육기관과 경험의 허용치가 1870년 교육법을 통해 인정되면서 모든 아이가 초등교육을 받을 수 있게 되었다. 1880년에는 10세까지 출석이 의무화되었다.

좀 더 큰 아이들을 위한 교육은 퍼블릭스쿨(public school)[1]과 그래머스쿨(grammar school)[2]에서 가능했지만, 일반적으로 이것은 중상류층만을 위한 것이었다. 톤턴위원회는 1868년에 학교에서 보내는 시간에 따라 중등교육을 3가지 단계로 규정했다. 첫 번째 단계는 18~19세 또는 그 이상, 두 번째 단계는 16세, 세 번째 단계는 14세까지이다. 톤턴위원회는 다음처럼 주장했다.

> 할당된 시간의 차이는 교육 본질에 약간의 차이를 만든다. 만약 한 소년이 14세 이후 학교에 머무르지 않는다면, 그에게 더 긴 시간을 들여야 하는 교과를 가르치는 것은 쓸모가 없다. 만약 그가 18세 또는 19세까지 계속 학교에 있을 수 있다면, 일찍 시작해야 할 공부를 더 연기할 수도 있다. 따라서 교육의 본질과 방식은 공부에 쏟을 수 있는 시간의 양에 크게 좌우될 것이다.

현대 사회 구조와의 관계에서 이러한 교육과정 차별화 양상의 이익은 예상대로 주목되었다. 왜냐하면 "이 교육들은 사회 계급과 거의 일치했기 때문이다. 일반적으로 자녀의 교육비를 더 많이 지불할 수 있는 사람들이 오랜 시간 교육을 지속할 것"이기 때문이다.[2)] 퍼블릭스쿨과 그래머스쿨의 교육과정은 극도로 전문화되어 있었고 '기독교 신사'를 교육한다는 공언된

1. 영국 공교육과 분리 독립 학교(사립학교). 퍼블릭 스쿨(public school)은 수세기 동안 옥스퍼드대학교나 케임브리지대학교와 같은 명문 대학교에 입학하는 것을 목표로 학생들을 교육시켰다. 이 학교들은 영국 교육에 있어서 논란의 대상이 되고 있으며, 사회적 차별을 강화한다는 비판을 받아왔으나 여전히 인기가 높다(편집자 주).
2. 영국의 인문계 중등학교로서 전통적으로 가장 권위 있는 중등교육기관이며, 대학진학준비와 관련된 교육을 실시한다(편집주 주).

의도에 따라 고전과 종교적 교육이 강조되었다. 고전 교육의 방향은 19세기 케임브리지 로스블라트의 연구에 서술되었던 대학을 모방했다.[2] 윌리엄스가 우리에게 상기시킨 것처럼, 중등과 대학 교육과정 사이 긴밀한 관계는 우연이 아니었다. "1930년대에 들어서면서 이러한 학교(퍼블리스쿨, 그래머스쿨)와 대학교 간 평가 시스템이 확고하게 정착되었고, 이것은 기관 내 교육 기준을 높이는 동시에 좁은 사회 계급에 들어갈 수 있는 대학만의 한계점을 강화하는 효과가 있었다."[3]

사실상 이 시기부터 퍼블릭스쿨의 교육과정은 특이한 방식으로 시작되었다. 퍼블릭스쿨법이 통과된 1868년까지, 교육과정은 고전뿐만 아니라 수학, 현대 언어, 역사, 지리, 자연 과학, 미술과 음악까지 다루었다. 비록 이 시기 학교들의 몇몇 변화들이 대학의 발전보다 앞선 것이라 할지라도 이렇게 확대된 교육과정은 대학 교육과정의 변화를 부분적으로 반영한 것이었다. 독일, 미국과 같은 나라에서 영국의 경제 및 군사 우위에 대한 도전이 증가했기 때문에 정부기관은 교육과정의 이러한 변화를 강력히 지지하였다. 그러나, 퍼블릭스쿨과 그래머스쿨의 교육과정 확장이 과장되어서는 안 된다. 왜냐하면 그 순간에도 새롭고 폭넓은 교육과정 고전 연구가 여전히 우위를 차지했기 때문이다. 라이더(Ryder)와 실버(Silver)는 "과학과 현대 교과들이 발판을 마련했지만, 여전히 고전 문학적 전통 교과들이 교육 및 사회적 엘리트를 준비하기 위해 적합한 문화적, 도덕적 공헌이 있는 교과로 간주되었다"고 지적했다.[4]

한편 초등학교 부문에서는 1870년 초등교육법에 따라 새로운 교육과정이 등장하기 시작했다. 획기적이면서 지역의 요구에 부응하는 학교교육위원회(The School Boards)는 상업, 기술 및 과학 교과를 포함하여 더 많은 직업과 관련된 교육과정을 제공하기 시작했다. 이러한 발전은 1895년 브라이스(Bryce)위원회를 통해 시작되었으며, 이 위원회는 1902년 교육법의 기초를 형성하는 데 도움을 주었다.

이 법이 시행된 결과, 이러한 학교들이 초등 부문에서 (브라이스가 정의한) 새로운 중등 시스템으로 흡수됐다는 것이다. 직업 및 기술 교육과정은 이후로 중앙학교(관리직 양성을 목적으로 하는 고등초등학교(higher elementary school))와 중등기술학교(junior techincal schools)로 분리되었다. "비록 이러한 유형의 학교들 모두에서 가치 있는 일이 행해졌고, 중등기술학교들이 보다 정통적인 중등교육에 도전했지만, 그들의 위상은 중등학교보다 낮았고, 또 낮아야만 한다는 것이 공식적인 견해였다."[5)]

1902년 교육법은 두 가지 주요한 결과를 가져왔다. 첫째, 교육정책이 결정되는 영역이 본질적으로 바뀌면서 교육은 지방정부의 책임이 되었다. 둘째, 중등 부문은 교육과정의 패턴을 따라 퍼블릭스쿨와 그래머스쿨에 정식으로 도입하는 것이었다. '1902년 교육법'에서는 '중등교육의 발전이 무엇이든지, 그것은 전통적인 그래머스쿨 및 그 교육과정의 지배적인 가치가 남아 있는 단일 시스템 안에 있어야 한다'는 점을 확실히 했다.[6)]

국가 차원에서도 이러한 경향을 확인할 수 있었다. 1899년 설립된 교육위원회(The Board of Education)는 1904년에 4년제 중등과정을 고안했다. 비록 이것이 퍼블릭스쿨과 그래머스쿨의 교육과정을 대부분 반영했지만, 이들 학교들은 더 확장된 교육과정으로의 변화를 확실히 보여줬다. 그 과정은 수학, 과학, 영어, 문학, 지리, 역사, 영어 이외 언어, 그림, 수작업, 신체훈련, 가정 공예를 포함했다. 일부 영역에서 초등학교의 기술 및 상업 교육과정을 포함하려는 경향이 현저하게 증가하고 있음을 확인할 수 있었다. 반면에 고전적 교육과정에 대한 교육위원회의 선호도는 여전했다. "라틴어를 가르치지 않는 경우 위원회는 라틴어 생략이 학교에 도움이 되는지 구체적으로 조사할 것이다."

중등 규정에 표현된 교육위원회의 지배적인 영향력은, 1902년 교육법으로 자체 권한이 확립된 지방정부의 노여움을 샀다. 그러나 위원회의 영향력은 그리 오랫동안 유지되지 못했다. 1917년에 졸업증명서가 도입되었고, 이날부터 평가위원회(Examination Boards)는 중등학교 교육과정을 관리하는 데 상당한 힘을 발휘하기 시작했다. 앞서 언급했듯이 시험은 퍼블릭스쿨과 그래머스쿨과 밀접하게 연관되어 있으며, 1850년대에는 "본래 '중산층의 시험'이라고 불렸던 대학 지방시험시스템이 최상위의 재단법인학교(endowed schools)와 사립학교(proprietary schools)가 높은 수준의 교육 기준을 목표로 할 수 있도록 해주었다."[7)]

대학평가위원회의 교육과정 통제는 교육위원회가 추진한 것과 실질적으로 동일한 가치관이 학교교육과정 안에 들어가도록 보장했다. 예를 들어, 1918년 공동입학위원회는 고등자격증을 취득하려는 사람들에게 다음의 주요 교과를 내놓았다.

그룹 I : 그리스, 라틴 및 로마 역사

그룹 II (a): 영문학, 프랑스어, 독일어, 러시아어, 스페인어, 역사(1(a) 또는 1(b) 및 2(a) 또는 2(b)), 라틴어, 순수 수학 또는 고등 순수 수학

그룹 II (B): 경제학, 지리, 역사(1 및 2), 프랑스어, 독일어, 이탈리아어, 러시아어, 스페인어

그룹 III: 순수 수학 또는 고등 순수 수학, 응용 수학, 물리학, 화학, 식물학, 동물학

응시자는 4개 그룹 중 하나에서 심사위원을 만족시켜야 하고, 광범위한 '보조' 교과 중 하나를 통과해야 한다.[8)] 퍼블릭스쿨과 그래머스쿨에서는 대학평가위원회를 활용하여 '학문적 목표에 초점 역할을 할 수 있는' 식스

폼의 확립을 가능하게 했다.[9] 대학 학과의 전문과정 요건과 연계된 이러한 학문적 목표는 공통된 식스폼 형태를 만들었고, 교사들은 전문화의 가치를 받아들이는 것으로 보였다. 그것은 흥미를 자극하고, 높은 수준의 업무를 유지하며, 교사들이 대학의 방법과 자료를 고수하게 했다.[10)]

교육과정의 정의(definition) 및 대학평가위원회와의 연계로, 공교육은 전문직으로 이어지는 '사다리'로 자리매김하였다. 톤턴위원회가 제공했던 3단계 분류를 바탕으로 브라이스위원회는 모든 수업 중 가장 재능 있는 학생이 교육적 사다리에 접근할 수 있는 기회를 제공하는 장학금을 주장했다. 관련 교육과정과 함께 직업 사다리는 사회 계층에 차등적으로 영향을 주었음을 암시했다. 1910년에서 1929년 사이에 태어난 소년 세대의 20% 미만이 중등학교에 진학했다. 이들 중 1/7이 대학에 진학했다(전체 연령 그룹의 약 3%). 중산층 소년의 40%와 노동계층 소년의 10%가 중등학교에 진학하여, 두 계층 간 주어진 기회비율은 4:1이다. 대학의 경우는 1910~1929년 소년 세대에서 진학 비율은 6:1이었다.[11)]

레이시(Lacey)는 대학이 통제하는 평가의 확산이 '하이타운 그래머스쿨(hightown grammar school)'의 기능에 어떻게 영향을 미쳤는지 추적했다. 1922년까지 학교는 지역산업에서 최고의 사무직, 상업직, 기술직, 무역의 견습생을 얻을 수 있는, 일반 또는 고등초등학교보다 더 높은 지위를 가진 출발점으로 사용되었다. 학교교육과정의 영향은 분명했다. 이 목적을 위해 2년 과정이 때론 3년 과정만큼 좋았다. 지역 산업의 여건을 감안할 때, 좋은 가정의 '중등학교 소년'에게 유리하도록 학업 자격은 대부분 무시되었다.[12)] 이날 이후 주지사에게 제출하는 교장의 보고서 내용과 강조사항은 현저한 변화를 겪었고, 1923년부터는 시험, 수료증(나중에는 고등학교 수료증) 그리고 대학입학시험 이후에 학교에 남아 있는 소년(16세)의 수에 대한 상세한 보고가 있었다.[13] 이는 지금까지도 중등학교 보고 및 관련 기관의 주요 특징으로 남아 있다. 게다가, 의무교육연령(ROSLA)을 넘어서까지 학교에 남아 있는 학생들에게, 1904년 규정 이후 60년 동안 동일한 과목에 기초한 교육과정이 거의 완전하게 유지되었다는 것은 흥미로운 일이다.

이러한 교과 기반 패턴이 확립된 주요 원인은 평가위원회가 가지고 있던 교육과정에 대한 상당한 힘과, 별도의 교과그룹 및 협회 설립과 성장이었다. 평가위원회와 교과그룹 그리고 협회의 연계 활동은 중등학교 교육과정 양식을 유지하고 발전시켰다.

이 패턴은 1943년 노우드(Norwood)보고서에서 비판적으로 검토되었는데, 유럽 전역에서 '교육의 진화'가 '각각 자신에게 적절한 방식으로 처리되고, 또 처리되어야 하는 특정 그룹을 두드러지게 했다'고 주장했다. 영국에서는 세 가지 분명한 그룹을 포착할 수 있었다. 첫째로는 다음과 같다.

> 스스로 학습에 관심이 있는 학생, 주장을 파악하거나 연결된 추론의 한 부분을 따를 수 있고, 인간의 의지에서든 물질세계에서든 원인에 관심이 있고, 사물이 어떻게 생겨나고 어떻게 되었는지 알고 싶어 하고 생각을 표현하는 언어에 민감하고, 정확한 입증으로서의 증거의 원리를 정당화하는 일련의 실험을 알고 싶어 한다. 그는 관련 사물의 연관성, 개발, 구조, 일관된 지식 체계에 흥미가 있다.

노우드가 말한 대로, 이러한 학생들은 전통적인 교과 기반 교육과정을 지속적으로 받아온 학생들로, 그래머스쿨과 같은 교육과정 안에서 교육받아 자신이 배운 전공 분야에 진출하거나 고위 행정직 또는 비즈니스 직책을 맡았다.[14] 주로 응용과학 또는 응용예술 분야에 흥미와 능력이 있는 학생은 기술학교(technical school)를 수료했다. 마지막으로, 노우드는 교육역사에 대해 '교육과정의 틀에서 표현된 그리고 그렇지 않으면 또 다른 직업 그룹으로 표현된, 최근 몇 년간의 인식이 있었다'고 주장했다. 이 세 번째 그룹은 새로운 일반중등학교(secondary modern school)에 적합한 학생들이었다.

> 이 그룹의 학생은 아이디어보다 구체적인 일을 더 쉽게 다룬다. 그는 많은 능력을 가지고 있을지 모르지만 그 능력은 사실의 영역에 있을 것이다. 그는 있는 그대로에 관심이 있다. 그는 과거나, 원인이나 움직임이 풀려나가는 것에는 매력을 느끼지 못한다. 그는 그 지식이나 호기심을 즉각적인 테스트로 바꿔야만 한다. 그리고 그의 테스트는 근본적으로 실용적이다.[15)]

이 교육과정은 특정 직업의 미래를 배제하면서, 육체노동(manual work)을 해야 할 운명의 사람들을 부추겼다. 그것은 '특정 직업이나 전문 직업(profession)을 준비하는 것이 아닐 것이고, 일을 실제로 접하면서 생기는 관심을 직접적으로 이끌 수 있는 방법을 사용할 것이다.'[16)]

노우드보고서는 지난 세기에 걸쳐 '교육의 발전'을 통해 나타난 교육과정 차별화의 패턴을 요약했다. 교육과정 차별화의 패턴과 사회구조의 밀접한 연관은 자주 인정되었다(예: 1868년 톤턴보고서). 서로 다른 교육과정은 서로 다른 직업 범주에 분명하게 연결되어 있다. 학문적 전통이란 앞으로 전문직, 높은 행정직, 비즈니스 직책을 갖게 될 운명인 그래머스쿨 학생들을 위한 것이었다. 기술학교의 좀 더 실용적인 교육과정은 '응용과학 또는 응용예술' 분야에서 일하려는 학생들을 위한 것이었다. 동시에 일반중등학교에서는 미래의 육체노동자를 위한 실용적이고 교육학적인 교육과정에 중점을 두었다. 여기에서의 공부란 '일을 실제로 접하면서 생기는 관심을 직접적으로 이끄는 것'이었다. 다른 교육과정 전통과 직업적 목표(그리고 사회 계층), 그리고 다른 교육 분야들 사이의 밀접한 유사성은 1944년 교육법에서 사실임이 더 분명해졌다.

가. 삼원학교체제와 높아진 의무교육연령

1944년 교육법은 그래머스쿨, 기술학교, 중등 일반학교의 삼원학교체제를 예고했다. 1947년에 의무교육연령은 15세로 올라갔다. 이 법은 현대 교육과정 갈등의 시작을 나타낸다. 이날 이후부터 교육과정 충돌이 보다 가시화되었기 때문이다. 글라스(Glass)는 '중등교육이 토론과 연구에 적절한 주제라는 인식이 있다'는 점에서 '2차 세계대전 전과 유사점은 없다'고 지적했다. 다양한 교육단계에 대한 접근을 조사하려는 시도는 정부가 계급 구조를 공격하는 것으로 간주하는 경향이 있는 전쟁 이전의 입장과 매우 대조적이다.[17]

신흥 중등 일반학교 교육과정은 처음에는 외부 시험을 고려하지 않아도 괜찮았다. 이런 자유로움 덕분에 많은 학교는 그들의 교육과정을 실험하고 학생을 중심에 둔 목표를 추구할 수 있도록 했다. 예를 들어, 많은 학교에 사회과나 공민(公民)과가 빠르게 확립되었다. 캐슬린 기버드(Kathleen Gibberd)는 1944년에 구상된 중등 일반학교는 어떤 대학의 수업계획서나 외부 시험을 반영할 의도가 전혀 없는 "실험을 위한 장이었다"고 말했다. 그녀는 "공식적인 언행 이면에는 교육 자체를 믿고 타고난 학습자가 아닌 아이들과의 자유를 갈망하는 교사에 대한 요청이 있었다. 반응을 보인 사람 중 많은 이들이 학교에 개성을 부여했다"고 말했다.[18] 그러나 중등 일반학교가 직업, 학생 중심 및 통합 교육과정을 위한 '실험의 장'이었던 기간은 새로운 시도를 증명하기에는 너무 짧았다. 더 많은 부모가 더 나은 직업을 위해 자격증이 필요하다고 깨닫기 시작했고, 교사들은 시험이 동기 부여의 유용한 원천임을 발견했다. 그리고 교장은 시험을 학교 명성과 지위를 높이는 수단으로 사용하기 시작했다. GCE(General Certificate of Education, 교육자격검정시험)에 대한 일부 교장의 지원은 삼원학교체제 초기 반항적 불복종에서 비롯되었을지 모른다.[19] 1961~1963년까지, 파트리지(Partridge))는 중등 일반학교를 연구했는데, '시험 경주'에서의 경쟁 본능은 매우 분명하다고 지적했다.

"학업 성과에 대한 대중의 요구와 함께, 교육이 우리 사회에서 사회적 이동의 주요 수단이 되었다는 사실을 반영하여, GCE의 합격률은 학교의 위상과 교장의 지위를 엄청나게 높일 것이다."[20] 중등 일반학교의 GCE와 다른 시험의 발 빠른 점유는 교육부의 철저한 조사로 이어졌고, 중등 일반학교의 자체시험을 권고하는 벨로보고서(Beloe Report)로 끝이 나게 되었다. 따라서 1965년에 CSE(General Certificate of Education Examination, 중등교육학력인정시험)가 출범했다.

외부시험이 중등 일반학교 교육과정을 지배하는 속도는 그래머스쿨 교육과정의 수많은 특성이 재현되었음을 의미했다. 역설적이게도 삼원학교체제의 어떤 학교를 고려하든 교육 양상 수렴에 대한 이러한 압력을 야기한 것은 교육에 대한 공개 토론의 성장이었다. 그러나 공개 토론은 또한 전체적인 삼원학교체제에 대한 강한 반대를 확인하기도 했다. 11-플러스(plus)[21] [3]가 임의적이고 불공평하다는 증거가 축적되었다. 그 결과, '중등종합학교체제'에 대한 지원이 증가했다. 그러나 새로운 중등종합학교는 시험의 성

3. 11-플러스(11+)는 영국과 북아일랜드의 일부 학생들이 초등교육 마지막 해에 시행하는 시험이다. 이름은 중등과정 입학 연령대인 11~12세에서 유래했다.(편집자 주)

공 측면에서도 스스로 가치를 증명해야만 했다. 그들은 평가에 집중하는 그래머스쿨과 중등 일반학교만큼 잘해야 했다. 그리고 수년 동안 그들의 시험 결과는 '종합학교 토론'에서 중요한 증거가 되었다.

나. 중등종합학교 체제로의 전환과 더 높아진 의무교육연령

1964년 출범한 노동당 정부는, 세 개로 나뉜 중등교육을 끝내고 중등종합학교 체제를 단계적으로 도입하겠다고 선언했다. 이 계획은 1965년 1월에 통과된 하원 결의안과 교육부(DES)가 발행한 두 개의 회람에서 공개되었다. 하나는 1965년 7월에 발행된 회람 10/65 '중등교육의 조직'이었고, 다른 하나는 1965년 3월에 발행된 회람 10/66 '학교 건물 계획'이었다.

정부가 출범한 해에 전체의 71%가 중등종합학교를 설립했거나 설립할 계획이었음에도 불구하고 정부의 발표는 통일되지 못한 반응으로 나타났다.[22] 1965년에서 1970년 사이 중등종합학교는 262개(8.5%)에서 1,415개(31%)로 증가했다.[23] 실제 진전보다 더 중요한 것은 더 많은 지방 당국이 점점 중등종합학교 체제를 계획하고 있다는 사실이었다. 이는 모든 부문이 불가피한 변화를 대비해야만 한다는 여세의 반향이었다.

이 수치에서 보여주듯이, 1960년대 후반 노동당 정부가 중등종합학교 체제로 빠르게 변화할 것이라는 믿음은 자세히 조사했을 때 현실과 다른 점이 있었다.

이 기간 동안 중등종합학교 부문의 성장은 대부분 일반중등학교의 희생으로 일어났다. 1961년과 1970년 사이에 중등종합학교에 다니는 일반중등학교 학생의 비율은 4%에서 29%로 늘어났다. 이 학생들은 주로 일반중등학교에서 온 것으로, 일반중등학교의 학생 수는 전체 중등교육 학생수의

17%로 그 지분이 감소했다. 이에 비해 그래머스쿨은 단지 3%만 줄어들었고, 독립된 사립학교(independent school)와 직접적인 보조를 받는 학교들의 학생 비율은 2%만 줄었다.[24] 이 시기 전통적인 학문 교육의 보루인 그래머스쿨과 사립학교의 경우, 중등교육의 종합화는 종종 실제보다 매우 감정적으로 인식되는 위협이었다(당시 '종합학교 파괴자'라는 통용어가 있을 정도였다). 그러나 1970년부터 중등종합학교는 빠르게 확산되었고, 1979년에는 거의 80%에 가까운 중등학교 학생들이 중등종합학교에 다녔다.

조직 개혁 외에도 상당한 교육과정 개혁을 이때 계획하였다. 일부는 중등교육의 종합학교로의 전환이고 일부는 의무교육연령을 높이기 위한 움직임에서 비롯되는 다양한 영향들이 작용하고 있었다. 워커(R. Walker)와 맥도날드(MacDonald)는 후자를 미국의 '적색 위협'에 대한 두려움보다 '교사의 전망에 훨씬 더 위협적인 그림자'로 판단했다.[25] 비록 이것이 사건을 과장시키는 것인지도 모르겠지만, 많은 교사들이 그 계획을 두려워했고, 기회가 있을 때마다 이를 비판하였다. 그럼에도 불구하고 원래는 1970년으로 계획되었던 변화가 1972년에 시행되었다. 중등종합학교와 의무교육연령제는 중등교육학력인정시험을 수강하지 않는 대규모의 학생그룹(시험이 없는 수업)의 관심을 끌었다. 이 실제적인 문제와 함께 혼합 교육의 이데올로기는 더욱 '관련성 있는' 그리고 '학생 중심의 교육과정'의 제공을 주장했다.

교육과정 개혁 운동은 미국의 앞선 운동으로부터 통찰과 지원을 얻었다. 교육과정 개발 프로젝트에 자금을 지원하기로 한 너필드재단(Nuffield Foundation)의 결정은 부분적으로 이러한 미국 발전의 영향을 받았다. 재단은 1962년 물리학, 화학, 생물학을 중심으로 너필드 'O' 레벨 프로젝트를 시작으로 여러 프로젝트를 시작하였는데, 과학 외에도 고전, 언어와 같은 여러 교과를 다루었다. 1964년 교육과정과 시험을 위한 학교운영위원회가 설립되었을 때, 교육과정 개발 프로젝트는 너필드와 공동으로 시작되었다. 위원회 초대 공동비서 중 한 명인 로버트 모리스(Robert Morris)는 프로젝트는 "처음에는 너필드 재정과 연계되어 교육과정을 개발하는 역할로 수행되었다"고 말했다.[26] 초기 학교위원회(Schools Council) 프로젝트 중 일부는 너필드의 주도 아래 성장했다. 예를 들어, 두 개의 과학 '프로젝트 과학5-13 및 통합과학, 인문학 교육과정 프로젝트'와 같은 다른 프로젝트들은 학교위원회와 너필드 기금에서 공동으로 자금을 지원받았다.

루빈스타인(Rubinstein)과 사이먼(Simon)은 의무교육연령제 이후 1972년 교육 개혁의 분위기와 중등종합학교 체제의 급속한 성장을 이렇게 요약했다.

> 교육과정의 내용은 현재 많은 논의 중에 있다. 그리고 중등종합학교는 학교위원회와 너필드가 시작한 많은 교육과정 개혁 계획에 활발하게 참여하고 있다. 이러한 경향은 학제간 교육과정 개발로 향하고 있다. 좀 더 전통적인 형태의 수업을 위해 학습에 대한 자원을 함께 사용하고, 많은 그룹 및 개별 작업을 대체하는 것이다. 이러한 새로운 형태의 조직화 및 자극 학습을 위해 혼합 그룹을 만드는 것이 적절한 방식이다. 부분적으로 이러한 이유 때문에 수업 강의를 줄이는 경향이 있다. 이러한 움직임은 그 자체로 교사와 학생 간 새로운 관계를 촉진하며, 특히 교사의 역할이 최고 권위자에서 학생 자신의 발견과 지식 탐색을 위한 동기부여, 촉진하는 역할로 변경되는 경우에 더욱 그렇다.[27]

이 시기에 정치 및 교육적으로 다양한 의미를 지닌, 신속한 교육과정 개혁이 잘 진행되고 있다는 믿음은 일반적이었다. 커(Kerr) 교수는 1968년 "실용적이고 조직적인 수준의 새로운 교육과정은 영국 교육에 혁명을 일으킬 것"이라고 단언하였다.[28]

일부 교사들이 통합과정이나 학제 간 과정을 새로운 교육과정을 확립하는 전략으로 보고 있었을 때, 다른 목소리들은 교육과정 개혁에 내재된 위험에 대해 경고하고 있었다. 마틴 시프먼(Martin Shipman)은 1969년 영국사회학협회에서 교육과정 개혁이 영국과 미국 두 나라의 교육시스템 내 접근법, 즉 '불평등을 위한 교육과정'을 영속시킬 위험이 있다는 논문을 발표하였다. 그는 '교육과정 개발의 의도하지 않은 결과'에 대해 다음과 같이 말했다.

> 학교 시스템에 도입된 새로운 강좌보다 실제 내용은 더 적다. 여전히 분명하게 두 섹션으로 나뉜 학교 시스템에서 하나는 외부 시험 시스템에 맞춰 있고, 다른 하나는 덜 제한적이다. 전자는 대학과 밀접하게 연관되어 있고 확고한 학문적 전통 안에 있다. 후자는 짧은 역사를 가지고 있고 여전히 형성 단계에 있다. 오랜 분열을 유지하는 새로운 수단을 생산하는 교육과정 자체보다는 이 두 가지 분리된 섹션이 오히려 혁신의 결과이다.[29]

이와 연결된 전통은 논문 뒷부분에서 설명된다.

> 하나는 존경받는 학문적 전통에 확고히 뿌리를 두고 있고, 사실적 지식의 풀(pool)에서 도입되었으며, 관련 없는 교과 경계를 명확하게 정의해 놓았다. 다른 하나는 실험적인 것으로, 영감을 얻기 위해 우리 자신의 과거보다는 미국을 바라보고, 현대 문제에 집중하고 교과를 그룹화하고 공식적인 교수법을 거부한다. 전자는 외부 시험의 틀 안에서 학교 교육을 강조하고, 후자는 학교 공부를 아이들의 환경에 맞추어 보려고 시도한다.[30]

그러나 교육과정 개혁의 분열 효과는 주목할 만한 주요 특징이 아니었다. 1976년 10월 제임스 캘러핸(James Callaghan) 수상은, 소위 '대논쟁'이라고 불린, 러스킨컬리지(Ruskin College)에서의 연설에서 교육과정에 대한 대중의 불안이 되는 주요 주제를 언급했다. 그는 어떤 종류의 교육과정이 학생에게 제공되는지, 현대의 교수법에 대해, 교육 기준에 대해 그리고 학교와 산업의 관계에 대해 우려했다. 사실상 그는 교육과정 개혁의 전체 패턴과 효율성에 의문을 제기했다. '새로운 정책이 제안되지는 않았지만, 정부는 이제 교육 수준과 교육-경제의 관계가 포괄적인 개혁으로 우선순위가 되어야 한다는 것을 확고히 했다.' 이는 학교-산업 연계에 대한 우려는 교육과정 역사에서 반복되는 주제와 관련된다. 캘러핸은 '대학이나 폴리테크닉에서 높은 수준의 교육을 이수한 우수 학생들 대부분은 산업에 종사하는 데 아무런 욕망이 없다'는 것을 알게 되어 걱정된다고 말했다. 그는 과학 강의에서는 학문적 공부보다는 산업에서의 실용적 응용으로 이끌어주는 더 많은 기술적 성향이 필요해 보인다고 결론 내렸다.[31] 이러한 경향은 1979년 영국 보수당의 승리 이후로, 새로운 계획 '기술과 직업 계획안(Technical and Vocational Initiative)'을 통해 구축되었으며 실질적으로 확장되었다. 이와 같이, 교육시스템의 급격한 변화에도 불구하고 교육과정의 근본 구조는 놀랍게도 일정하게 유지되는 것처럼 보일 것이다.

『학교 토론School Debate』을 저술한 홉킨스(Hopkins)는 '종합적 개혁 이면의 이론 일부는 기술적 진보에 유리하도록 실제 연구 기회를 확장하는 것이었다'고 지적한다. 그러나 '기술 진보의 결과는 작은 것으로 보이며 실용적인 교과의 위상은 여전히 낮다'는 결론을 내린다.[32] 종합적 개혁 이면에 있는 단일화에도 불구하고, 실질적인 (그리고 더 많은 교육학적인) 교과의 매력을 넓히려는 분명한 욕구에도 불구하고, 지위 차별화 양상은 상당히 지속되어온 것으로 보인다. 조직 변화에 직면하여 분열된 제도를 보존하는 과정에서 교육과정의 교과를 수행하는 부분을 보다 잘 이해하지 못하면, 종합적 교육개혁의 야망을 실현하는 것은 불가능할 것으로 보인다. 중등종합학교 시대에 교육과정 차별화의 양상을 수정하고 유지하는 데 있어 교과 연관성, 하위 집단과 전통의 역할을 분석한다면 명백한 역설을 더 완벽하게 이해할 수 있다. 이것은 다음 장의 주제가 될 것이다.

3. 학문적 '교과'와 교육과정 변화

가. 도입

2장에서는 높은 위상의 '시험 교과(examination subjects)' 계층 구조가 나타나면서 '추앙받는 학문적 전통'이 만들어진 역사적 배경을 살펴보았다. 교육시스템의 가장 오래된 특징 중 하나는 'O'와 'A' 레벨 평가가 학문적 전통과 직접적인 관계가 있다는 것이다. 일반적으로 '능력 있는 학생'은 'O'와 'A' 레벨 평가를 통과할 수 있는 학생이라고 가정한다. 이러한 가정은 그래머스쿨(grammar school), 기술학교(technical school), 중등 일반학교(secondary modern school)로 이루어진 영국의 삼원학교체제(tripartite system)가 종합학교 체제(comprehensive system)로 전환될 때도 충실하게 재현되었다.

2장에서 간략하게 언급했던 갈등의 정점은 'O'와 'A' 레벨 평가가 '학문적' 내용을 다루며, '능력 있는' 학생을 기르는 것을 목표로 삼는다고 당연하게 여겼던 가정이다. 이러한 갈등은 예컨대 19세기 초등학교에서 존재했던 기술 및 직업 교육과정과 같이 학문적 전통을 대체할 수 있는 많은 대안적 전통이 있음을 알려준다. 이러한 대안적 전통은 교육과정 갈등의 근본적이고 반복적인 요소들을 대변한다. 대안적 전통이 학문적 전통에 지속적으로 종속되어 왔음을 이해하려면 먼저 '대안적' 전통을 정의해야 한다. 다음으로 교육과정 갈등을 특히 평가 가능한 지식의 특성을 참고하여 분석해야 한다. 이러한 갈등에서 다양한 '전통'은 서로 다른 집단이나 계파를 가진 교과 교사들 사이에서 각각 지지를 받게 된다. 무엇보다도 이러한 학문적 전통이 이들 집단에게 호소하는 특성을 분석하면서 학문적 전통의 지배력을 이해해야 한다.

버커(R. Bucher)와 스트라우스(A. Strauss)가 직업 연구를 위해 개발한 과정모델(The process model)은 학교교과 연구에 유용한 지침을 제공한다. 그들은 직업 내에는 다양한 정체성과 가치관, 관심사가 존재한다고 본다. 이 때문에 직업은 '서로 다른 방식으로 다른 목적을 추구하며, 역사상 특정 시기에 공통된 이름으로 모호하게 얽혀 있는 부분들의 느슨한 융합으로 간주되어야 한다고 주장한다.[1] 직업에서의 갈등은 제도적 기반 확보, 채용, 그리고 고객과 기타 기관 사이 외부적 관계와 관련하여 가장 빈번하게 발생한다. 이러한 갈등이 발생하면 강한 전문적 단체가 새로 만들어지거나, 이미 있던 전문 단체가 더 강하게 제도화되기도 한다.

버커와 스트라우스의 직업 모델에서는 '교과공동체'를 구성원끼리 유사한 가치와 역할 정의, 공통의 관심과 정체성을 공유하는 동질 집단으로 보면 안 된다고 제안한다. 오히려 교과공동체는 갈등 집단이나 부분, 서로 다른 계파로 구성되어 있다는 것이다. 이러한 집단의 중요성은 시간이 지나면서 상당히 달라질 수 있다. 직업과 마찬가지로 학교교과협회 또한 학교 교육과정이나 자원 갈등, 채용이나 훈련에 관한 갈등이 심해지는 시기에 발전한다.

따라서 이 책에서는 교과공동체가 소집단이나 계파의 변화하는 네트워

크로 구성된 것으로 본다. 예를 들어 이 소집단은 생물교과의 현장 실습이나 실험실 연구, 또는 새로운 지리교과와 대조되는 지역지리교과와 같이, 교과에서 강조되어야 할 지식에 관해 서로 다른 관점을 가진 다양한 학교에서 조직될 수 있다.

이러한 소집단들 사이(그리고 실제로 교과공동체들 사이)에 존재하는 주요 갈등 중 하나는 학교 교육과정의 성격과 목적이다. 긴 역사를 가진 이러한 갈등은 학문적, 실용주의적, 교육학적 세 가지 전통을 파악하는 데 유용하다.

19세기부터 '학문적 교과'와 필기시험은 밀접하게 관련되어 왔다. 이러한 긴밀한 관계는 1917년에 중등학교 수료시험으로 공식화되었다. 그 이후로 소집단과 학교교과가 학문적 전통을 따르거나 증진하는 결과가 뒤따랐다. 필기시험에는 이론적 배경이나 방법론에 대한 관점을 묻는 질문도 포함되었다. 스스로를 학교교과라고 홍보하고 '학문적 위상'을 주장하는 집단이나 위원회에 가장 중요한 기준은 교과의 내용이 '능력 있는' 학생들이 치르는 필기시험을 통해 평가될 수 있는지의 여부였다. 승인할 수 있는 시험지식의 기준은 지식의 내용과 형식 모두에 영향을 미치면서 지식의 위상을 향상시킨다. 학문적 전통은 내용 중심적이며, 대개 시험을 위한 추상적이고 이론적인 지식을 강조한다.

반대로 실용주의적 전통이 다루는 실용적인 지식은 위상이 낮을 뿐만 아니라, 일반적으로 통용되는 'A' 레벨의 필기시험 방식에 맞지 않는다. 실용적 지식은 대다수 사람이 성인기 삶의 대부분을 위해 일하는 비전문적인 직업과 관련이 있다. 교육학적 전통을 추구하는 사람들이 강조하는 개인적, 사회적, 상식적 지식도 실용적 지식처럼 위상이 낮다. 물론 모든 학교지식에는 이러한 전통이 강조하는 '학생의 배움 방식'을 교과 내용 설계의 중심점으로 놓는 교육학을 내포하고 있다.

이러한 전통은 교육과정 방식에 관한 논쟁의 '세 가지 축'이다. 이 세 전통은 영국 교육과정 '전통'을 완전하게 대변하는 것도 아니고, 시간을 초월한 실체도 아니다. 단지, 학교교과 역사를 연구할 때 되풀이되는 분명한 교육과정 유형 세 가지이다. 이런 의미에서 이 세 유형은 교육과정 변화와 갈등을 철저하게 검토하는 데 가장 유용하게 쓰인다.

역사의 특정 단계에서 교과는 교과협회에 의해 대두되었다. 교과협회는 소집단의 다양한 관심사를 홍보할 수 있고, 교육과정 전통에 관한 논쟁을 할 수 있는 공식적 장을 마련한다. 학교교과와 관련된 집단의 범위, 즉, 소집단, 계파, 협회, 공동체를 통틀어 교과 단체(subject group)로 칭할 것이다.

나. 학교교과 '전통'과 교육과정 변화

영국 교육과정의 역사적인 배경과 교육과정의 역사적 요소에 관한 연구(특히 레이튼, 윌리엄스와 뱅크)는 몇 가지 주도적 전통을 언급했다. 이러한 전통은 학생의 사회적 계급 및 직업적 목적과 관련되어 있을 수 있다. 이에 따라 학문을 전문 직업으로 삼고자 하는 중산층과 상류층 아이들은 퍼블릭스쿨이나 그래머스쿨의 교육과정을, 대중을 상대로 하는 다수의 초등학교는 실용적인 교육과정을 강조했다.

영국 초등교육(primary education)의 '전통'을 연구한 블라이스(Blyth)는 준비(preparatory), 기본(elementary), 발달(developmental)이라는 세 가지 유형의 전통을 구별했다. 준비 전통은 현재 우리가 그래머스쿨이라고 부르는 것과 전적으로 관련되어 있는데, 주로 상위 중산층 현상으로 발전했다. 반면 '기초 기술을 특히 강조한' 기본 전통은 하층 계급을 목표로 했다. '불행하거나 게으르거나 비난받을 만큼 가난한 사람들은 최소한의 교육만으로도 충분했다.[2] 발달의 전통은 루소(Rousseau)와 페스탈로치(Pestalozzi) 방식에 따라, 학습에 대한 학생의 흥미를 고려한 발달의 원칙을 기본으로 삼았다. 블라이스의 세 가지 주요 전통은 중등교육에서 구분되는 세 가지 주요 전통과 관련지을 수 있다. 즉, 준비는 학문적 전통으로, 기본은 실용주의적 전통으로, 발달은 교육학적 전통과 관련지을 수 있다.

1) 학문적, 실용주의적, 교육학적 전통

19세기 퍼블릭스쿨과 그래머스쿨의 교과는 1904년 규정에서 확정되었고, 중등학교 수료시험을 통해 교육의 목적이 전문 직업과 학문적 삶을 위한 준비로 굳어졌다.

이글스턴은 19세기 초를 회상하며, '그 시대의 새롭고 중요한 특징은 위상이 높은 지식이 진로나 직업적으로는 유용하지 않다고 재정의한 것'이라고 말했다. 따라서 고전에 대한 연구는 본질적으로 정신 교육으로 여겨지기 시작했다. 학생들이 정신 교육을 충분히 경험할 수 있을 만큼 오랜 기간 동안 육체적 노동을 하지 않아도 된다는 사실은 그 자체로 높은 위상의 지식이라고 여겨졌을 뿐만 아니라, 학생이 노동자가 아닌 '신사'라는 표시가 되었다.[3] 이글스턴은 고전적인 자유주의 교육이 직업으로서 인정받지 못하는 것은 아니지만, 단지 상류층 신사들에게만 직업으로서 인정받는다는 모순점을 마지막 언급에서 강조하고 있다. 윌리엄스는 '고전 언어학 분야는 본래 직업을 위한 것이었지만, 이러한 특정 직업들이 전통적인 존엄성을 획득했고, 이제는 동등한 인간적 관련성을 지닌 직업들을 거부했다'는 것을 상기시켜 준다.[4]

이러한 이유로 우리는 직업 교육 또는 직업적 지식이라는 용어의 사용을 꺼린다. 대신 우리는 시험 체제를 통해 확인되는 교과 기반 교육과정을 '학문적' 전통으로, 위상이 낮은 실무 지식을 '실용적' 전통으로 지칭한다. 따라서 실용적인 지식은 대다수 사람이 성인의 삶을 위해 일하는 비전문적인 직업과 관련이 있다.

정부를 비롯한 대다수 영향력 있는 위원회의 주장에도 불구하고, 상업 교육이나 기술 교육은 기존의 고전 교과 과정에 추가되어야 할 새로운 지식으로 고려되지 않았다. 그것은 특정 계급 사람들을 위한 특별한 교육이었고, 교육과정 위상이 낮은 영역에만 국한되어 지속적으로 영국 교육과정 갈등을 불러일으켰다. 예를 들어, 19세기에 과학 교육의 발전과 관련된 레이튼의 연구는 실용적인 직업 세계와 분리된 추상적 지식이 어떻게 점차 강조되었는지를 보여준다.[5] 그럼에도 불구하고, 실용주의 교육과정에 대한 대안적 관점은 여전히 강력하다. 실용주의 교과들이 높은 위상을 갖지 못하는 현상이 반복됨에도 불구하고, 변화하는 산업 경제의 인력 수요로 인해 실용주의적 교과의 중요성은 끊임없이 강조되고 있다. 이러한 요구들은 경제 및 사회 시스템에 만연된 위기 상황에서 가장 두드러지는 기업가들에 의한 것이긴 하지만, 실용주의 교육의 중요성은 꾸준히 대두되었다. 대규모 산업 실패가 만연해 있을 때는 심각한 우려를 불러일으켜 그 변화의 필요성을 인식하도록 했다. 대토론회(The Great Debate)는 이러한 우려 때문에 나타났고, 〈타임즈〉는 다음과 같이 논의했다.

> 산업과 교육 시스템 간 관계를 증진시키기 위해서는 복잡한 계급제도 문제를 다룰 필요가 있다. 기존 계층의 패턴은 매우 강력한 역사적 유산인 일종의 간접적 압력 집단을 나타낸다. 퍼블릭스쿨이나 옥스브리지(Oxbridge)와 같이 교육시스템의 위상이 높은 지역에서 그들의 가치 체계를 개혁하고자 마음먹어야만 현재의 전략이 성공할 수 있다.[6]

낮은 위상을 지닌 실용주의적 지식은 학생 중심의 교육 접근법을 추구하는 사람들이 강조하는 개인적, 사회적, 상식적 지식으로 공유된다. 개별 학생의 학습 과정에 중점을 둔 이 접근 방식은 영국 교육과정의 교육학적 전통으로 설명될 수 있다. 학생 중심 교육이나 진보 교육은 교육의 과제를 전문 직업이나 학문을 위한 '사다리'로서의 준비과정이나 직업을 위한 수습 기간으로 보지 않는다. 오히려 교육을 학생 스스로가 '탐구'하고 '발견'하는 과정을 통해 수동적인 지식의 수용자가 아니라 능동적인 학습자로서 학생이 스스로 학습할 수 있도록 돕는 것으로 본다. 이 접근법은 1930년대와 1940년대의 사회학 운동에서 발견되었다. 본질적으로 광범위하고 폭발적인 변화가 전망되었고, 학습 과정은 엄격한 절차로 이루어진 것이 아니라 일련의 관련성 있는 단위로 나누어진다.[7] 그래서 그것은 그 시대의 사건과 관련된 협동학습과 같은 능동적인 학습 기회를 제공한다. 교육학적 전통은 종종 (1)일반적으로 특수한 교육을 받은 학교교과 '전문가'로서의 교사와 (2)교실 안 모든 것을 지배하는 권위자라는 형태로 현재 교사들이 가지고 있는 전문적인 정체성에 도전하고는 한다. 1960년대 골드스미스 컬리지(Goldsmiths College)에서 진행한 '학제간 연구 워크숍'은 이 도전적인 이중적 본질을 명확히 하였다. 이 워크숍은 의무교육 연령제의 결과로 계속 남아 있게 된, 학교 졸업자(school leavers)와 관련해 경험 있는 교사들을 위한 예비 연구(pilot) 과정으로 특별히 도입하였다.

IDE(Integrated Development Environment, 통합개발환경) 소책자는 전통적인 교과 교사들에 대한 뚜렷한 메시지를 담고 있으며, '교과 중심 교육과정은 근본적인 교육적 단점이 있다'고 제안했다. 예를 들어 '수업 일수는 교과를 학습하는 기간에 따라 단편적으로 나뉘어 있고, 이와 같은 시간적인 면의 단점과 별개로 교과 전문가들은 교과별로 할당된 시간이 항상 부족하다'

고 말하는데, 실제로도 그렇다.

> 지식을 교과 수업계획서에 따라 자의적으로 나누는 것은 학생들의 역할을 수동적으로 지식을 흡수하는 것으로 축소시키고 (교사 중심의) 교훈 전달식 수업을 조장한다. 학생들이 어떤 교과를 공부하면서 나온 모든 질문(탐구)는 당연히 그 교과의 경계를 넘어 다른 분야로 그들을 이끈다. 훌륭한 교사들은 이러한 학생의 관심을 권장하고 싶어 하지만, 교과 수업계획서가 특히 외부 시험에 맞춰 있다면 교사들이 그런 시간을 낼 여유가 없다.[8)]

전통적인 교사 중심의 교훈 전달식 교육 문제의 해결책으로 골드스미스팀은 과업(work) 중심의 학제간 탐구를 통한 조직 체계를 주창했다.[9)]

어린 졸업자를 대상으로 한 또 다른 교육과정 프로젝트는 '교과'를 재평가해야 할 필요성과 새로운 교육학적 관계를 명확하게 정의해야 할 필요성을 강조했다.

1967년에 인문 교육과정 프로젝트(The Humanities Curriculum Project, HCP)가 시작되었고, 로렌스 스텐하우스(Lawrence Stenhouse)가 프로젝트 책임자가 되었다. 인문 교육과정 프로젝트는 '중립 의장직'이라는 개념을 통해 교육과정 개혁의 교육학적 의미를 추구했다. 그것은 '교사가 논란이 되는 분야에서 중립적인 기준으로 가르칠 필요성을 받아들인다는 의미이다. 즉, 교사는 자신의 견해를 학생들에게 밝히지 않는 것이 책임의 일부'라고 여기며, 더 나아가 '논란이 많은 분야는 핵심적인 내용의 지도가 아닌 토론을 통해 탐구해야 한다'고 말한다.[10)] 교육학적 전통은 교육계의 소위 '진보적' 운동과도 밀접한 관련이 있다. 1969년 시프먼(Shipman)은 더 진보적인 교육과정이 'O'와 'A' 레벨 평가에 적합하지 않은 학생에게 집중하게 되었다고 말한다.[11)] 이에 교육학적 전통은 종종 실용주의적 전통처럼 상대적으로 낮은 위상을 가진 것처럼 여겨지기도 했다.

2) 시험과 학문적 교과

학교에서 가르치는 과목과 외부 시험과의 관련성은 1917년 중등학교 수료증 제도가 탄생하면서 현재와 같은 모습으로 자리 잡았다. 이때부터 교육과정을 둘러싼 갈등은 평가 가능한 지식의 정의와 평가에 초점을 둔 오늘날과 비슷해지기 시작했다. 중등학교 수료시험은 빠르게 그래머스쿨의 주요 관심사가 되었고 그곳에서 시험을 치르는 교과들은 곧 학교 시간표를 지배하게 되었다. 이에 노우드보고서는 시험의 중요성을 평가하며 다음과 같이 언급했다.

> 학교 교육과정의 공통점은 교육과정 내 한정된 시간 안에서 경쟁하는 많은 교과의 위치를 찾아 주어야 하는 이중적인 필요성으로부터 나타났다. 중등학교 수료시험의 성공을 보장하려면 이러한 방식과 기준에 따라 지도해야 한다.

그 결과, 교육과정은 '불안한 평형상태에 놓이게 되었고, 교과 및 교과 전문가의 요구는 시험을 위한 요구에 적절하게 맞춰지게 되었다'고 지적했다.[12] 이러한 경고에도 불구하고, 1944년 교육법에 따라 학문적 교과 중심 교육과정이 강화되었다. 1951년 교육 자격 검정시험의 도입으로 'O' 레벨에서 별도의 교과목 시험에 응시할 수 있게 되었고(중등학교 수료시험은 주요 교과 집단의 시험에서 모두 통과해야 하는 '블록' 시험), 'A' 레벨의 시험은 'O' 레벨 평가와 같은 '학문적' 성격을 크게 강화하지 않는 선에서 보장되는 방식으로 도입되어 교과를 특화시켰다. 1965년에 도입된 중등교육 학력인정시험처럼 낮은 레벨의 시험이 'O'와 'A'처럼 높은 학문적 교과 중심성을 위협할 가능성은 거의 없었다.

시프먼이 지적한 것처럼 실제로 중등교육 학력인정시험은 레벨 차이를 유지하도록 했고, 심지어 레벨 차이를 더욱 확대하기도 했다.

볼(S. J. Ball)의 최근 연구에서는 종합학교 내에서 학생들을 다음과 같이 네 개의 무리로 나누었다. 1그룹: 교과-기반 'O' 레벨, 2그룹: 교과-기반 중등교육학력인정시험 방식, 3그룹: '통합적인' 교과(예를 들어 생활에 도움이 되는 수학)의 중등교육학력인정시험 방식, 4그룹: 시험을 치르지 않는 '보충' 수업이다.[13)]

학교자문위원회의 조직구조에서 'O'와 'A' 레벨 지원자들의 학문적 교과 기반 교육과정의 헤게모니가 확인되었다. 학교자문위원회는 초기에 시험과 관련하여 중등 모던스쿨(secondary modern school)[1]에서의 시험 확산을 위해 벨로(Beloe)위원회를 설립하도록 조언했다. 벨로위원회는 주로 'O'와 'A' 레벨에서 시험의 균일성을 보장하기 위해 전쟁 중에 설립된 중등학교 평가위원회의 교과 기반 체제를 선택했다. 두 명의 초대 공동비서관 중 한 명인 로버트 모리스는 '이제 우리는 학교 위원회가 교과에 기반한 위원회 구조를 개발한 이유를 알 수 있다. 그것은 그야말로 논리적이었다. 우리는 이미 학문적 교과 시험을 위한 패턴을 개발한 중등학교 평가위원회의 체제를 계승했을 뿐'이라고 말한다.[14)]

새로운 교과를 장려하려는 이해 집단들은 이러한 학문적 교과 시험의 체제에 따라 1917년부터 높은 레벨의 시험과 자격을 추구하는 데 중점을 두었다. 미술, 목공예, 금속공예, 기술 연구, 장부 기술, 타이핑과 바느질, 가정

1. 고전보다는 일반 교육을 중시하는 중등학교(편집자 주).

과학, 체육 교육과 같은 교과들이 강화된 학문적 시험과 자격 기준의 향상을 주장함으로써 자신들의 위상을 높이기 위해 꾸준히 노력했다. 그러나 1904년 규정과 1917년 중등학교 수료시험에 이미 포함되어 있는 학문적 교과의 헤게모니에 도전할 수 있는 교과는 거의 없었다. 이러한 학문적 전통은 최근의 종합적인 재구조화 물결과 교육과정 개혁을 성공적으로 극복해내고 있다. 1970년대 중반 대토론회의 대변혁과 대처(Thatcher) 정부 산하의 계획은 교과의 생존이 경제적으로 '지배적 이익'을 잃어가면서 이루어졌음을 암시한다.

3) 학문적 교과, 위상과 자원들

학문적 교과와 외부 시험 사이의 강한 역사적 관련성은 '학문적 교과들을 중등학교 수료시험에서 성공할 수 있는 기준과 방식으로 가르칠 필요성'으로만 일부 설명할 수 있다.[15] 1917년 이후 교사들의 전문성이 크게 발전했다. 점점 더 전문화된 교과 교육과정이 생기면서, 중등학교 교사들은 자신들을 '교과공동체'의 일부로 보게 되었다. 이에 따라 교과연합이 만들어져 함께 성장했다. 이처럼 교과공동체로 중등 교사를 구별할 수 있게 되면서 이들은 서로에게서 자신의 공동체를 분리하는 경향이 나타났고, 학교가 커짐에 따라 이러한 분리를 강화하는 부서 형태의 조직이 생겨났다.

따라서 교과 중심 교육과정은 1943년 노우드보고서가 상당한 우려를 표명할 정도로 발전했고, 교육과정은 학문적 갈등뿐만 아니라 정치적인 갈등까지 불러일으킬 조짐을 보였다.

교사들은 교과를 전문적인 영역으로 나누는 경향이 있다. 그들 사이에 장벽이 세워졌고, 교사들은 다른 교사의 영역을 침해할 자유나 자격이 없다고 느꼈다. 각 교과의 특수한 가치는 몇몇 또는 모두에게 통용되는 가치를 무시하도록 압력을 행사했다. 학교 과정은 '100야드' 코스와 비슷해졌고, 각 교과들을 구획화하여 다른 교과들과 구별하였다. 우리가 이에 집중하는 동안 학생들은 잊히는 경향이 있다.

노우드는 '교과는 그들 자신의 기득권과 권리를 스스로 구축한 것 같다'고 요약한다.[16] 외부 시험과 학문적 교과의 지속적인 관계를 설명할 때, 교과 집단의 기득권에 의한 부분을 분석할 필요가 있다. 높은 위상의 시험 자격을 갖춘 학문 교과의 기득권은 긴 시간 동안 이어져 온 구조의 강점을 설명하기 위해 교과 집단의 기득권과 긴밀하게 관련되어야 한다.

'교과' 명은 여러 측면에서 중요하다. 분명하게 학교 '시험' 범주로 분류하기도 하고, '학위'나 '교육과정'의 이름으로도 사용한다. 아마도 모든 교과에서 가장 중요한 점이 각 학교 내 '학부' 영역을 차지한다. 행정과 학생 생활 지도 활동을 제외하고, 교과는 중등 일반학교의 업무에서 가장 중요한 사항이다. 즉, 학교에서 전달되는 정보와 지식은 교과를 통해 공식적으로 선택되고 조직된다. 학생들은 주로 교과 전공으로 교사를 구분한다. 가장 체계적인 종합 학교의 크기를 따져보면, 각 교과마다 많은 교사가 필요하며, 이러한 교사들이 일반적으로 교과 '부서'로 조직된다. 그 부서들은 특별한 책임을 가진 '학년별 담당자'와 '부서의 장'으로 구성된다. 이러한 방식으로 교과는 교사의 급여를 결정하고 직업 구조를 정의하며 학교 정책에 영향력을 발휘할 수 있는 채널을 제공한다.

학교교과에는 명확한 위계가 존재하며, 그것은 소위 '학문적' 교과가 '능력 있는' 학생들에게 적합하고, 다른 교과는 그렇지 않다는 기본적인 가정을 근거로 한다. 에일린 번(Eileen Byrne)은 학교의 자원 분배와 관련된 연구에서 능력 있는 학생들에게 얼마나 더 많은 자원이 주어지는지를 보여 주었다. 그녀는 '근본적인 교육 계획과 그 결과 더 능력 있는 아이들을 위한 자원 분배에 일관되게' 발견할 수 있는 두 가지 가정에 관심을 두었다. 첫째, 능력 있는 학생들이 다니는 학교는 비(非) 그래머스쿨 학생들에게 투자하는 것보다 우수한 학생들에게 더 많은 시간을 투자한다. 둘째, 이러한 학교는 많은 직원 및 높은 보수를 받는 능력 있는 직원을 보유하고 더 좋은 장비와 책을 구입하기 위해 많은 돈을 필요로 한다.[17] 번은 광범위한 포괄적인 연구 이전인 1965년 연구에서는 삼원학교체제를 언급한다. 그러나 1974년에는 새로운 종합학교 체제를 이야기하면서, "오랜 기간에 걸쳐 입증된 진보적인 정책 또는 일관성 있는 교육 개발의 계획된 지원에도 불구하고 과반수가 넘는 의회나 최고 책임자가 자원 분배의 전체 프로세스에 대한 검토와 재평가의 필요성을 인정할 징후가 거의 없다"고 진술했다.[18]

종합학교들이 '학생 개별 생활 지도 시스템(pastoral systems)'의 성장에도 불구하고 학문적 시험에 많은 중점을 둔다는 사실을 최근 볼(Ball)의 비치사이드(Beachside) 종합 연구에서 확인하였다.[19] 그는 '일단 종합적 가치 체계로 개편한 학문적 우수성은 학교 가치 체계의 중심 교리로 빠르게 확립되었다'고 강조한다. 그는 다양한 질적, 통계적 지표를 통해 '종합학교 내 교사 자원은 그래머스쿨보다 명확하지 않지만, 학생 능력에 따라 다르게 배분한다. 그래서 가장 경험이 많은 교사들이 가장 유능한 학생들을 가르치는 데 많은 시간을 보낸다'고 확인했다. 그는 '이는 학교에서 학생에게 제공하는 사회적, 심리적 보상이 학업 성적이 좋은 학생들에게 돌아가고 있으며 학업 성취도가 학교에서의 유일한 성공 기준이 되고 있음을 반영한다'고 결론지었다.[20]

비치사이드 종합학교 연구를 통한 종합적인 증거들은 마르스덴(Marsden)

의 주장과 비슷하다. 그는 "만약 우리가 학문적 자격을 위해 학교 선택권을 포함한 경쟁과 같은 종합적인 과업을 준다면, 그 결과는 교육의 선택적 성격에서 큰 변화가 없을 것이다. 선발은 학교 내에서 이루어지며 노동자 계층의 자녀 교육은 여전히 어려움을 겪을 것"이라고 예상했다.[21] 능력별로 학생들에게 적용되는 서로 다른 교육과정 전통은 이런 선택적인 패턴을 확인하는 데 중심적인 역할을 한다. 첫 학기가 끝난 후, 우리는 '그룹 사이에 적용되는 수업계획서와 교육과정의 격차가 벌어진다는 것은, 2그룹이나 3그룹 학생들이 수업계획서로 인한 한계를 현명하게 극복하지 못함에도 불구하고, 특히 더 열심히 노력해야 함을 의미한다'는 것을 알게 되었다.[22] 볼(Ball)은 교육과정 차이의 패턴이 '4학년과 5학년 학생들을 대상으로 한 노우드보고서와 다르지 않다'고 말한다.[23] 수학, 영어, 언어, 과학, 역사, 지리 같은 전통적인 'O' 레벨 교과들이 교과 계층 구조의 끝에 있는가? 이 높은 위상의 교과들은 '공통적으로 학문 지향적'이다. 즉 이 교과들은 이론적인 지식과 관련이 있고 더 똑똑하고 학문적인 1그룹 학생을 위한 과목이다. 그 아래 레벨에는 기술 연구 및 금속 작업과 같은 'O' 레벨인 실용적 교과가 있다. 2그룹과 3그룹의 학생들을 위해서는 전통적인 중등교육학력인정시험과 모든 위상에서 가장 낮은 새로운 유형 3 중등교육학력인정시험이 있다.[24]

옵션 시스템이 어떻게 작동하는지에 대한 상세하고 명료한 연구는 교사가 교육과정 범주와 학생(및 학생의 미래)을 어떻게 '일치'시키는지 보여준다. 볼(Ball)의 연구는 1그룹 교실인 3CU와 2그룹 교실인 3TA의 두 교실에서 이것이 어떻게 작동하는지 보여준다. 옵션 시스템이 작동한 후, 3TA 학생들은 '학문적인 것'에서 실용적인 것으로 방향을 돌린 반면, 3CU 학생들에게는 그 반대의 일이 일어났다.[25] 이 연구는 노동자 계층 학생들이 2그룹과 3그룹에 집중되어 있고, 높은 활용 가치를 가진 높은 레벨의 지식에 접근할 수 있는지에 대한 차이가 사회·경제적인 지위와 관련 있음을 분명하게 보여준다. 그는 다음과 같이 결론 내렸다.

> 선택-배정(Option-allocation)은 학교 진로가 확실하게 구별되는 지점이고, 사회적 지위 측면에서 학생들에게 비공식적 차이를 만든다. (지원하는) 학교를 낮추는 경험이 구분된 교육과정 경로와 시험 결과로 공식화되는 것이다. 직업 구조의 계층적 성격이 학교 내 능력 계층화에 직접 반영되는 지점이 여기이다.
>
> 교육과정 지식 영역의 위상 차이와 특정 과정에서 제공하는 식스폼에 접근하는 것은 학생이 더 높은 교육 수준과 직업 시장을 선택할 수 있게 한다. 선택-배정 절차를 구성하는 의미의 선택 과정과 협상은 학생들에게 서로 다른 신분과 교육적 정체성을 부여하는 학교 내 구조적 관계의 일부이다.[26]

많은 연구가 학교교과에 위상이 존재한다는 것을 증명한다. 워릭(D. Warwick)은 1968년 조사에서 언어와 문학 그룹 내에서 공부한 남자 교사 중 7% 이상이 수석 교사가 된 것으로 보았는데, 이는 기술과 수공예 분야에서 공부한 교사 중 1% 미만(전체 표본의 11%가 약간 넘는)만 수석교사가 된 것과 비교된다. 이와 유사하게, '과거에 언어나 문학을 공부한 남성 교사들이 음악 및 연극을 공부한 사람들보다 4배, 과학과 수학을 공부한 사람들보다 1.5배 교장이 될 확률이 높았다.'[27] 교과의 계층은 전통적인 그래머스쿨의 선호에서 유래되었다. 스티븐스(F. Stevens)는 다음과 같이 보고했다.

> 영어, 과학, 언어와 수학은 전반적으로 학생의 성공과 실패가 눈에 띄게 드러나는 교과이다. 실용 교과의 규모가 작다는 사실이 더 똑똑한 아이들이 상대적으로 실용 교과에서 성

취도가 더 낮다는 가정을 뒷받침하는 것은 아니다. 이러한 현상은 학생들을 위한 교과에 투자하는 몇몇 사람들에게 중요한 시사점을 주는 것으로써, 흥미로운 수치이다.[28]

학문적 교과의 계급구조는 대학 입학 정책에서도 확인된다. 리드(Reid)는 대학들이 그들 자신의 입학 정책을 완전히 통제하려는 움직임을 발견했다. "대학은 입학 선발 기준을 수정하라거나 수요와 공급의 압력 같은 공공 정책에 강요받지 않는다. 또 대학은 학문의 사회 구조에서 지위가 높다."[29] 교과의 계급구조에서 어떤 교과도 대학 학부로서 완벽하게 수용될 가능성을 갖지 못했지만, 수학은 학부로 수용될 가능성이 매우 높았다. 대학 내 연구를 위한 학문으로 잘 정립된 교과들은 대부분 인정받지만 '실용적이고 미학적인 교과들은 인정받지 못한다'는 것이다.[30] 교양 과목(general studies)과 같이 '특정 분야와 명확하게 연관되지 않은' 교과들은 더 인정받지 못했다. 리드의 연구 결과는 표 3.1과 같다.[31]

표 3.1 대학 분야의 'A' 레벨 교과 통과의 수용 가능성(n=84)

순수 수학	0.92	독일어	0.63
순수 수학 (통계학)	0.83	경제학	0.62
순수 수학 (공학)	0.82	그리스어	0.62
물리학	0.81	지질학	0.61
SMP 수학	0.78	Nuffield 생물학	0.60
고등 수학	0.78	라틴어	0.60
물리학	0.71	영국 행정학	0.49
화학	0.70	일반 연구	0.49
SMP 고등 수학	0.69	공학	0.46
역사	0.67	성경학	0.46
생물학	0.66	음악	0.44
지리학	0.66	예술	0.37
불어	0.65	공학 설계 요소	0.27
영문학	0.64	기하학 및 공학 설계	0.24
Nuffield 화학	0.64	가정학	0.15
스페인어	0.64		

앞의 자료는 중등학교 내 평가 가능한 지식의 측면에서 교과 교사 개인의 이익 추구가 교과의 위상과 밀접하게 관련되어 있음을 보여준다. 학문적 교과를 연구하는 교사는 덜 학문적인 교과를 연구하는 교사보다 승진 가능성과 급여가 높다. 이러한 관점에서 볼 때, 평가 가능한 지식의 위상과 관련된 갈등은 본질적으로 각 교과공동체가 이용할 수 있는 물질적 자원과 직업적 전망에 대한 투쟁이다. 물론 지식이 어떻게 정의되는지 결정할 때는 다른 주장들이 많이 제기된다. 실용주의와 교육학적 전통이 대우를 받을 수 있는 까닭은 학교교과를 뒷받침하는 가정이나 의도와는 매우 다른 전망을 가지고 있기 때문이다. 우리는 이러한 전통들이 반복적으로 출현했음에도 불구하고, 교과 소집단이나 교과위원회가 가장 큰 관심을 보이는 부분은 시간의 흐름에 따라 달라지는 학문적 위상의 추구라고 가정한다. 'O'와 'A' 레벨 위상을 얻으려는 새로운 경쟁 교과의 사례 분석을 통해, 교육과정 갈등과 변화의 과정을 자세히 살펴볼 수 있다.

다. 교과 발전과 환경교육의 사례

이 책에서는 이전 교육과정 연구와 교육과정이 합의되는 역사적 과정에서 만들어진 다양한 가정들을 검증한다. 이 연구는 교과가 각각 단일체가 아니라, 서로 상충하는 충성도와 의도를 지니고 있으며 다양한 집단 간 경계가 변화하는 속성을 지닌 사회적 공동체라는 신념에서 출발한다. 교과공동체의 주요 소집단이나 계파들은 특정 전통들과 연합하면서, 세 가지 주요 전통인 학문적, 실용적, 교육학적 전통과 잠정적으로 구별되었다.

교사들이 주로 관심을 가지는 급여, 승진, 조건과 같은 물질적 이익은 전문 교과공동체의 운명과 깊은 관련이 있다. '학문적' 교과는 교과 위계의 최상위에 위치하는데, 그 이유는 좋은 대우를 받아야 하는 능력 있는 학생들을 위해 이러한 교과에 자원을 배분하는 것이 가장 적합하다는 가정 때문이다. 두 번째 가정은 구성원의 물질적 이익을 추구하는 교과 집단이 스스로를 '학문적' 교과라고 홍보하면서 실용주의적, 교육학적 전통에서 점차 벗어나려는 것이다. 교과의 내적 변화와 관련된 모델은 '현장에서 연구를 주도하는 전문 학자들의 판단과 실행에 따라 교과 선택의 문제가 결정되는' 지점에 도달하기 위해 많은 단계를 가정하였다. 마지막 단계에서 교과는 그 학문적 성격을 확인하고 그 교과의 지식 영역에서 학문적 시험을 확립하는 데 도움을 주는 독자적인 지적 리더십을 갖게 된다.

2부에서는 교과 변화의 모델을 개발하기 위해, 지리교과, 생물교과, 농업교과라는 세 교과의 발전 과정을 연구했다. 해당 분야 기존 연구에 기반하기 위해 가능한 한 교과 구성에 관한 문서와 구성원의 개인 자료를 제시하였다. 각 교과 발전 과정을 세 가지 주요 전통의 관점에서 살펴보도록 한다.

그러나 교과 위상과 변화가 내부적 교육과정의 변화만으로 결정되는 것은 아니다. 이 책의 대부분은 교과 간 관계에서 학문적 위상의 추구가 차지하는 역할을 분석하는 데 할애하였다. 특히 이 책은 환경교육과 관련해 학문적 지위를 얻기 위한 새로운 경쟁 교과들을 제시하는 데 초점을 맞추고 있다. 새롭게 교육과정에 편입되고자 하는 교과는 지리교과, 생물교과, 농업교과이다. 교과 사이의 교육과정 갈등은 외부 시험의 문제와 관련하여 발생한다. 새로운 경쟁 교과가 'O'와 'A' 레벨과 같은 높은 위상을 얻을 수 있다면, 그것은 학문적 교과라고 말할 수 있고, 그 교과는 물질적, 재정적 동등함을 주장할 수 있기 때문이다.

교과 집단 응답의 특성을 분석하려면 그러한 집단이 구성원의 이익을 증진하기 위해 사용하는 주요 전략에 초점을 맞출 필요가 있다. 교육시스템의 조직과 국가 경제적 구조의 변화는 교육과정 갈등을 초래한다. 이러한 변화된 '무대' 안에서 갈등의 규칙 변화와 적용된 '무기'의 변화를 구별할 수 있다. 이 '전쟁터'의 모습은 1917년 이후로 크게 변하지 않았다. 1917년은 전차와 항공기의 도입으로 현대 전쟁을 예고했던 해이기도 하고, 교육자격 검정시험을 계승하여 근대 교육과정 갈등의 중심이 된 중등학교 수료시험이 도입된 때이기도 하다.

또한, 우리는 이러한 중등학교 수료시험으로 인해 학교 시간표의 '영역'을 두고 경쟁하는 교과 집단들이 그 사이에서 규칙과 무기를 만들어가기 시작했다는 것을 알 수 있다.

이 책에서 다루는 교과 집단과 공동체들 안에 학문적인 시험을 통해 얻게 되는 힘이란, 각 교과 속 시험으로 평가 가능한 지식의 본질에 대해 고민하게 하며 '지위 다툼'에 빠져들게 한다는 것을 의미한다. 이러한 지위의 향상은 '연합' 간 전문적인 논쟁의 규칙을 가장 많이 따르지만, 중요한 사항은 교육학적으로 학생 중심의 실용적 지식에서 벗어나 'A' 레벨의 시험에 포함된 추상적이고 이론적인 지식으로 이동하는 것이다.

이러한 교과의 연합은 해당 교과에 대한 높은 위상의 '학문적' 공식화를 주장함으로써 구성원의 특별한 이익이 가장 잘 이루어지도록 보장한다. 이 교과에 대한 '학생 중심' 또는 '실용적' 형식은 교과공동체의 이익 추구를 확장시킬 것이다. 궁극적으로 각 교과가 출제 가능한 지식의 우선권을 가지느냐 마느냐 하는 것은 그 교과의 유용성보다 교과 위상에 의해 결정된다. 'A' 레벨 평가는 학생 중심적이거나 실용적인 내용을 기본으로 두지 않고, 이론적인 '학문적' 지식을 특징적으로 강조한다. 그래서 교과공동체의 경우 'A' 레벨 기반 구축이 중요하다. '학부'나 '교수진'의 관점에서도 교과의 영역을 보장하며 재정, 방, 가구, 장비, 자원, 등급별 직책의 측면에서도 학교 내부의 우선순위를 보장한다. 더 나아가 '학문적' 위상은 구성원이 학교 내 학생 배분에서 우선권을 주장할 수 있도록 보장한다.[32]

3부에서는 환경교과가 'A' 레벨을 획득하려는 시도를 고찰하면서 평가 가능한 지식을 둘러싼 갈등이 실제로 어떻게 일어나는지를 자세히 다룬다. 다행스럽게도 이 사례는 매우 잘 기록되어 있는데, 그 까닭은 이 과정의 홍보를 통해 그들의 명분을 높일 수 있다고 믿었기 때문이다. 'A' 레벨은 '대학이 일반적으로 인정해야 할 만큼 충분한 학문적 지위'를 확립하기 위해 추진되었으며, 1969년 '환경 경험에 기초한 통합 학습 과정 형태를 지닌 학문의 필요성'을 인식한 학교위원회의 활동 보고서를 따른다.

환경교과에서 'A' 레벨의 주 기획자는 농업교과 교사였다. 이러한 이유로 이 책은 농업교과 그룹을 새로운 지식의 영역으로 정의하기 위한 선구자로서 초점을 맞출 것이다. 이 산업의 초기 단계에서 생물학자들과 지리학자들은 무관심하거나 잠재적으로 적대감을 지닌 관찰자였다. 다음 두 장에서는 농업교과 교사들에 의해 이루어진 '환경교과' 발전에 대한 나머지 두 교과의 반응을 다룸으로써 두 교과의 역사를 살펴볼 것이다.

Ⅱ. 학교교과

내부 진화의 양상

4. 생물교과 역사의 관점

가. 역사적 배경

이 장에서는 교육과정으로 보장받기 위해 환경교육이 겪었던 갈등을 다룸으로써 생물교과의 역사적 배경을 설명한다. 추후 살펴보겠지만 이 분쟁에서 생물학자들이 겪은 갈등은 지리학자들이 겪은 갈등에 비해 약한 수준이었다. 그러므로 이 장은 생물교과의 발전만을 다루고 지리학에서 살펴볼 수 있는 많은 복잡한 특징들은 다루지 않는다. 특히 학교 생물교과와 대학 생물학의 관계(교사와 과정 모두), 'O'와 'A' 레벨의 과정, 생물교과공동체 내 집단의 다양성에 대해서는 다루지 않는다. 그렇지만 생물교과가 같은 시기에 지리학자들의 영향을 많이 받아왔다는 것은 분명히 알 수 있을 것이다. 또 지리교과의 발달에서 알 수 있는 많은 특징들은 생물교과의 역사를 되짚어보면서도 알 수 있다.

19세기 중등학교 교육과정에 과학 관련 교과를 포함시키려는 시도가 많았다. 물리학과 화학은 앞서가는 과학 교과였고 식물학과 동물학은 이에 비해 다소 인기가 없었으며, 생물학은 거의 학문으로 존재하지 않았다.

과학 지식의 발달을 촉진하는 데 기여한 헉슬리(T. H. Huxley)와 패러데이(Faraday) 같은 사람들이 이와 관련한 여론을 형성하였다. 과학 옹호자들은 학문적 수업으로서 과학 교과의 본질적 가치뿐만 아니라 실용주의적 잠재력도 강조했다.

과학의 발전을 위해서 과학의 영역은 이러한 학문적이고 실용적인 두 가지 성격을 모두 가지고 있어야 했고, 그 결과 식물학과 동물학은 '항구의 목재를 파괴하는 곤충의 박멸과 같은 유용한 목적에 기여'함으로써 지원받을 수 있었다.[1] 19세기에는 이러한 과학 분야의 발전이 제한되었고, 특히 식물학이 학교교과에서 쇠퇴하면서 학교 교육과정에 생물교과가 나타나기 시작했다.[2]

19세기 후반과 20세기 초에 학교 생물교과는 두 가지 요인으로 인해 매우 느리게 성장했다. 첫째, 당시에는 아직 생물교과의 실용적이고 응용적인 측면이 개발되지 않았다. 둘째, '19세기 생물교과는 아직 미성숙하여 '학문적 교육'과 관련한 교과로서의 가치를 인정받지 못했다. 생물교과와 관련해 연구된 자료는 일반적으로 경제적 가치가 전혀 없었기 때문에 이 교과는 진지한 과학적 연구라기보다는 대체로 지역 유지들의 취미로 여겨졌다.[3]

젠킨스(Jenkins)는 이렇게 주장한다.

> 생물교과가 관찰과 실험에 학생을 참여시킬 수 있는 만족스러운 연구 체계를 가지고, 도출된 주제들을 혼합하는 것 이상으로 과학에 기여하려면 먼저 식물학이나 동물학과는 구별되는 적절한 생물학적 원리가 확고히 확립되어야 한다. 19세기에 이루어진 발전에도 불구하고, 1900년대에 명확한 생물학적인 원리들이 충분히 형성되었는지 의심스럽다.[4]

최근 떠오르는 과학자들의 연구로 인해 생물교과의 '이미지'가 변화하기 시작했다. 그들의 연구는 이 교과의 실용성과 '학문적 엄격성'을 모두 만족시켰다. 예를 들어, 루이스 파스퇴르(Louis Pasteur)의 연구에 따라, 세균학이라고 불리는 의학과 생물학이 분화되었다. 해양 생물의 영양 기초와 해양 동물들, 특히 인간의 먹이로 사용되는 물고기의 생물학적 특성 연구를 통해 해양 생물학이 발전했다. 농업 생물학은 흙을 중심으로 발전했다. 동물과 식물 육종 연구, 작물 재배 연구, 그리고 생리학적 연구는 인간의 기능과 유전학의 연구로 확대되었다. 어떤 교과의 초기 발달을 결정하는 중요한 요인이 교과의 실용성이라는 것은 물리학을 통해 유추할 수 있다. 이는 '산업혁명'과 연관된 분야의 발달과 밀접한 관련이 있다.

> 산업혁명으로 인해 기계 및 물리학이 눈부시게 발전하면서 산업 발전에 관심이 많은 세대의 상상력을 자극했다. 특히 여학생에 비해 남학생들은 증기기관, 전신기, 내연기관, 그리고 이후에 나타난 항공기로 인해 물리학과 화학 지식의 실용 가치에 관심을 가졌다.[5]

물리학이 먼저 발전하면서 우선권을 가지게 된 것은 학교 생물교과의 역사에 있어서 상당히 중요했고, 물리학과 화학이 '분야에서 최우선'이었기 때문에 생물학이 학교 교육과정으로 인정받기는 더 어려웠다. 생물교과의 더딘 성장은 평가위원회의 활동으로도 살펴볼 수 있다. 옥스퍼드와 케임브리지 평가위원회는 1885년에 생물학을 시험에 도입했다.

처음에는 소수 학생이 지원했지만, 워닝(Waring)은 1904년까지 '새로운 생물학 논문이 화학보다 더 많은 학생을 끌어모으고 있었다'고 했다. 그녀는 '학교를 내과 의사와 외과 의사를 위한 컨조인트보드(Conjoint Board)의 왕립대학 졸업장을 받기 위해 계속 공부하려는 의대생들의 임상 전 과학 교육

기관(화학, 물리학, 생물학)으로 인정해야 한다는 요구가 높아짐에 따라, 그 수가 증가했다는 점에 주목한다'고 말한다. 처음에는 몇몇 학교만 학생 양성을 허용했지만, 1911년에는 모든 공립학교로 확대되었다.[6]

1918년과 1927년 사이에 새로운 중등학교 수료증 제도가 도입되었고, 브리스톨대학과 케임브리지 지역 시험연합(the University of Bristol Board and the Cambridge Local Examinations Syndicate)이 생물교과를 '중등학교 수료 증명 교과(학점 인정 교과)'로 인정해 달라고 요구했지만, 몇몇 위원회가 이 요구를 무시했다. 심지어 역사적으로 다소 융통성이 있던 런던대학교도 생물교과를 입학 허가 수준의 교과로 인정하지 않았다. 1924년 생물학의 중등학교 수료증 및 입학 전형은 18명(런던과 더럼 지역), 1927년 175명(런던, 더럼, 옥스퍼드 지역)이었다. 북부 대학 공동입학위원회(The Northern Universities Joint Matriculation Board)는 광범위한 생물학적 분야를 망라한 '자연사(Natural History)' 시험을 실시했으며, 1927년 535명의 중등학교 수료증 합격자와 15명의 입학생을 유치했다. 고등 자격증 시험 지원자의 수도 적었다.[7]

북부 대학 공동입학위원회의 '자연사' 지원자 수는 이 교과가 생물교과의 발전에 있어 중요했음을 보여준다. 이와 관련해 트레이시(Tracey)는 다음과 같이 말했다.

> 생물교과는 초창기에 초등학교 자연사의 유산을 받아들여 더 발전시키면서 식물학과 동물학 사이에 기초를 놓으려는 노력 외에는 다른 선택지가 없었다. 그렇게 자연사는 식물학과 동물학이 최근까지 상대적으로 해부학에 더 관심을 가졌기 때문에 성장통을 겪을 수밖에 없었다. 이러한 점은 학교에서 생물교과가 가지는 의의와 생물교과가 수용되는 데 있어 계속 영향을 미쳤으며, 여전히 외부 시험에 지배되는 교육 내용에 영향을 준다.[8]

생물학의 사회적 역사가 학교에서 교과 내용 지도에 미치는 영향은 지리 교과와 농업교과의 예를 통해서도 찾아볼 수 있다.

> 초기 생물교과를 가르친 교사들은 그 교과를 효율적으로 가르칠 수 있는 학문적 준비가 잘 되어 있지 않았다. 그들은 생물교과와 관련된 과학을 공부한 적이 없고, 학창 시절에 생물교과를 경험했다 하더라도 식물학에 집중되어 있었다. 게다가 식물학과 동물학은 대학에서 확고한 경계가 있어, 기말고사에서 둘 다 공부한 학생은 거의 없었다.[9]

평가위원회 통계 외에도, 1차 세계대전 이후 10년 동안 생물교과가 무시되었다는 증거가 있다. 1918년, 젠킨스는 '중등 남학교에서는 거의 대부분 자연사를 대표적으로 지도했고, 생물교과는 그 하위 형태로 지도했으며, 의학을 공부하고자 하는 소수의 상급 학생들에게 식물학과 동물학을 가르쳤다'고 말한다.[10] 1920년대 내내 생물교과는 '방치'되었고, 1927년 왕립농업연구회(Imperial Agricultural Research Conference)의 보고에 의하면 학교의 모든 수준과 유형에서 생물학 지도가 불충분했다.[11] 그러나 젠킨스는 "1930년 이후 10년 동안 생물교과가 중등학교 교육과정에 확고하게 자리 잡았다고 주장하는 급격한 변화가 나타났다"고 말한다.[12] 1931년까지 8개의 평가위원회가 학교 자격증 시험으로 생물교과를 채택했다.

생물학의 실용적 측면에 따른 성장은 1920년대 후반과 1930년대에 그 교과의 급격한 확장을 설명하는 데 도움이 된다. 물리학의 성장을 촉진시킨 실용적 기능은 영향력이 매우 컸고, 트레이시는 '생물학이 어업, 농업, 임업, 그리고 의학 분야와 같은 산업에서 경제적 응용과 이용이 가능하다'는 정부 및 다른 곳에서의 인식이 점차 높아짐에 따라 학교에 포함되었다고 주장한다.[13] 생물학의 응용 가능성은 생물학이 새로운 교과로 승격하는 데 큰 역할을 했다. 1920년대 후반부터 정부기관, 영국과학진흥협회, 영국사회위생협회, 과학석사협회는 학교에서 생물학이 자리 잡도록 도왔다.

영국 총리 산하 '영국 교육제도에서 자연과학의 위치를 조사하기 위한 위원회'는 1918년에 공식 정책에 대한 치열한 내부 재평가 과정을 거치기 시작했다. 1926년 '청소년 교육' 보고서는 생물교과를 옹호했다. 생물교과는 1928년 영국협회가 발간한 동물학 지도에 관한 보고서, 1932년에 발간된 챔스포드(Chemsford)보고서, 1938년 중등교육협의위원회의 보고서를 통해서 지지를 받았다. 마침내 1943년, 중등교육위원회 또한 보고서를 통해 생물교과를 지지했다. 특히 중등교육위원회 보고서는 '직업훈련이 아닌, 정통 학문'으로 물리, 화학, 생물학을 학교에서 교육해야 한다고 제안했다.[14] 1930년대에는 생물 교육에 관한 문제를 교육 저널과 〈타임즈〉의 칼럼에서도 논의하고 옹호하였다.[15]

이러한 획기적 사건들은 어느 정도는 생물학을 홍보하는 많은 기관들의 관심 덕분이다. 영국사회위생협의회는 '사회위생의 유일하고 확실한 토대는 생물학'이라는 전국성병관리협의회의 문구를 채택했다. 워닝은 특별 구성된 소위원회의 역할을 설명했다.

그들은 거의 모든 교육기관 및 행정기관과 지속적으로 접촉하여 확실히 인정받았다. 그들은 선도적인 생물학자들, 심리학자들, 사회학자, 교육학자들로부터 대규모로 광범위한 지원을 받았다. 생물교과 교사가 절실한 시기에 그들은 2, 3일간의 회의, 강연 시리즈와 워크숍(3회, 20회 중 6회 연장, 여러 번 운영), 강좌와 여름학교 프로그램을 개설했다. 저명한 학자들이 이 프로그램에 참여해 생물 교육의 방법과 내용을 다루었고, 생소한 자료와 주제 때문에 어려움을 겪고 있는 교사들에게 실질적인 도움을 주었다. 이 모임에 많은 사람이 참석했다. 1930년대부터, 이러한 활동은 전쟁 내내, 그 이후에도 한동안

계속되었다.[16)]

1938년 위원회는 〈학교와 교사schools and teachers〉 학술지를 발간하였고, 1942년 이후 〈생물학과 인간 문제Biology and Human Affairs〉로 이름을 바꾸었다. 이 학술지로 생물 교육의 발전이 촉진되었다.[17)]

위원회는 수업계획서 작성에 적극적이었고, 과학석사협회가 지원과 자료를 제공하면서 학교평가위원회에 수업계획서를 제출할 수 있도록 허용했다. 1936년 과학석사협회는 8개의 평가위원회 중 5개의 대표자들과 회의를 소집해 생물교과 강의에 대해 논의했다. 생물학 소위원회는 생물교과 수업계획서를 마련하기 위해 SMA(Science Masters' Association)를 구성하였고, 1937년에는 교과로 인정받기 위한 추가적인 계획을 발표했다. 1930년대에 생물교과를 수강하는 숫자가 증가했다. 1930년대 이전에 수강생이 적었던 까닭은 대부분의 중등 남학교에서 생물교과를 거의 가르치지 않았고, 여학교는 생물교과 대신 식물학을 가르쳤기 때문이었다.[18)] 같은 시기에 많은 학교에서 일반과학 교과를 도입하였다. 이 교과는 이전에 물리학과 화학을 많이 접하지 못한 학생들이 연구하던 분야여서, 물리학과 비교하여 생물학의 성장이 훨씬 더 극적이었다는 것을 의미했다.

표 4.1에 표시된 북부 대학 공동입학위원회 통계는 이러한 흐름을 보여준다. 이 기간에 모든 교과의 총 등록 건수는 13,474건에서 34,790건으로

표 4.1 1925~1949년 생물학, 화학, 물리학 지원자 비율

	1925	1928	1934	1937	1949
생물학	2.7	4.0	13.1	23.5	31.4
화학	47.1	50.4	51.1	45.8	31.9
물리학	33.4	39.7	43.0	40.1	30.3

사실상 3배 증가했다.[19]

1949년까지 생물학은 물리학 및 화학과 비교하여 같은 수준은 아니지만, 그 이후 수십 년 동안 위상이 강화되었다. 생물학이 1950년대에 주요 과학 교과로 부상한 것은 'O' 레벨의 수치로 알 수 있는데, 1959년에 물리학에는 60,029명, 화학에는 53,803명, 생물학에는 73,001명이 지원했다.

그러나 'A' 레벨에서는 생물학 지원자 수가 여전히 적었다. 물리학 27,450명, 화학 22,188명과 비교해 생물학 지원자는 5,086명이었다.[20] 이 수치들은 생물학의 위상을 높이기 위해 좀 더 노력이 필요했음을 보여준다.

나. 1945년 이후 생물교과의 인정을 위한 투쟁

제2차 세계대전 이후 생물학을 교과로 인정받으려는 지속적인 투쟁은 〈스쿨 사이언스 리뷰School Science Review〉의 여러 논문에서 찾아볼 수 있다. 1942년 초 라마지(H. P. Ramage)는 학교 생물교과의 확장을 주장했고,[21] 같은 해 존슨(M. L. Johnson)은 관찰 교육으로서 생물교과의 장점을 강조했다.[22] 존슨은 생물학이 '과학적인 방법의 수업'[23]이 될 수 있다는 것을 강조하며 주장을 확장했고, 러셀(F. S. Russell)은 생물교과의 목표와 목적을 고려하여 가르치는 사례를 들며 그 주장을 뒷받침했다.[24] 1949년 영국사회위생위원회(British Social Hygiene Council)는 '생물교과 교육의 새로운 경향'에 관한 회의를 개최했다. 과학석사협회, 영국협회, 그리고 주요 교원노조와 같은 많은 기관들이 이에 참여하였고, 이 조직은 후에 공동 생물교과 위원회로 성장하였다.[25]

1940년대 후반과 1950년대에 걸쳐 생물학이 시험 교과로 인정됨에도 불구하고, 교육과정으로서 생물학은 물리학보다 영향력이 크지 않았다. 생물학은 4학년과 5학년에서만 비슷했다. 1950년대 말에 발표된 중등학교 과학 교과에 관한 보고서는 생물학이 '학교 교육에 영향력이 적었다'고 했고, 특히 '현재 학교, 특히 남학교에서 생물교과가 발달하고 있는 곳은 안타깝게도 교육의 도구라기보다는 직업훈련 장소'라고 했다.[26] 따라서 앞서 살펴본 'A' 레벨 학생 수가 적었던 까닭은 전문적 자격을 요구하는 학생만 생물학을 선택했기 때문이라고 설명할 수 있다.

1960년에 설립된 교육 및 현장 생물학 연구 그룹은 이와 같은 현상이 중학교 고학년뿐만 아니라 저학년과도 연결된다고 주장했다. 그들은 '학교에서 생물교과를 가르치는 새로운 접근법이 필요하다고 느꼈다. 생물학은 과학에 대한 소개로 특히 적합하지만, 종종 고전 식물학과 동물학의 불완전한 융합으로 지도된다'고 했다.[27] 그들은 '생물학이 지질학과 지리학과 관련된 포괄적인 학문으로서 취급되어야 하고, 지금보다 훨씬 더 많은 현장 작업이 필요하다'며 '생물학이 중학교 교육과정의 필수적인 부분으로 개정되어야 한다'고 했다.[28]

연구 그룹은 학교에서 생물교과가 직면한 문제에 대한 분석과 '종합적 학문'의 필요성을 재강조하며 생물학이 새로운 지적 통합을 위한 교과가 될 수 있음을 강조한다. 1940년대와 1950년대에 새로운 교과를 가르친 교사들은 식물학과 동물학 전문가로 교육받은 사람들이었다. 이때 학교 생물교과를 가르친 한 대학 교수는 전문가들 사이에서 '협회에 대한 혐오감이 있었다'며, '전문가 교사들은 식물학과 동물학에 집착하는 대학들의 태도를 단순히 반영하고 있었다'고 회상한다.[29] 종합적 학문이 필요하다는 압박은 1939년 베르날(Bernal)의 주장을 반영하고 있다. 그는 생물학이 연구 분야의 진보에서 비롯될 수 있는 다양한 생물학의 '더 큰 조정을 위한 준비'를 기다리고 있다고 주장했다. 그때까지 생물학은 과학의 '신데렐라'가 되어 본질적으로 기술적이고 분류학적인 연구로 부각은 되었지만, '단

일화된 실험 중심의 정량적 과학'으로 인정받을 수는 없었다.[30)]

생물학 내에 힘을 가진 식물학과 동물학이 별도의 전통으로 존재함으로 인해 생물학이 단일과학으로 인정받기까지 장애물이 많았다. 학교 생물학에서 의학적 전통과 생태 전통의 자연사 간에 큰 갈등이 있었다. '죽은 표본을 해부하는 것에 중점을 둔 생물학 내 의학적 전통은 자연에 대한 사랑과 생물 활동과 관심을 육성하려는 자연주의자들의 접근과 극명하게 반대였다.'[31)] 비록 '현장 작업과 생태학 연구'가 생물학에서 의학적 편견으로부터 '가장 많은 고통을 겪는' 경향이 있었지만, 생물교과 수업계획서의 역할을 증가시키려는 노력은 매우 소극적이었다.[32)] 젠킨스는 "식스폼 생물교과의 '의학 문제'가 1960년대까지 해결되지 않았다"며, "그때 그래머스쿨의 생물교과 과정이 더 광범위한 교육과정의 일부로 재설계되었고 의학 교육의 구조와 내용에 중대한 변화가 있었다"고 판단했다.[33)] 너필드 프로젝트에서 학교 생물교과의 '재설계'에 주목했고, 대학 생물학이 보다 단일한 과학으로 향하는 변화뿐만 아니라 엄격한 과학적 개념 안에서 생태학 연구를 위한 장(場) 또한 강조했다.

다. 현장연구와 생물교과의 생태학적 전통

자연사 요소는 처음부터 생물교과에 존재했다. 자연사적 접근법은 현장관찰과 야외연구에 의존했다. 현장관찰과 야외연구는 생물교과를 넓은 개념인 환경교육 분야로 이끌었을 것이다. 사실 현장연구와 생태학을 엄격한 과학으로서 생물교과 개념 안에서 확고하게 정의하였다. 현장연구 전통과 생물교과의 관계를 설명할 때, 교육 및 현장 생물학 연구 그룹과 너필드 프로젝트의 역할은 매우 중요했다(두 그룹 모두 생물교과를 현장연구의 관문인 엄격한 실험과학으로 보았다).

'내가 생각하기에 생물교과에 도입된 생태학은 자연보호라는 개념으로 생겨났다. … 지금 우리가 알고 있는 것과는 다르지만. 자연보호는 제한적인 의미를 가지고 있다. … 우리는 자연의 아름다움과 과학적 관심을 보호하고 있었다.' (다우즈웰(Dowdeswell))

1960년에 자연보호단체(Nature Conservancy)는 교육 및 현장 생물교과에 대한 매우 영향력 있는 연구 그룹을 설립했다. 이 단체의 목적은 '교육과정과 시험, 교사 및 교사 교육, 필요한 시설 등 현장연구의 역할과 학교 교육, 특히 과학 교육의 관계를 검토하는 것'이었다.[34] 연구 그룹은 '일반적으로 생물학, 특히 현장연구가 물리학보다 더 과학적이지 않고 더 필수적이지 않다는 견해'를 단호히 거부했다. 이 단체는 "현장연구가 과학의 가르침을 위한 최고의 통로 중 하나이며 생물학과 다른 과학 사이의 가장 좋은 다리 중 하나임을 보여주는 것이 목표"라는 견해를 표명하면서,[35] 모든 경쟁적 교육 관점에도 반대한다는 것을 분명히 했다.

아이들이 자연을 이해하지 못한 상태로 무의미하게 응시하거나, 과학적인 이해 없이 감상적이고 피상적인 담론에 귀 기울이도록 하는 것은 교육적으로 가치가 거의 없다. 이러한 교육은 생물학뿐만 아니라 물리학이나 화학에서도 마찬가지로 정확한 시험 답안을 외우는 '앵무새' 학습이 되도록 하거나 '실험'을 과학 수업으로 여기는 것과 같다.[36]

'학제간 탐구'의 유행에 따라 과학의 분화라는 전통적인 교육에 대한 도전이 일어났다. '과학과 과학 수업이 별개라는 사실은 현장연구를 억제했다. 이런 인위적인 장벽을 최소한으로 줄이는 것이 새로운 접근법의 중요한 목적 중 하나이다.' 이러한 '유연한 방식'의 수업을 만들려면 '어디서든 과학의 주제를 떠올릴 수 있고, 과학을 대단한 사람만 하는 것이 아니라 누구나 할 수 있는 것이라는 생각을 가져야 하며, 과학이 분리된 것이 아니라 통합적인 학문임을 부정하지 않아야 한다'는 것이다.[37]

1960년대 초에는 많은 저명한 생물학자들에 의해 현장연구가 추진되었다. 3차 단계에서 이러한 발전은 매우 중요했는데, 졸업생이나 교사 연수생들이 학교에서 생태학이나 현장연구를 지도할 수 있는 직책을 거의 맡을 수 없었기 때문이다. 1950년대의 사례가 이를 잘 보여준다. 1953년 영국과학진흥협회의 연구위원회가 발표한 보고서에 따르면, 악순환이 이어지고 있다. 과거에 대학들이 현장연구를 소홀히 했기 때문에 (생물학과 졸업생을 직원으로 고용한) 대학과 (졸업생이나 대학 졸업장 소지자를 직원으로 둔) 학교에서의 현장연구 수업도 소홀해졌다는 것이다.

교사들이 그 교과를 소홀히 대하면 대다수의 학생들도 자연스럽게 그 교과를 소홀히 대할 것이다. 그러면 초기 몇 년 동안 대학들은 현장연구에 관심이 없는 학생들을 수용하게 되는 결과로 이어질 것이 분명했다.[38] 연구 그룹은 3차 단계에서 현장연구의 소홀함을 확인하였다. 그들이 야외에서 보내는 평균 시간은 '3년 또는 4년의 "단일 과목/특수 명예" 과정에서 130시간의 동물학, 225시간의 식물학'이었다.[39]

물론 학문 간 구분은 현장연구 성장을 제한하는 한 가지 요소일 뿐이었다. 다른 요인들은 모든 교육 수준에서 접근 방식의 성장을 억제했다. 연구 그룹은 학교 내부의 제약 조건 중 일부를 질문 형식으로 나열했다.

> 현장연구는 교사의 부족으로 억제되고 있는가? 교육 행정의 절차와 학교 교육과정의 경직성이 교실 밖에서 아이들을 가르칠 수 있는 지역적 기회를 방해하고 있는가? 교사

들은 시설 부족이나 시설로부터 떨어진 먼 거리, 그리고 보다 광범위한 기준에서 높은 수준의 현장연구에 대처하는 어려움을 이유로 연구를 포기하고 있는가? 시험 시스템이 일상적인 실내 활동에 반하는 현장연구를 주로 하는 학교에 불이익을 주는가?[40]

후자의 논점은 "실험실 문밖으로 나가 본 적이 없고 생태학을 전혀 모르는 학생이 '신뢰할 수 있는 합격증' 획득이 가능하다"고 주장하면서 다른 곳으로 확장되었다. 학교들은 이 사실을 충분히 알고 있고 많은 학교가 그것을 최대한 활용한다.[41] 교육 및 현장 생물학 연구 그룹의 보고서는 생태학 및 현장연구가 직면한 문제들을 상세히 기술하고 있지만, 여전히 매우 선동적이었다. 현장연구는 '미래 시민들이 훨씬 더 나은 과학 원리와 방법, 더 깊고 만족스러운 가치관, 그리고 현대 문명에 정착하고 진정으로 소속되어 있는 것에 대한 더 강한 느낌을 필요로 할 것이 분명하다'[42]는 의미에서 '과학 교육의 총체적 관문'[43]이 될 것이라고 했다.

1962년에 너필드 생물 프로젝트를 지휘하기 시작한 다우즈웰의 보고서에서도 그 중요성을 강조하였다. 그는 생태학 연구의 교육적 가치를 강조했다. "나는 생태학을 자연사를 응용한 것으로 보았고, 그것이 아이들에게 생물교과를 소개하는 방법 중 하나라고 여겼다. '현장 과학'이 내 철학을 매우 잘 반영했다고 생각한다." 그래서 생태학은 너필드 생물학에서 매우 중요한 부분이 되었다. "우리가 운이 좋아서 한번 해 본 것 같은데… 우리는 맹목적으로 생태학을 목표로 이 도시에 가기로 결정했다." 의도에 비해 결과는 좋지 않았다. "다들 알다시피 사실 그것은 여러 면에서 너필드 'O' 레벨 프로젝트에서 가장 성과가 좋지 않았다. 교사들의 생각보다 부분적으로는 훨씬 앞서 있었기 때문에 아직도 생태학을 전혀 받아들이지 않은 교사가 많이 있었고…."

이 진술은 주로 교사들의 입장에서 피상적이라는 인상을 주는데, 다우즈웰은 이를 바로잡을 수 있다는 인상을 준다.

> 나는 교수방법론에 문제가 있다고 생각한다. … 시간적인 문제, 기본적인 태도와 사고방식에 문제가 있다. … 그것은 너필드의 다른 어떤 측면보다 더 많은 다른 사고방식을 수반하며 조직적인 문제는 매우 크다. 그것은 당신이 물건들을 정리하고 아이들을 문밖으로 데리고 나가야 한다는 것을 의미한다.[44]

조직적 전제조건은 생태학 및 현장연구에 반대하는 사람들의 거센 항의를 가져왔다. "그건 변명이다. … 의심할 여지가 없다. 변명이 타당한지 아닌지는 잘 모르겠지만 그것은 엄청난 변명이다. 생태학은 우리가 그것을 좋아하든 싫어하든 조직의 요구 때문에 비현실적이 되었다. …."[45]

다우즈웰의 진술에서 명백한 반대와 제약에도 불구하고, 1960년대 중반에 현장연구를 촉진하는 다른 계획들이 나타났다. 많은 새로운 대학들이 생태학과나 환경과학과를 설립했고, 그러한 학과가 있던 대학에서도 중요한 발전이 있었다. 현장연구진흥협의회 초대회장 아서 탠슬리(Arther Tansley)는 옥스퍼드에서 그 대학의 주요 전통에 따라 이 교과를 발전시켰다(다우즈웰은 그곳에서 공부했다).

생태학은 보다 전통적인 과학 패러다임과 다른 생물학의 발전에서 순수 환경주의 전통과 자연주의 전통을 '포함'하는 대학 기반 학문이다. 그러므로 생물학자들은 대체로 환경교육을 피했다. 우리는 "좋은 배로서 '환경'이 출범했지만, 엔진이나 스티어링 기어가 장착되지 않았다는 것을 알게 되었다. 그후 그것은 아주 작은 선원들을 태우고 미지의 바다로 항해하기 시작했다. 많은 사람이 생물학연구소가 해안에 남겨졌다고 느낄지도 모른다.

…."[46] 생물학에 관한 논문에서, 워닝은 결과적으로 "환경 로비가 탄력을 받으면서, 현장연구 운동은 빠르게 성장했지만, 현장연구 생물학자와 지리학자들은 '환경주의자'가 종속적인 위치에 머물도록 했다"고 썼다.[47]

라 '엄격한 과학'으로서의 생물학

연구 그룹, 너필드 프로젝트, 특정 대학 인사과와 킬(Keele) 콘퍼런스의 광범위한 계획에도 불구하고, 생물 교육이 변화했다고 볼 수 있는 증거는 나타나지 않았다. 1967년 『생물교과의 위기』를 쓴 다이어(Dyer)는 '우리의 식스폼과 수많은 대학에서 지속되는 식물학과 동물학의 불행한 분리' 때문에 생태학으로서 '근본적으로 통일된 학문'의 성장이 저해되고 있다고 주장했다.[48] 1971년에도 대학에서 44명의 학부생 중 33명이 식물학과 동물학을 따로 공부했다.[49]

식물학과 동물학의 지속적인 분리에 대한 다이어의 논평과 '통일된 학문'에 대한 그의 암묵적인 간청은 1960년대 초 미국에서 학교 생물교과의 정의를 만들어내려는 시도와 비슷하다. 생물학의 다양성으로 인해 생물과학 교육과정은 '생물화학', '생태학', '세포적' 측면을 망라한 교과로서 세 가지 버전의 학교 생물교과를 만들었지만, 통합성이 없다는 것을 겉으로 드러내지 않도록 '파란색', '녹색', '노란색'으로 지정하였다. 대표자는 후에 이렇게 설명했다.

> 이러한 버전을 '생물학', '생태학', 또는 '세포'로 식별하는 것은 의도하지 않았지만, 나쁜 영향을 줄 수 있다. 왜냐하면 어떤 사람들은 그 버전을 일반적인 생물학 프로그램이라기보다는 다른 배경을 가진 생물학자들의 그룹이 만든 생태학, 생화학 또는 세포생리학

에 관한 과정으로 여길 수 있기 때문이다. 그러므로 그 버전을 중립적인 용어로 나타낼 필요가 있었다.[50]

이 연구는 또한 생물학이 물리학과 화학처럼 이미 정립된 과학과 차이가 있다는 점에 주목했다. 그들은 생리학의 분리가 미성숙함이 아니라 정교함의 결과라고 주장했다.

생물학 자체는 본질적으로 물리과학에 기반을 둔 과학으로서, 종합적인 수준의 복잡성을 가지고 있기 때문에 그 구조의 정의와 복합성이 중등학교 학생들 수준에 적합하다.

이 주장의 위험한 함축성을 인지하고, 이 주장이 다음과 같은 의미를 내포하도록 하면 안 된다는 점에 유의한다.

생물학은 교육과정의 발표를 위해 교육자들이 분석해야 할 학문 구조의 궁극적인 복잡성을 나타낸다. 이에 사회과학과 인문학의 인간적 함축성, 더 나아가 생물학자가 과학을 깊이 생각하는 이상으로 더 많은 복합성을 가질 필요가 있다.[51]

생물학의 비정형성과 불균형에 대한 해결책은 분자생물학의 발달과 함께 나타났다. 마침내 물리학과 동등하다고 주장할 수 있는 근거가 여기 있었다. 분자생물학은 이 교과의 많은 측면을 통합한 높은 수준과 우세한 이론을 제공하였다. 게다가, 식물과 동물은 세포 수준에서 매우 비슷하게 보이기 때문에 식물학과 동물학 사이를 구분하는 것이 의미가 없어 보였다. 젠킨스는 다음과 같은 방식으로 그 발전을 요약했다. 'DNA 구조의 발견은 분자생물학 분야에서 결정학 및 세포화학 연구의 엄청난 성공으로 가장 잘 알려진 사례로, 생명과학을 개혁하여 이와 관련된 생화학 및 환원론자/실험적 접근 방식을 통합하라는 요구를 낳았다.' 마침내 1939년 베르날이 주장한 '더 큰 조정을 위한 준비' 연구가 진행되었고, 그 기간에 생물학은 단일과학으로 제시될 수 있었다.[52]

그 계기는 빠르게 확산하였고 당시 교사들은 다음과 같은 변화에 주목했다. '분자생물학의 부흥을 기억한다. 크릭(Crick)과 왓슨(Watson), 그리고 또 다른 연구자들은 생물학이 과학이 되기 위한 투쟁의 계기를 마련했다. 그때부터 생물학은 물리학과 화학과 구분되는 '엄격한 과학'이 될 가능성이 커졌다.'[53] 1960년대 후반 다우즈웰 교수는 '분자생물학의 위상 상승, 크릭과 왓슨의 위대한 발견은 모든 것을 변화시켰다'고 확언했다. 하지만, 다우즈웰은 '양적이지 않으면 과학이 아니라는 느낌이 들었다'고 언급하며 또 다른 주제에 주목했다.[54] 또 다른 대학 생물학자는 이러한 경향을 '생물학은 물리학보다 덜 논리적이다. 그 결과 논리력이 부족한 학생들이 생물학에 지원했다. 그 교과의 지위 향상을 위해 양적인 접근이 추진되었다'고 설명했다.[55] 분자생물학과 정량화의 두 가지 주제는 학교 생물교과에 통합되었다. 'A' 레벨 수업계획서의 첫 번째 주제는 주로 '세포'이며, 세포의 구조, 분자 조직, 기능에 초점을 맞춘다. 두번째 'A' 레벨 수업계획서의 두드러진 특징은 정량화이다. 예를 들어, 〈JMB(Journal of Molecular Biology, 분자생물학 저널)〉 요강은 구체적으로 '수학 및 통계의 적용 원리에 대한 이해가 필요하다'고 명시하고 있다.

그러나 학교 생물교과 'A' 레벨 과정은 생물교과 역사에서 초기 단계의 요소들을 유지했다. 지리교과와 마찬가지로, 생물교과의 새로운 버전, 심지어 어려운 과학 버전의 통합에도 저항과 시간적 지체가 있었다. 젠킨스는 "생물교과 수업계획서를 구성할 때 '원칙'과 '형식' 접근법 모두 1960년대 내내 존재했으며, 과거 어느 때보다도 생물교과에서 발전된 수준의 수업계획서에서 더 큰 차이를 만들어 낸다"고 말한다.[56] 그러나 젠킨스가 언급한 두 가지 버전은 모두 생물교과의 '과학적' 패러다임 안에 있다. 현장 연구의 전통에서 결과가 더 분명하게 나타났다. 분자생물학과 생물학의 정량화를 통한 지위 상승으로 마침내 그 교과 안에서 인간 및 생태학과 현장생물학의 환경적 측면의 지위는 낮아졌다.

> 가장 큰 문제는 생물교과가 엄격한 과학 교과가 되도록 추진함과 동시에 환경보호주의자들의 반대에 맞닥뜨렸다는 것이다. 생물교과가 엄격한 과학으로 받아들여지기 위한 마지막 싸움이 환경이었고, 그 결과 교과가 변방으로 밀려났다.[57]

1960년대 중반에 이르러 생물학은 실험실 기반의 엄격한 과학으로 확장되고 있는 대학들과 학교들(특히 너필드 프로젝트를 통해)에서 빠르게 제도화되었다. 분자생물학이 높은 권위를 가진 중요한 이론을 제시하였고, 그 결과 마침내 생물학은 완전히 과학적으로 엄격하고 학문적인 교과로서 확립되었다.

마. 결론

생물교과는 초기에 전통적인 식물학과 동물학의 특정 분야를 연결하는 지식의 통합 분야로 발달하였다. 초기 단계에서는 몇 가지 예외를 제외하고는 후자의 전문성만 대학에서 가르쳤다. 생물교과는 처음에 두 가지 영역에서 발전했다. 첫째, 중등학교 초기에는 '자연사'에서 이미 개발된 중학교 과정을 바탕으로 생물교과를 만들었다. 이후, 의학, 농업, 어업, 임업에서 생물학의 경제적 사용에 대한 인식이 높아지면서, 전문화된 생물 수업을 가치 있게 만드는 새로운 직업들이 열리기 시작했다. 따라서 생물교과가 발달한 두 번째 분야는 식스폼이었다. 이러한 발전은 20세기 전반에 걸쳐 추진력을 얻었으나 1930년대 이후부터 점차적으로 발전하였다. 1950년대에 다음과 같이 언급되었다. "학교, 특히 현재 남학교에 생물교과가 존재한다면 불행하게도 교육의 도구라기보다는 직업훈련 장소이다." 이 인용문은 다른 과학처럼 '직업적 경향에 대한 시도 없이 정통적인 학문적 노선으로' 가르쳐야 한다는 이전 주장과 마찬가지로 교과 위계 안에서 학문적 위상보다 실용주의 위상이 낮았음을 확인시켜 준다.

전통적으로 이 교과의 대학 설립을 통한 '학문적' 위상의 추구는 식물학과 동물학의 주도권 다툼 때문에 어렵게 되었다. 1950년대에 식물학과 동물학의 식스폼 전문 교사들은 그들의 훈련 과정을 수업에 반영했고, 이 두 교과를 엄격하게 구분해서 가르치는 것을 좋아한 대학 내 '연합에 대한 적대감'과 같은 태도도 있었다. 따라서, 3차 단계에서 확립되지 않은 생물학은 중등학교 초기와 직업훈련인 'O'와 'A' 레벨에 국한되었다. 1967년 다이어(Dyer)는 결과적으로 식스폼 수준에서 그 교과의 인기가 낮았음에 주목했고 "우리의 식스폼과 많은 대학에서 식물학과 동물학을 지속적으로 분리"하였음을 언급했다.

인간생물학에서 그리고 그 교과의 특정 현장연구 측면에서도 생물학의 발달을 지연시킨 실용적이고 교육학적인 요소들이 발견되었다. 따라서 현장생물학의 발전은 때때로 위상 상승에 대한 압력에 역행했다. 1960년대에는 실험실 조사와 수량화 강조를 통해 생물학을 '엄격한 과학'으로서 위상 상승을 점점 더 추구하였다. 1962년, 너필드 프로젝트는 실험실의 중요성을 확인하였고, 너필드재단 자금과 자원의 상당 부분을 거기에 썼다. 크릭과 왓슨의 연구를 통한 분자생물학의 부상은 마침내 생물학이 실험실에 기반을 둔 엄격한 과학이 되는 데 기여했다. 그 결과, 대학에서 생물학이 급속히 확대되어 자체적으로 확장되는 데 기여하였고, 새로운 생물학과 학부생들을 교육함으로써, 그 교과는 마침내 높은 위상의 'O'와 'A' 레벨 학교교과로 편입되었다.

워닝은 과학으로서 생물학 확립을 다음과 같이 말한다.

> '생물학'이라는 단어는 인지할 수 있는 종류의 활동을 통해 구축되고 기본 또는 합의된 기준에 따라 검증되는 명확하게 정의된 지식의 본체를 연상시키는 경향이 있으며, 실제로 생물위원회, 생물학연구소 및 다양한 생물학과, 과정 및 모든 교육기관의 시험에서 확인되는 것처럼 보인다.[58]

그런데도 워닝의 논문은 생물과학이 '분열의 통합'을 마주할 수 있는지에 관한 것이다. 워닝은 생물학 통합에 두려움을 느끼는 사람들이 있다는 걸 여러 증거로 알 수 있다고 말한다. 학교교과와 학업이 일시적인 연합임을 확인한 것이다. 이와 관련하여 연구자는 1975년에 생물학이 '네 개의 영역으로 나뉠 수 있다'는 〈생물학교육저널Journal of Biological Education〉의 경고를 발견할 수 있었다. 1년 후 왕립학회생물교육위원회(Biological Education Committee of the Royal Society)와 생물학연구소(Institute of Biology)는 인간생물학(human biology)의 인기가 급증한 것에 우려를 나타냈다. 이 문제 해결을 위해 노동당 하나가 설립되어 생물 강좌들의 많은 부분이 중복되긴 하지만 각각 독특한 특징을 가지고 있다는 사실을 밝혀냈다. 1977년 대학교 생물 교육 강사 회의의 토론 논문은 교사 연수의 문제를 다루었다.

이 모든 위원회와 관련 논문들은 생물학자들이 생물학적으로 '엄격한 실험 과학'과 더불어 '생물교과의 장소, 인간 연구의 양면성, 그리고 생물교과와 사회과학 사이의 경계가 모호해지는 교육의 의미에 관한 양면성'을 반영해야 한다고 주장했다.[60] 이러한 견해는 교과를 승격시키기 위해서는 교육학적이고 실용적인 기원과 사회 및 인간 문제의 관심으로 인한 무작위성으로부터 벗어날 필요가 있다는 것을 반영한다. 생물교과는 엄밀하고 실험적이며 엄격한 과학으로 지위가 상승함으로써 위상이 높아지고 필요한 자원을 지원받았다. 따라서 사회생물학과 인간생물학의 요구가 반복되는 것은 생물교과공동체 구성원들이 그토록 중시하는 독립된 과학 교과로서의 위상과 자원을 단독으로 보장받는 것을 위협하기도 한다.

5. 지리교과 역사의 관점

가. 서문

이 장에서는 지리에서 환경교과의 출현을 둘러싸고 교육과정 갈등을 빚은 역사적 배경을 분석한다. 지리가 교과로 인정받는 과정에서 볼 수 있는 지리교과의 역사를 보여주려고 한다. 우려되는 것은 교과로서 형성 과정이 지적인 진보보다는 '학문으로서 생존'이고, 여기에 경제적 요인이 크게 작용하는데, 이렇게 작용한 경제적 요인을 구별해 내기가 어렵다는 것이다. 그레고리(D. Gregory)는 "많은 사람이 실용주의를 교과의 학문화 과정에서 배제하지만, 지리가 학문으로 생존하는 데 실용주의가 필요했다. 더 난감한 것은 실용주의가 기회주의와 가깝다는 점"이라고 말한다.[1] 기회주의는 지리를 이른바 '지식 분야'에서 가장 변덕스러운 성격을 갖게 했다. 정체성 위기를 반복적으로 겪는 교과는 '학문으로서 생존'에 때로는 강박에 가깝게 집착한다.

지리의 위상을 높인 것은 지리를 다양하게 사용하게 된 사회 변화다. 제국주의가 팽창했던 빅토리아 시대 말기, 조지 로버트슨(George Robertson) 이 말한 것처럼, 지리는 '상인, 정치가, 전략가들에게 과학'이었다. 그레고리가 말한 대로, '지리는 제국 자체를 유지하고, 제국 내에서 인정받고 권력을 가진 사람들에게 필수적인 것'이었다.[2] 최근에는 '공간 효율성이나 지역을 계획할 때' 필요하며,[3] 지리 연구도 '민간 및 공공 정책 수립에 필수적인 기술적 토대를 제공하기 위해' 시작되었다. 그러나 우리의 관심사는 사회 변화 자체가 아니라 환경 및 그와 관련된 기회의 변화이다.[4] 이런 기회를 잡은 사람들이 지리를 학문으로 유지·발전시켰다. 이렇게 보면, 지리가 학문이 된 과정은 지식보다는 사회 변화가 가져다 준 실용적인 것과 더 관련이 있다.

최근 영국 지리학의 배경을 요약한 간략한 역사부터 소개해 보자. 여기서 특정 주제를 확인할 수 있는데, 그중 하나는 지리 연구자들이 지리를 '학문'으로서 지위를 갖도록 하는 데 관심을 가졌다는 것이다. 그레고리는 '초창기 인간을 고찰하는 것'을 꺼렸지만, "지적인 탐색은 존중되었다"고 설명하면서 "자연지리학(physical geography)에서 인문지리학(human geography)을 구조화하면서 지리를 학문화하는 목적을 달성할 수 있었다"고 말했다.[5] 또 다른 주제라면, 학교 지리와 대학 지리 사이의 관계 변화를 다룬 것이다. 세 번째 주제는 교과 단체의 홍보 역할이다.[6]

앞으로 살펴보겠지만, '현장연구 전통'은 '환경 연구'에서 나온 전통이다. 마지막으로 언급하고 싶은 것은 지난 세기 동안 지리 연구자들은 교과로서 지리를 열망하고 홍보해 왔다.

나. 학교와 대학에서 지리 도입

19세기 중반 훔볼트(A. Von Humboldt)[7]와 리터(K. Ritter)[8] 두 독일 학자의 저술에서는 '근대지리학이 시작되었다고 불리는' 시기를 언급한다.[9] 그들이 말하는 지리는 '고전지리학'으로, 지리교과 발달 과정과 형성에 중요한 지점이다.[10] 고전지리학은 두 세기 동안의 지리 지식을 정리하려고 노력하였다. 첫 번째 시기에는 지리 분야의 사실들이나 세부적인 사항들이 수집했고 두 번째 시기에는 일관성 있는 법률을 제정했다.

19세기 말 독일에서 고전지리학은 하이델베르크에서 막스 베버와 함께 공부한 헤프너(Heffner)와 같은 학자들이 관심을 가졌다. 특히 20세기 초 프랑스 브런테스(Bruntes)는 고전지리학이 경직적이라고 비판했다.[11] 그 이유는 고전지리학이 지리적 결정론의 개념으로 접근하고 있었고, '새로운 사회과학적인 방법론들이 새로운 사회 행동이나 사회 변화를 이해하려고 하는 접근들을 의미 있게 보지 못하게 했기 때문'이라고 했다.[12] 영국에서는 대안이 될 만한 고유한 모델이 없는 상황이었고, 고전지리학은 한동안 지리교과의 '원형'이었다. 1901년 「The Geography Teacher」 제1호에서 루퍼(T. C. Rooper)는 영국이 "획기적인 지리학 작가의 탄생을 기다린다"고 언급했다. 독일의 '훔볼트, 리터, 페셔(Pescher)와 같은 지리학자들이 영국에는 없다'는 것이다.[13]

19세기 말 영국에서 지리학은 학교에서 하나의 교과로 자리 잡는 과정이었지만, 몇몇 대학에서는 개설하지 않았다.

지리교과를 어떻게 가르칠 것인가 하는 문제를 포괄적으로 언급하지만, 내용은 대부분 고전 지리였다. 그래서 1887년에 맥킨더(MacKinder)는 "지리학이 단순한 정보가 아닌 학문이 될 수 있는가"라는 질문을 던졌을 때, "여전히 설명과 열거의 방법이 더 많다. 정보가 추가되는 만큼 기억해야 할 게 더 많아지고 있다"고 언급했다.[14]

맥킨더가 지리학을 연구하던 당시에도 지리는 주요 학교교과였다. 때문에 맥킨더의 비판은 지리교과 발전에 상당한 의미가 있었다. 일반학교(퍼블릭스쿨와 그래머스쿨)에서 지리를 가르치던 교사들은 교과로서 지리의 교육적 신뢰뿐만 아니라 지적 신뢰를 확립하기 위해 노력하고 있었다. 1870년까지 많은 학교가 지리교과를 1~2개 학기에 개설했다.[15] 1875년 초등학교에서 '초등 지리교과'를 도입하였으나, 이 지리교과에서 가르치는 내용에는 아쉬움이 많았다. 1901년 루퍼는 영국 학교에서 지리교과는 "심각하고 재미없는 교과였다"고 역설했다. 그는 "지역 이름을 암기하는 데 학습자들은 관심을 갖지 않았고, 이런 것은 우체국에서 우편물을 분류하는 부서를 제외하고는 아무도 쓰지 않을 정도로 쓸모가 없었다"라고 말했다.[16] 10년 후 홈즈(E. G. A. Holmes)는 "이성적이지 못한 주입식 교육의 희생자들은 시험이 끝날 때까지 견디도록 강요와 고통을 받았다"라고 말하며, 지리교과 교육의 분위기를 알려주었다.[17]

지리교과의 문제는 시험과 시간표가 통제하는 학교 교육 영역에서 새로운 지적 통합을 촉진하기 힘든 것에서 비롯되었다. 1901년 로체스터(Rochester) 교장의 글에서 두 가지 문제를 확인할 수 있는데, 첫째, "이미 시간표는 꽉 짜여 있기 때문에 1주일에 1~2회밖에 지리 수업을 할 수 없다"는 점, 둘째, 학교교과로서 지리교과는 일반적으로 별다른 흥미나 특별한 지식과 교수법이 없는 교사들이 맡았다는 점이다.[18]

대학에서 이런 문제점과 초·중등학교에서 제한적이었다는 점을 감안하면서 지리를 지지하는 학자들은 지리교과협의회를 만들기 시작했고, 1893년에 지리학협회가 설립되었다. "사립초등학교(Preparatory school, 영국에서 7~13세 어린이가 다니는 사립초등학교)에서부터 영국 및 해외 대학에 이르기까지 모든 교육기관에서 지리학적 지식과 지리학을 가르치는 것을 더 발전시키기 위해서였다."[19] 1893년 협회의 설립은 매우 시기적절했다. 2년 후 브라이스 위원회의 보고가 있었고, 그 권고안 중 일부는 1902년 교육법으로 제정되었다. 게다가 1904년 중등학교에 제공할 교과를 정할 때, 지리를 시험 과목에 포함한 것이 중요한 지점이었다. 이 날짜로부터 협회 회원 수가 급격히 증가했다.[20)]

이 시기에 지리는 시험, 학교(고등학교 포함) 수료증명서에 주요 교과로 포함되었다. 그러나 어떤 위원회에서는 지리를 '보조 교과'로 간주하기도 했다.[21)] 지리를 교과로 개설한 초창기부터 지리교과협회를 설립하고, 교육법에서 언급하는 여러 교과처럼 교과로서 지리과 교육에 대한 전반적 계획이 요구되었다. 1903년 9월 영국교육협의회의 지리과 교육을 위한 토론회에서 맥킨더는 지리교과 설립을 위한 4가지 핵심 전략을 다음과 같이 설명했다.

> 첫째, 지리학자들은 대학에서 지리학과를 설치하도록 장려한다. 둘째, 지리학을 교육받은 지리교과 교사를 배치하여 학교들을 설득할 수 있어야 한다. 셋째, 우리는 연구와 토론을 통해 무엇이 가장 진보적인 방법인지를 밝혀야 한다. 그리고 그 방법에 따라 우리는 가장 진보적인 시험 계획을 세워야 한다. 마지막으로 시험을 반드시 지리 교사들이 출제해야 한다.[22)]

그러므로 지리 교사는 시험 문제를 개발하고, 그것은 지리교과의 '일반적인 의미(common acceptation)'에 적합해야 한다. 학생들의 관심을 핵심으로 해야 한다는 말은 없다. 지리 교육을 오로지 지리학 교육을 받은 사람들이 담당해야 한다는 점을 강조했다.

그리고 대학에 '지리 전공자를 양성할 수 있도록' 장려했다. 대학에 지리학과를 '만들 수 있는' 중요한 조건은 교사들이 학교교육에서 지리교과가 필요하다는 주장이다. 따라서 학교교과는 대학에서 학자들이 '학문'으로 만들 수 있는 기반을 제공한다. 지리교과협의회 회장은 최근에 대학에서 지리학과를 지망하는 학생을 더 많이 유치하기 위해 학교교과로서 지리교과의 중요성을 언급했다. 그는 "연구를 하는 데 많은 돈이 들지만, 학교에서부터 시작하는 자극과 요구가 없다면 대학에 존재하는 학문들 사이에서 지리가 학문으로 인정받을 수 없을 것"이라고 말했다. 많은 연구자들이 학교교육에서 지리교육이 확산되고 있는 현상을 다루었다.[23] 1913년 윌리엄 매클린 캐리(W. Maclean Carey)는 다음과 같이 말했다. "지리는 지난 10년 동안 가장 눈에 띄게 확산되었다. 그리고 지리는 이제 확실히 하나의 학문으로 자리를 잡았다. 그러나 화학이나 물리학 전공자들이 지리를 가르치고 있다는 결론은 지리교과에 별로 도움이 되지 않았다."[24]

캐리의 주장처럼, 지리를 전공하는 교사 수가 계속 증가했다. 1919년 지리교과협의회 회원은 2,000명이 넘었는데, 실제로 잉글랜드와 스코틀랜드, 아일랜드에서 유능한 지리 교사 대부분이 참여했다.[25] 지리교과협의회에서는 "지리교과는 보편적인 교과"라는 선언문을 만들었다.[26] 이 선언문은 "학교의 지리교과 교육을 통해 학생을 그들의 지형 조건과 상호작용하면서 활동할 수 있도록 교육시킨다"고 명시했다. 그리고 "지리교과에서 축적하는 정보는 지형을 배경으로 한다"고 덧붙였다.[27]

그러나 학교의 지리교과를 확산하는 데에는 비용이 들었다. 지리를 일부 학교에서 교과로 채택했기 때문에 대학들의 큰 반대에 부딪혔다. 최근 데이비드 워커(David Walker)는 "우리 대학 선배 교수들은 여전히 지리를 학교교과로 여기지 않는다"고 말했다.[28]

대학에서 지리가 학문으로 발전하는 데 다른 집단의 반발이 심했다. 지리학 교수를 최초로 채용한 곳은 컬리지런던대학(University College London) 예술 학부였다. 1903년 린드(L. W. Linde) 교수는 기초교육부의 역사학자 겸 고전학자로 임명되었다. 대학에서는 그에게 "물리지리학(기후학과 해양학 등) 외에 어떤 강좌도 개설하지 않겠다는 것"을 약속하도록 했다. 이 강좌를 지질학과에서 개설했고, 이런 제한은 20년이 지난 지금까지도 남아 있다.[29]

대학에서 지리학이 자리 잡게 된 것은 1887년 '왕립지리학회(the Royal Geographical Society)가 옥스퍼드대학교 안에 부교수직을 만드는 데 성공'하면서부터였다.[30]

부교수에 임명된 사람은 핼퍼트 존 맥킨더(Halford John MacKinder)였다. 당시 왕립지리학회가 한 역할은 '지리학을 로비(영국의회에서 대중에게 개방되어 있는 로비)하는 것'이었다. 맥킨더는 처음부터 이 로비에서 중요한 역할을 담당했다. 그러나 '런던에서 지리를 채택하는 학교'를 후원하도록 하는 데에는 성공하지 못했다. 1910년 1월 맥킨더는 왕립지리학회 회장으로 취임하여 옥스퍼드지리학교(School of Geography)를 설립하겠다고 제안했다. 맥킨더는 허버트슨(A. J. Herbertson, 1865-1915)과 다른 두 명의 강사와 함께 이 학교를 운영했고, 옥스퍼드 지리학 강좌를 새로 개설했다. 첫해에는 겨우 4이 응시했지만, 1914년에는 41명이 응시했다. 지리학을 다루는 여름학교도 조직했고, 1914년에는 200명의 교사들이 여름학교에 입학했다. 여름학교 운영으로 허버트슨은 영향력을 갖게 되었다. 허버트슨이 쓴 교과서는 백사십만 권 이상 팔렸고, 1899년에 출판한 『인간과 그의 작품』이라는 책은 1960년대 후반까지 계속 출판되었다. 그레이브스(Graves)는 "영국 학교교육에서 그의 영향력은 엄청났고 타의 추종을 불허했다"고 말한다.[31]

1913년 맥킨더는 "다른 대학에서도 지리학을 설립해야 한다"고 주장했다. 지리학 수업이 있는 대학이 거의 없는 상황에서 가넷(Garnett) 교수는 반세기 동안 대학의 지리학과 문제를 검토했다.[32] 지리학은 개별적으로 자유방임적으로 접근되면서 폭넓고 다양한 성격이나 관심사를 반영하면서 매우 천천히 성장했다. 지리교과 전공자들은 아무도 대학에서 지리학과에 다니지 않았다. 그들은 대학에서 새로운 신생 과목에 적대적이지도, 우호적이지도 않았다.[33] 허니본(R. C. Honeybone)도 1920년대 대학에서 지리학이 직면했던 문제들을 회상했다. "현장연구를 하기 힘들었고, 지도도 없고, 연구를 하기 위한 시설이 너무 없었다."[34] 셰필드(Sheffield) 대학의 상황은 전혀 달랐다. 1908년 이후 거의 20년 동안 지리를 순수과학 학부에 개설했고, 1920년대 초반에는 예술대학에 개설하려고 투쟁했다. 식물학자이자 과학자인 러즈모즈 브라운(Rudmose Brown) 박사가 허버트슨의 영향을 받은 사람들을 교육시키면서 지리학과를 통솔했다. 그는 과학으로서의 지리학 발전에 관심이 있었고, 대학에서 지리학을 순수과학 학부에 개설하기로 한 결정을 환영했다.[35] 한편 '현재 영국 대학 학위 보유자의 약 50%'를 배출한 케임브리지 대학에서는 이 기간에 지리학과를 개설하지 않고 있다가, 1920년에서야 개설을 검토하였다.

지리교과협의회에서는 이런 문제에 대해 한 보고서에서 다음과 같이 언급하였다. "지리는 인문학 및 자연과학 시험과 맞지 않았다. 또 지리는 예술학부 등 다른 분야의 시험과도 맞지 않는다. 지리학과가 어느 학부에 소속돼야 하는지 주장하기 힘들었다. 대학에서는 모든 학부가 지리를 포섭하지 않으려고 하는 경향이 있었다." 이 보고서는 "해결책은 웨일즈 대학처럼 예술학부와 과학부 양쪽 모두에 지리학을 포함시키는 것"이라는 낙관적 관점을 덧붙였다.[36]

대학에서 이런 지리학의 소속 문제에도 불구하고, 1920년대까지 학교 지리교과는 계속 확산되었다. 지리교과를 구성하는 지식은 '고전적인' 패턴보다, '지역적인' 접근 방식으로 바뀌고 있었다. 지난 10년 동안 프랑스 학자 비달 데 라 블라슈(Vidal de la Blache)는 지역주의를 연구했고, 1927년 「해도우 보고서Hadow Report」는 다음과 같은 내용을 담고 있다. "최근 25년 동안에 지리교과를 가르치는 방법이 눈에 띄게 달라졌다. 지리는 어떤 교과보다도 발달했다." 이 보고서는 지리 교육의 목적을 '역사 사례, 마음 자세, 지리교과 특유의 사고방식을 습득하게 하는 것'이라고 덧붙였다.

학교에 지리교과가 성공적으로 들어온 것은 지리교과위원회가 지리학의 중요성을 천명한 것도 도움이 되었다. 지리교과위원회에서는 "모든 초등학교에서 지리교과를 가르쳐야 한다"고 판단했다. 그럼에도 불구하고 지리를 가르쳐야 하는 '실용적 이유'도 있다. "이제 여행과 서신 왕래가 보편적이고, 다른 나라 사람들도 영국 땅 모양을 알게 될 것이다. 이런 점만으로도 지리교과는 학교 수업 시간표에서 중요한 위치를 차지하기에 충분하다." 지리교과위원회에서는 실용적인 근거를 너무 강조할 때의 위험성에 대해 도 경고했다. "아무리 유용한 지리적 정보가 있더라도 그것은 참고할 뿐이다. 즉 학생들에게 관심을 불러일으키는 교육의 수단으로 사용해야 한다. 지리는 잘 가르치기만 한다면, 학생들이 큰 매력을 느낄 수 있는 교과다."[37)]

약 25년 후에 왕립지리학회 보고서에서는 지리교과가 계속 발전해서 '학문으로서 위상'을 갖추었다고 증언하고 있다. "지리학자뿐만 아니라 많은 교육학자도 모든 학교급에서 지리를 가르쳐야 한다"고 주장했다. 1943년 노우드보고서를 작성한 시릴 노우드(Cyril Norwood) 교육위원회 의장은 "지리 교육이 필수적이며, 어떤 이유로도 지리를 포기할 수 없다"고 주장했다. 노우드는 "지적인 사람이라면, 자신이 사는 세계, 나라, 지역에 대해 알아야 한다는 이유만으로도 지리는 외국어나 과학보다 더 중요하다"고 주장했다. 그는 학교에서 지리교과를 완전히 수용했다는 것을 확인하였다. "대학진학 트랙인 그래머스쿨들도 지리를 시험과목으로 점점 더 많이 포함시키고 있는 것으로 보아, 지리교과의 중요성이 꾸준히 커지고 있다"고 말했다.[38)]

노우드는 학교 지리교과에 대한 입장을 명확히 하지는 않았지만, 1943년 노우드보고서에서는 지리교과가 직면한 문제들을 많이 언급했다. 이 보고서는 지리를 "인간과 그를 둘러싼 환경을 연구하는 것"이라고 단정하면서, "자연과학, 경제, 역사, 산업, 농업도 지역의 지리 및 환경과 관련이 있는 것"이라고 언급했다. 하지만 지리를 환경으로 확장하면서, '지리의 확장성'을 우려하기도 했다. "지리를 열광적으로 지지하는 사람들은 경우에 따라서는 타 교과들을 포괄할 정도로 지리의 범위를 넓히려는 경향이 있다. 경계를 넓히면서 목적은 모호해진다. 타 분야가 가진 독특한 시각을 일반화한다"는 것이다.[39]

학교 지리교과의 이런 '확장성'에 대해 허니본(Honeybone)도 언급했는데, 허니본은 1930년대까지 지리교과는 점점 '시민교육'을 위한 교과가 되었고, 이것은 "사람들이 지리를 멀리하게 만들었다"고 주장했다. 허니본은 이를 부분적으로 '미국의 영향력' 때문으로 설명하면서, "교육을 학생들의 일상생활 경험과 관련시켜야 한다고 선언하게 했다"는 것이다. 그러나 지리를 전공하지 않았거나 적절한 교육을 받지 못한 사람들은 학교 지리교과를 "인간의 삶과 일을 기반으로 시작했지만, 정작 그런 환경을 조사하려는 시도를 하지는 않는다"고 주장했다. 따라서 1939년까지만 해도 지리교과는 안정되지 않았다. 그리고 지리교과만의 독특한 교육적 가치도 사회경제적으로 일반화하면서 무너졌다.[40]

따라서 문제를 해결하기 위한 핵심은 대학에 '지리 전공자를 양성할 수 있는' 학과를 설립하는 것, 그리고 학생과의 관련성 및 유용성으로 바꾸는 것이다. 데이비드는 "대학에서 지리학과를 아무런 투쟁이나 적개심 없이 개설할 수 없다"고 주장한다. 예를 들어 초기 지리학 교수 중 한 사람인 케임브리지 대학의 프랭크 드벤험(Frank Debenham)은 "기존 교과를 전공한 교사들은 자신의 교과 경계를 침범할 위험성이 있는 이 새로운 잡다한 교과

연구를 반대한다"고 말했다.[41]

울드리지(Wooldridge) 교수는 "지리를 학문적으로 위상이 약하고, 지적으로도 존중받지 못하고 있다고 생각하는 것이 보편적"이었다고 말한다. 이에 대학 안에서 지리학과 개설은 그리 성공하지 못했다. 울드리지는 "지리학의 범위를 한정해야 하고, 그래야 지리를 암묵적으로 부정하는 많은 사람에게 교과로서의 타당성을 설득할 수 있을 것"이라고 했다. 울드리지는 또 대학보다는 학교 수준에서 교과로 인정받는 것이 오히려 더 중요하다고 주장했다. "학교에서 지리를 교과로 다룬다면, 대학에서도 반드시 배워야 한다는 것이 인정된다"는 것이다.[42] 케임브리지의 세인트캐서린 대학(St Catharine's College)의 사례에서도 학교 '교과'와 대학 '학문' 간의 관계를 잘 드러내 주고 있다. 이 대학은 지리 교사를 너무 많이 배출한다는 음모론이 있을 정도였다. 데이비드 워커(David Walker)는 지리가 현실적이기 때문에 지리를 학문으로 보는 관점에 동의하지 않았지만, '세인트캐서린'은 지리학과로 상을 수상한 최초의 대학이었고, 지리 교사들과의 관계망을 구축했다. 특히 뉴캐슬의 왕립 그래머스쿨과 같은 특정 학교들과도 접촉했다. 이런 교사 중 대부분이 이 대학 지리학과를 졸업했다. 워커는 "제2차 세계대전 이후 교수, 부교수, 강사가 된 세인트캐서린의 지리학 전공자들은 모두 당시 시저(A. A. L. Caesar)라는 사람에게 교육받았다"고 지적한다.[43]

1945년 이후는 대학에서 지리학을 수용하고 통합한 중요한 시기였다. 1968년 앨리스 가넷(Alice Garnett) 교수는 이 시기가 왜 그렇게 중요한지 다음과 같이 설명했다. "제2차 세계대전 이후가 되어서야 비로소 지리학과에서 공식적인 교육을 받은 지리학 전공자들이 지리학과를 지도하였다. 당시까지만 해도 지리는 교과로서 성격이 모호했다."[44] 당시까지 대부분 대학이 지리학과를 설립했고, 지리를 교과로 인식하기 시작했다. 허니본은 1954년에 와서야 대학에서 지리를 학문으로 승인했다고 언급했다.

> 대학에 지리학과 소속 인원이 유례없이 많아졌다. 런던 대학만 해도 여섯 개의 교수 자리가 있었다. 그중 네 자리는 비교적 최근에 만들어졌다. 그 어느 때보다 지리학과 졸업생과 재학생 수가 많다. 많은 교육대학 및 교육학부에서 지리 전공을 개설했다. 대학도 지리가 대학에서 교육할 만한 가치가 있다는 것을 알게 되었다. 그리고 최근 고등 시험에서 지리의 위상이 높아지면서 지리 교사들도 공무원이 되었다. 마침내 실제로 모든 면에서 지리는 대학에서 학문으로서 완전히 받아들여지고 있었고, 지리학을 전공한 사람들도 여러 분야(상업, 산업 등 직업 분야)에서 환영받았다.[45]

제2차 세계대전 이후 대학에서도 지리를 학문으로 받아들였지만 그렇다고 해서 지리교과의 문제가 해소된 것은 아니었다. 1967년 마르샤(Marchant)가 "마침내 중등학교에서 지리교과를 인정했다"고 언급했지만, "전쟁은 아직 끝나지 않았다"는 말도 덧붙였다. 당시 지리교과는 여학생들이 라틴어 3년차 심화 과정 대신에 선택할 수 있는 교과였기 때문이다. 학교에서 지리학은 학생들이 고전, 언어, 과학과는 달리 무난하게 수강할 수 있는 'O' 레벨 교과 중 하나였다.[46] 1976년 지리교과협회 회장은 "일부 퍼블릭스쿨에서는 여전히 지리를 학문적 교과로서 결핍이 있는 교과로 간주한다"고 언급했다.[47]

대학에서 지리를 학문으로 수용하면서 학교에서는 지리가 교과로서 가진 여러 문제가 있지만 다소 안도할 수 있는 정도였다. 학교의 지리교과와 대학의 지리학, 이 둘의 이분화 상태로 지리교과협회가 출발했다. 지리교과협회는 학교 지리 교사들이 포럼을 하는 공간이 되었고, 1950년대 이래 영국지리학연구소는 대학 관계자들이 주로 포럼을 하는 공간이었다. 교과 및 학문으로서 정당성을 확보하고 확장하는 과정에서도 학교 지리교과는 거의 바뀌지 않고 남아 있었다.

> 만약 우리가 이번 세기 지리교과 교육에 대한 경향성을 분석해 보면, 비록 외워야 할 내용은 좀 변했지만, 항상 이해보다는 암기가 우선이었다. 수많은 '만과 곶(capes and bays)'을 지리교과 내용에서 다루었고, 이후에는 경제적인 '만과 곶'을 환경과 연결해서 다루었고, 또 그 이후에는 과학적으로 근거를 찾기 힘든 '만과 곶', 등압선, 풍력계 등을 현재(1954)까지 지나치게 강조했다. 이런 '만과 곶'은 지역을 거의 설명해 주지 못했고, 단순히 암기해야 하는 내용이었다.[48]

'만과 곶'에 대한 비판은 두 가지 반응으로 나타났다. 하나는 지리교과를 자연과학/현장연구 전통으로 기반을 구축하려는 것이고, 두 번째는 사회학, 경제학과 같은 사회과학으로 기반을 구축하려는 것이었다. 이런 방법론, 모델 구축, 사회나 과학을 강조하는 '새로운 지리학' 개념으로 나아갔다.

다. 지리의 현장연구(field work) 전통

초창기부터 지리는 현장연구를 통해서 가르쳤다. 와이즈(Wise)는 19세기 초 영국 내 학교들이 현장연구를 통해 지리를 가르친 사례들을 발견했다. 와이즈는 이런 현장연구 방법들을 다음과 같이 요약하였다. "집이나 교실에서 시작한 연구들이 이웃, 마을, 지역, 국가, 그리고 결국 세계 연구로 확장되었다."[49] 그 의도는 학생이 주변 환경을 자세히 탐색하는 것부터 지리 전체 영역으로 탐색을 확장하는 것이었다.

영국이나 독일에서 지리를 학교에서 가르치는 이런 현장연구 방식은

1880년대 왕립지리학회 회장인 켈티(J. S. Keltie) 박사에게 영향을 끼쳤다. 켈티는 런던, 버밍엄, 에든버러, 글래스고에서 학교들이 현장연구 방식을 권고했다는 기록을 찾아 제시했다. 예를 들어 런던교육위원회에서는 "각 학교별로 주변 지리를 알려주는 지도, 학교가 위치한 학군의 지도, 런던과 그 주변 지도"를 보급했다.[50]

20세기에도 학교에서 지리는 지역을 탐구하는 현장연구를 계속 채택하고 있으며, 확대하고 있다. 이런 현장연구는 특히 초등학교와 초등학교 저학년들을 대상으로 지리를 가르칠 때 널리 선호하는 방식이다. 지리학협회의 초등학교위원회가 작성한 간행물인 '지역지리학을 가르치는 제안'에서는 "직접 주변의 지리를 이해하고, 그 지역이 속한 더 큰 지역으로 탐구를 확대해야 한다"고 명시하고 있다.[51] 학교 지리가 지역지리를 강조하는 것과 관련해서 두 가지 점을 재평가할 수 있다. 첫째, 야외에서 더 많은 공부를 한다는 것, 둘째, 학생 가까이 있는 환경이나 이웃에 더 집중하게 한다는 것이다.[52] 골드스미스 컬리지의 지리학 학과장인 콘스(G. J. Cons)는 수많은 현장연구 전략들을 개발했다. 컨퍼즈(Confers)도 1938년에 쓴 글에서 "교실이 닫혀 있다. 수많은 학교 교실에서 하는 활동과 실세계 활동 사이에는 거의 관계가 없다"고 주장했다. 그래서 컨퍼즈는 '현실성'을 지지하면서, 당시 노섬벌랜드(Northumberland) 교육국장의 말을 인용해 "지리교과는 학교에서 가르칠만한 가치 있는 교과"라고 말했다. 그 이유는 "지리가 학생들에게 지역의 환경(도로, 시장, 운송, 생활비, 가족 소득, 주거, 전력, 가스 또는 이 모든 것들의 결핍 등)을 탐구할 수 있는 기회를 제공하기 때문이다. 지리교과는 지역에서부터 출발해서 지리학 영역으로 옮겨 간다"는 것이다.[53]

중등학교에서 지리교과 채택은 대학과 밀접한 관련이 있었다. 1896년 에든버러 헤리어트왓 대학(Edinburgh Heriot-Watt College)의 허버트슨

(Herbertson)은 학생들과 도전적인 현장연구를 했다. 이후 허버트슨은 옥스퍼드의 지리학 선구자 중 한 사람인 맥킨더(H. J. MacKinder)와 함께 1906~1914년 동안 교사들을 위한 현장연구 강좌를 개설했다.[54] 두 사람은 에든버러 '전망탑'을 설치한 패트릭 게더스(Patrick Geddes)의 아이디어와 저술 내용을 많이 차용했다. 또 게더스(Geddes)의 연구도 초기 프랑스 사회학자 패드릭 르 플레이(Frederic Le Play, 1806~1882)의 저술을 많이 참조했다.[55]

이런 지리교과 활성화에 영향을 미친 외부 영향 중 하나는 20세기로 전환하던 당시 대학의 현장 지질학자들의 연구였다. 지리 분야 초창기 현장연구는 대부분 지형에 관심을 가진 지질학자들이 연구했기 때문이다. 이에 오늘날 우리가 볼 수 있는 현장연구들이 지형에 집중하는 것은 당연한 일이라고 할 수 있다.[56]

1905년에 작성한 「교육 속 과학」이라는 보고서에서 아처볼드 게이키(Archibald Geikie)는 학생이 "더 많은 것을 볼 수 있도록 한다"는 점에서 현장 관찰 교육을 주장했다.[57] 최근에는 특히 제2차 세계대전 이후, 현장연구는 대학 지리학에서도 널리 적용하고 있다. 울드리지는 "지도가 아닌 지면 그 자체가 기본적인 기록이며, 연구는 바로 현장에 있다"고 주장하기도 했다.[58] 그는 컨퍼즈가 이전에 제기했던 아이디어를 많이 반영했다.[59] 이사회에서는 1965년에 울드리지 교수와 제프리 허칭(Geoffrey Hutching)의 연구를 종합해서 다음과 같이 발표했다. "현장연구는 지난 반세기 동안 꾸준히 발전해 왔으며, 지리학을 연구하는 보편적인 접근법이다." 울드리지에게 교육받은 지리학자들뿐만 아니라, 오늘날 지리학 분야의 더 많은 지리학자도 현장연구 방식을 취하고 있다.[60]

대학 지리학으로 현장연구가 확산하면서, 대학을 준비하는 중등학교에서도 현장연구를 통해 지리를 가르치게 되었다. 왜냐하면 런던의 울드리지와 셰필드의 린톤(Linton)과 같은 사람들이 '대학에 입학하려면 현장연구를 해야 한다"고 말하며 현장연구를 강조했기 때문이다.[61] 이런 현장연구가 강조되면서 마침내 학교 지리는 현장 지리를 목표로 하게 되었다.[62] 교육부가 1972년에 보고한 것처럼, 40년 넘게 지리교과를 선도한 교사들이 꾸준히 지지했음에도 불구하고, 현장연구는 1950년대까지만 해도 학교 지리교과의 기반으로 불안정하고 불확실했다. 이후 학교는 급속하게 변했고, 새로운 시험과 새로운 시설 개발에 집중했다. "교사는 A 레벨을 위해 시험이 필요했다. 처음에는 현장연구가 강제는 아니었다. 1960년대에 시험이 바뀌면서, 교실 밖으로 나갈 수 있게 되었다."[63] 그러나 교실을 나가기 위해서는 외부에서 관련 시설을 개발할 필요가 있었다. 현장학회, 왕립지리학회, 세이지학회 등 전문기관들이 현장연구를 위한 시설을 설립하기 위해 노력했다. 그 전신으로 1943년에는 현장학술진흥위원회(Council for the Field Studies)를 구성하고, 지리학자뿐만 아니라 생물학자도 여기에 참여하였다(10장 참조). 1965년 런던에서 첫 현장연구 회의를 소집했다. 위원회의 팅커(C. A. Tinker)는 "학교 강좌에 대한 수요가 공급을 거의 100% 능가하고 있다"고 대표들에게 알렸다.[64] 현장연구상임위원회를 설립한 지리학회는 1965년부터 시설 조사를 완료했다.

1969년까지 현장연구는 대부분의 학교에 정착되었다. 존 에버슨(John Everson)은 "학교에서 지리를 가르치는 주류로서 현장연구 운동은 이제 끝내도 된다"고 자신 있게 말했다. 그는 계속해서 시험의 변화와 지리를 가르치는 방식의 진보에 대해 다음과 같이 언급했다.

> 전쟁 이후, 대부분 학생과 교사들은 현장연구를 했다. 현재 영국에서는 이런 현장 연구 전략과 영역, 그리고 해외 사례를 광범위하게 설명하는 문헌들이 많다. 옥스퍼드, 케임

브리지에서도 관련 학회나 시험 당국들이 A 레벨 수준의 현장연구에 상당히 중점을 두었다. 그들은 학생들에게 실습을 요구하는 문제를 출제했고, 이러한 시험 문제에 만족스러운 답을 쓰려면 현장연구를 해야 했다. 중등교육학력인정시험은 현장연구를 더 적극적으로 홍보하며, 경우에 따라서는 현장연구가 시험의 일부가 되기도 한다.[65)]

1972년 교육부 설문조사에 의하면, 응답자의 80%가 현장연구를 '중요함 또는 매우 중요함'으로 답한 반면, 8%만이 현장연구를 수행하지 않는다고 했다. 현장연구에 대한 관심이 높아지고 있는 것은 대학도 마찬가지였다.[66)] 1963년 학회는 "지리학회 새 의장의 취임연설에서 현장연구의 필요성을 언급하는 것이 유행이었다"고 했다.[67)]

또 새로운 보고에 따르면, 중등학교와 대학의 학술 부문에서 광범위한 합격 지표가 있음에도 불구하고, 현장연구에 대한 여러 가지 근본적인 문제들이 해결되지 않고 있었다. 에버슨이 지적한 것처럼, 현장연구 문제는 '인원이 많고 벅찬' 실제적인 어려움에서 비롯된다. "주최자는 현장방문(trip)을 계획하고 준비할 시간을 확보해야 한다. 주최자는 자신과 학생에게 특히 시험을 준비하는 수업을 비롯해서 수업 시간의 손실을 정당화해야 하고, 업무에 적합한 직원을 찾고 비용을 절감해야만 한다."[68)] 1972년 조사에서 다음과 같은 결과가 나왔다.

방문했던 학교 중 54%의 학교는 시간표에 문제점이 있었다. 그 문제들은 다른 학교들보다 그래머스쿨에서 더 심각했다. 다시 말하면, 절반 가량의 학교들이 주말이나 휴일에 현장연구를 하면서 이런 문제를 극복했고, 가치 있는 교육활동을 하는 데 필요한 시간 문제에 대처했다.

이 보고서는 뒤이어 교육비 삭감과 관련해 "학교의 약 42%가 현장연구에 어려움을 겪고 있다"고 보고했다.[69]

그러한 문제는 대학에도 있었다. 교육부 설문조사에 따르면, 많은 시니어 교사들과 몇몇 젊은 교사들이 대학이나 학부에서 현장연구 기술에 대한 교육을 거의 받지 못했다.[70] 대학의 현장연구 부족 문제에 대해 명망 있는 한 강사가 다음과 같이 언급하였다. "학생들이 현장연구를 매우 가볍게 받아들이고 목적 없는 사소한 것으로 치부했다. 그 결과 많은 것을 얻지 못했다." 조직과 인력 배치의 실제적인 문제 외에도, 현장연구는 인식론적으로 표현하는 데 어려움을 나타냈다. 중요한 것은 1976년 지리학협회장 연설에서 지리학이 너무 많은 '불분명한' 일반화 때문에 과학적 기반의 결여라는 어려움을 겪었다고 언급했다. "여기서 현장연구 문제를 잘 묘사하고 있는데, 이 문제는 오랫동안 우리의 교과교육에서도 쟁점이었다."[71]

최근 몇 년 동안 가설 공식화 과정과 검증에 초점을 맞춘 '현장연구' 모델 개발을 위한 노력이 이루어졌으며, 이는 일반화 또는 이론 제공으로 이어지게 된다. 에버슨에 따르면, 일부 지리학자들은 "이 접근법이 국가에 대한 안목이 아니라 문제에 대한 안목을 키우고, 이전의 접근 방식보다 학생들의 반응과 이해가 줄어들게 할 것"이라고 지적했다.[72] 마찬가지로 교육부 조사에서도 "현장에서의 가설 테스트는 학교지리학 분야에서 새로운 시도이다. … 거의 모든 작업 기록은 나이 많은 학생들에게만 국한되어 있다"고 밝혔다.[73] 그러한 어려움에도 불구하고 "현장연구 접근법 옹호자들은 방법 지리학자들이 과학자들과 같은 방식으로(연구 지리학자와 같은 방법으로) 말할 것이고 이러한 형태의 연구는 해답에 대한 주관적 평가가 아닌 객관적 진술을 제공한다"고 에버슨은 주장한다. 이 글에서 에버슨은 '과학을 향한 경로'라는 제목의 현장연구에 대한 정교한 모델을 개발한다. 그는 현장연구가 지역지리학과 유사한 방식으로 개혁이 필요하고 나아가 더 과학적 접근 방식을 제시할 필요가 있다고 여겼다. 그의 연구에 담긴 함의는 '학교가 발전함에 따라 현장연구 단계를 점점 더 발전시켜 공감 능력을 키우도록 허용되어야 한다'는 것이었다.[74] 그러나 학교 실습의 과학적 모델에 대한 열망은 대부분 미완성으로 남아 있다. 예를 들어 교육부는 1972년에 단지 15%의 학교만이 그 분야에서 약간의 가설 시험을 하고 있다는 조사에 주목했다. 가장 일반적인 형태의 경험은 "학생들에 의한 현장연구과 '전통적인' 현장 수업으로 남아 있었다."[75]

라. 새로운 지리학

'새로운 지리학'은 미국과 스웨덴에서 처음으로 등장한 버전이었다. 이 새로운 지리학은 1963년 영국 매딩글리(Madingley)에서 열린 강의에서 시작되었다. 리글리(E. A. Rigley)는 이 새로운 지리에 대해 언급하면서, 지역지리학이 '역사적 변화의 과정을 통해 형성된 개념'이라고 주장했다. 지역지리학은 농민만큼이나 산업혁명의 희생 대상이 되어 왔다.[76] 이러한 교과의 시대착오 문제에 대해 초리(R. J. Chorley)와 두 명의 대학 지리학자는 '학문의 소외된 기하학적 측면 구축'을 통해 '즉각적 해결책'을 제안했다. 그들은 다음과 같이 지적했다.

> 이 분야에 대한 연구는 이미 강력하게 진행되고 있으며 대학보다 학교에서 시행하는 것이 더 중요할 수 있다. 우리는 학교수학협회와 같은 강경한 개혁 열정에 감명을 받는다. (이것은 아마도 학교 수학 프로젝트를 지칭하는 것으로 추정된다.) 학교 수학 교육을 근본적으로 검토하고 이를 공유했다. 교과서에 제시하는 관행 문제들이 있고, 수업계획서에서는

시험을 성공적으로 극복하는 문제, 새로운 물결이 학교를 휩쓸고 있다. 새 물결의 필요성은 그만큼 커졌고 우리는 왜 여기서 지리를 바꾸는 일이 수학과 똑같이 보람 있는지 알 수 없다.

그들은 "지리학이 이전의 영광 아래 있는 것보다 혁신을 통해 변화하는 것이 낫다"고 호소했다.[77]

매딩글리 강의는 지리교과의 진화에 분수령이 되었다. 2년 전, 길버트(E. W. Gilbert)는 'The Idea of the Region'[78]의 기사에서 "대학의 새로운 지리학을 난해한 종교로 여겼다"고 말했다.[79] 매딩글리 이후, 이것은 더 이상 사실이 아니었다. 한 대학 강사는 "매딩글리 강의 이후 내 생각은 뒤집혔다. 지리학적 사고의 전환이 실제로 시작되었다"고 회상했다.[80] 그러나 월퍼드(R. Walford)가 나중에 지적했듯이, 매딩글리 이론은 "어떤 사람에게는 좋고 다른 사람에게는 마실 수 없는 양조주"였다.[81]

초리와 해깃은 '지리의 모델'이라는 책을 통해 그들이 옹호하고 있는 변화를 통합하려고 노력했다.[82] 이 무렵에는 새로운 지리학에 대한 의견이 점차 양극화되고 있었다. 슬레이메이커(O. Slaymaker)는 이 책을 지지하며 다음과 같이 썼다. "돌이켜보면 영국의 지리학적 방법론의 발전과 전통적인 분류의 패러다임은 새로운 지리학의 맥락에서 볼 때 불충분하며, 불편하고 고도로 전문화된 모델 구축 과정을 통해 주류에서 밀어내기 위한 돌이킬 수 없는 조치가 취해졌다."[83] 지리교과 교사들은 그들의 저널 〈지오그래피Geography〉와 익명의 평론가 'P.R.C'로부터 조언을 받았다. "교과의 목적이 무엇이고, 누구에게 다루어지는가, 이러한 질문들을 회피하며, 지침이 없을 때 점차적으로 저자들이 서로를 위해 글을 쓰고 있다고 확신할 수 있다. 비록 이러한 생각이 변명이 될 수 없지만, 일부 논문에서 야만적이고 혐오스러운 전문용어를 사용하는 것을 어느 정도 설명할 수 있다."[84]

1년 후 지리학회 회장은 새로운 지리학으로 야기된 두려움을 노골적으로 이야기하면서 위와 비슷한 반대의견을 피력했다. 그녀는 "새로운 체계의 지리는 우리 교과의 핵심을 무시한 채 독립적인 방향으로 추구됨에 따라 단편화로 이어지는 문제를 만들고 있다"고 주장했다.

지리학자들은 지식의 선구자들을 뒤로 밀어내는 순수학문과 교과 핵심의 단편화 사이 긴장감을 인식해 왔다.

가넷은 대학의 지리학은 사실 "너무 정교하다"고 느꼈고, "때로는 다양한 분과의 수많은 분야들이 너무나 좁게 전문화되어 있다고 생각했기 때문에 조만간 그 교과가 얼마나 더 효과적으로 함께 유지될 수 있을지에 대해 의문을 제기해야 한다"고 말했다.[85] 지리학자들은 교과를 하나로 묶으려는 편집증적 시도를 반복하면서, 소위 '지리학 확장성'에 대한 전후 시대의 두려움을 상기시켰다.

단편화의 위험성은 지리학자들을 양성하는 대학 학과에 다시 영향을 미친다. 가넷은 이 교과를 통합할 의무가 있다고 주장했다.

> 대학 학과는 적어도 1급 레벨(학위 수준)에서 우리 교과의 핵심이 잊히거나 방치되지 않도록 하고, 우리 학부생들이 전문 분야의 종합성과 핵심과의 관련성을 분명히 인정받을 수 있도록 해야 할 의무가 있다. 내 생각에는 지리학자는 기본적으로 우리 학교에서 가르치거나 대학원 연구 수준에서 학업을 더 잘 수행할 수 있는 자격을 갖추도록 설계된 학위 과정(postgraduate research 레벨)을 기초로 해야 한다.[86]

교과 교수법에 대한 새로운 지리학의 관련성 또한 문제점으로 간주되었는데, 특히 1920년대 초반의 경험에 비추어볼 때, 지리학자로서 "우리는 모든 것이 불안정한 토대 위에 기초한 일반화된 개념과 원칙의 지배에서 벗어나려고 노력했다"는 것이다. 게다가 "경험이 없는 사람들의 손에서, 지나치게 단순화된 모델은 편협하고 틀에 박힌 일반화를 이끌며 심지어 새로운 형태의 조잡한 결정론에 이르게 하는 가장 위험한 도구가 될 수 있다"고 우려했다.[87] 1년 후 피셔(C. A. Fisher) 교수도 가넷의 우려에 동조하며 그 역시 비슷한 주장을 했다. 그는 지리학 정기간행물을 검토하면서 "지리가 하나의 일관된 학문으로 간주될 만한 목적이 없다"는 익숙한 비난들을 다수 발견했다. 그는 "내가 1959년에 57가지 종류의 지리학[88]이 곧 완전히 실현될 것이라는 예상했는데, 그 이후 전문 문헌에 소개된 여러 종류의 지리학을 30개 이상 발견했다"고 말했다.[89] 초리와 해짓의 학문에서 미개척 분야에 대한 흥분된 견해와는 정반대였다.

> 우리는 지리학이라는 이 단어를 계속 사용하는 한, 비록 우리가 지리적인 경계를 따라 멀리 떨어져 있더라도, 우리 모두가 어깨를 나란히 할 것이라고 추측하는 것 같다. 단도직입적으로 말하자면, 나는 지리학이 정확하게 그 기반을 희생하면서 경계를 지나치게 확장하고자 하는 심각한 위험에 처해 있다고 생각한다. 나는 경계의 확장에 대한 이런 성향이 본질이 무엇을 의미하는지에 대한 확신의 부족을 반영하는 것이 아닌지 우려스럽다. 지리가 성장하며 중심 목표로 하는 많은 것들을 획득했다는 것은 완전히 의미가 없는 것은 아니지만 쓸모없다.[90]

피셔는 이전 버전의 지리학으로 돌아가라고 권유했다.[91] "기여도를 평가할 때 '새로운 지리학'은 변화가 아니라, 자체 기준을 종속시켜야 하며, 영역 확대를 멈추어야 한다"고 보았다. "그래야 비로소 지리학자들이 자신의 정원을 가꾸는 데 보람을 느낄 것 같다"는 것이다.[92]

지리교사저널에서 '새로운 지리학을 반대하는 입장'은 현장 교사들의 의견을 반영한 것이었다. 피터 호어(Peter Hore)는 1년 동안 교실에서 새로운 지리가 미친 영향을 연구했다.

> 교사들은 새로운 아이디어를 잘 받아들이지 않는다. 그들은 본질적으로 실용적이고 보수적인 사람들이어서, 새로운 경향, 아이디어 또는 방법을 수용하기 전에 교실에 응용할 만한 필요가 있다고 확신해야 한다. 게다가 그들은 도시 지역에서 온 30명의 공격적인 젊은이들로 구성된 교실에서 그들을 테스트해보지도 않고, 그저 멋져 보이는 제안을 던지는 상아탑 대학과 교육대학의 교수들을 의심하고 있다. 그렇다면 이 교과에 대한 혁신의 물결이 특히 에스키모, 마사이 또는 중부지방 삼각지대 해안선을 따라 항해한 사람들에게 우려를 불러일으키고 있는 것은 놀랄 일이 아니다.[93]

같은 맥락에서 토마스(P. R. Thomas)는 "학교에서 지리교과를 가르치는 교사들의 실천적 특징으로 지적 방식을 고집한다는 것이었는데, 이는 학문을 하는 지리학자들이 점차 거부해온 것"이라고 말했다.[94] 당시 많은 교사가 위험성을 인식했다. 예를 들어 어떤 교사는 "지리학이 너무 빨리 분쟁 국면에 접어들었고, 심지어 많은 대학조차 새로운 지리학을 도입하지 않았다"고 회상했다.[95] 다른 교사는 "여러분이 어떻게 생각하든 이 새로운 접근법이 일종의 분열을 야기했다"고 언급했다.[96]

많은 책에서 대학과 학교 차원의 분열을 표현했고, 여러 증거들이 보여주었듯이 학교와 대학 사이의 격차를 특히 걱정했다. "학습 기술은 교과 역사에서 그 어느 때보다도 근대 지리학에서 더 빠르게 변화하고 있다. 그 결과 연구자들과 이 교과에 의구심을 가진 사람들 간 대화가 필요하다." 이러한 측면에서 "교사들은 연결고리를 제공한다. 그리고 일부 교사들이 현재 상황을 이해할 수 없거나 받아들일 수 없다고 생각하는 것은 지리학 발전에 위험하다"는 것이다.[97] 렉스 월포드(Rex Walford)도 비슷하게 진단했는데, "지리교과 내 통합의 필요성은 학교 학생들에게는 식스폼을 준비하는 실질적인 필요 그 이상"이라고 주장했다. 그것은 지리교과가 계속 교과로 존재하기 위한 기본적인 요건이었다.[98]

새로운 지리학을 옹호하는 사람들 중 많은 사람은 지역지리학을 '실제 지리학'으로 보았다. 1970년 샤니 매너(Charney Manor) 세미나 'New Directions in Geography Teaching'에서 월포드는 당시 입장을 다음과 같이 정리했다. 월포드는 새로운 지리학을 '모델, 가설, 정량적 기법, 개념 및 지각들과 같은 개념들에 일반적으로 적용하는 용어'로 사용하였다. 그는 "지리학이 학교 교육과정에서 살아남으려면, 여러 가지 사실과 약도만 암기하는 사람들이 쉽게 시험에 합격할 수 있는 것 이상이어야 할 것"이라고 말하면서, 변화의 필요성을 거듭 주장했다.[99] 그는 "사실만 중요하다는 시험이라는 망령에 시달리는 동안 지리가 어떻게 변했는가"라고 덧붙였다.[100] 데이비드 워커는 지리학에서 이와 유사한 점을 지적하면서 "전통적인 지리교과가 불행한 것으로 간주될 수 있는 세 가지 특성을 가지고 있다"고 주장했다. 첫 번째 지역 내용, 두 번째 지리적 현상의 상호 관계를 정확하게 진술하지 못하는 점, 그리고 세 번째로는 미숙한 관찰, 기록으로 결론을 도출하는 시도 이외의 기능을 거의 교육하지 않는다는 것이다. 워커는 이 세 가지 결함에 대해 "이러한 특징 중 첫 번째는 다른 두 가지가 존재하는 데 큰 책임이 있는 것 같다"고 말했다. 즉 하트숀(Hartshorne)이 잘 표현한 지리학의 견해는 "지리학의 일반 법칙 외에 모든 지역이 독특할 필요는 없다"는 것이다.[101]

지역지리학을 공격하는 데 있어 워커는 '새로운 지리학'의 중심 목표 중 하나를 정확하게 도출한 것 같다. 토마스는 이것을 더욱 분명하게 말했다. '새로운 지리학'의 근본적인 특징은 양적 방법의 사용이 아니라 지리 내부에서 지역에 대한 태도 변화이다. '변화 때문에 특정 지역을 고유 개체로 보는 연구는 많은 지역에서 공통으로 볼 수 있는 패턴을 찾는 것으로 대체되었다. 이 경우 특정 사례는 일반화 과정에서 사용한 데이터의 출처로서만 의미가 있다.'[102] 그러나 1960년대 후반, 지리학의 생존에 대한 경고에도 불구하고, 많은 학교에서 지리학은 대부분 대학에서 지역지리의 중요성이 점차 감소하고 일부에서 사실상 사라졌음에도 불구하고, '지역지리학의 기초로서 지역지리학의 생존'으로 특징지어졌다.[103] 그리고 '학교 수업계획서에 허용된 지역 연구의 양과 규모가 제한되었다는 논쟁에도 불구하고, 지역 연구가 지리학에서 가장 기초적인 기술'이라고 말했다.[104]

사실을 가장 중시하는 지역지리학이 그 교과의 생존을 위협한 것을 여러 보고서에서 추론할 수 있다. 1967년 '사회와 젊은 학교 졸업생'에 관한 보고서는 학생들이 '지리교과에 무관심하고, 심지어는 지리학에 대해 반항심을 가지고 있다'고 지적했다. 보고서는 '실패 원인은 모든 학교 졸업생들이 알아야만 할 교과 내용이 있다는 전통적인 믿음에 바탕을 두기 때문'이라고 덧붙였다.

이런 교과 지식들이 학생의 요구를 전혀 고려하지 않고, 그 관련성에 대한 의심 없이 교육과정에 들어온다는 것이다.[105]

지리학에 대한 위협은 더욱 커졌다. 지리학회의 한 집행위원 겸 사무총장은 "지리학이 현실과 동떨어지기 시작하는 것과 동시에 너무 지역적인 것이 되었다"고 회상했다.[106] 대학 강사 데이비드 고잉(David Gowing)은 지리가 직면한 문제를 보고 다음과 같이 주장하였다. '학생들은 현재 교육과정이 그들의 필요와 관련이 거의 없다고 느끼기 때문에 지리교과에 대한 동기부여와 이해의 수준이 낮다고 생각한다. 교사들은 학교를 졸업하는 나이와 중등학교 종합화로 인한 몇몇 형태의 지리학 재구조화가 이러한 문제들을 악화시킬 수 있다고 우려한다."[107]

이러한 압력에도 새로운 지리학이 상당한 진전을 이루었다. 1967년 마르샤는 다음과 같이 선언했다. '물리지리학 시대가 도래한 후, 수학지리학 시대가 왔다.'[108] 2년 후 수학지리학 교수 굴드(P. R. Gould)는 '지난 10년 동안, 지리학은 폭발적으로 성장했다. 오늘날 지리학자들은 지구 표면에서 인간의 작업 패턴, 구조, 배치 및 관계에서 발견되는 순서와 규칙성에 흥미를 느낀다'고 말했다.[109] 이러한 변화에 대한 보다 확실한 증거는 1969년 새로운 옥스퍼드와 케임브리지 'A' 레벨 서문에 제시되었다.

> 높은 수준에서 새로운 방법과 기법을 개발하고 시험하여, 유지하거나 부적절한 것은 폐기하고 있다. 이에 필연적으로 강조점이 수시로 바뀐다. 우리는 학생들에게 지리학의 최신 유행을 따르라고 강요하는 것이 매우 부적절하다고 생각하지만, 교과를 개정할 때는, 그 내용이 교과의 전반적인 안정성을 저해하지 않으면서 'A' 레벨 수준 학생들에게로 전해져야 한다. 현재로선 강의 계획이 이 부분을 허용하기에 충분히 유연하지 못하며, 이에 따라 상세한 (새로운 지리학에 대한) 변화에 유연하게 대처하도록 설계되었다.[110]

1967년, 지리학협회는 지리학 교육에 모형과 양적 기법의 사용을 검토하기 위한 소위원회를 설치했다.

그 변화에 대한 더 실질적인 증거는 1976년 지리학협회장 연설에 제시되었다. 1970~1976년 동안 교육부 강좌 목록을 검토하면서 쉴러 존스(Sheila Jones)는 다음과 같이 말했다. "교육부 강좌 목록은 현재의 추세를 아주 분명하게 보여준다. 일부 사람들이 '양적 혁명'이라고 부르는 것이 1970년부터 1973년까지 학교에 침투하여 학교에 지원하는 학생 수가 실제 입학생 수보다 훨씬 많았다."[111] 학교위원회 지리학 15-18프로젝트도 '정말 새로운 지리학이 있는가'라는 질문에 답하면서 지리에 대한 접근법이 전반적으로 크게 바뀌었다는 결론을 내렸다.

> 지리학자는 (1)이들은 이전에 당연하게 여겼던 개념과 모델에 더 비판적이 되었다. 예를 들어 지역, 데이비슨 사이클(Davisian cycle, 침식의 주기)이나 지도처럼 이전에 당연하게 생각했던 개념과 모델에 좀 더 비판적으로 변했다. 이로 인해 '상식'으로부터 자유로워지면서 실제 세계에 적합한 지리학 개념과 모델이 얼마나 적절한지를 정략적으로 평가하는 일이 줄었다. (2)새로운 모델을 고안하고 시스템 분석과 같은 아이디어를 빌리거나, 다른 교과의 회귀 분석과 같은 평가 방법을 좀 더 적극적으로 사용하게 되었다.[112]

최근 몇 년간 '새로운 지리학'에 대한 두려움이 가라앉고 통합의 시기가 도래하였다. 최근 데이비드 워커는 케임브리지의 초리와 해짓을 기반으로 다음과 같이 말했다.

> 경제학이나 언어학 등의 분야에서 학문적으로 쇠퇴해온 정량화는 최근 지리학에도 타격을 주었다. 그러나 1966년 다비(Darby) 교수가 헌신했던 케임브리지 학과는 순조롭게 일이 풀리고 있다. 우등 졸업 시험 시스템(tripos system)은 전문적이고 자유로운 교육에서 최고의 균형을 제공하고 있다.[113]

위기에 처한 지리 교과에 대한 인식이 상당히 부드러워졌다. 행정위원회에 속해 있고 지리학협회의 중책을 맡고 있는 한 교수는 다음과 같이 말했다. "나는 전통적으로 지리학의 핵심은 '있는 그대로를 이해하기 위한 것'

이라고 본다." 그러나 지리학의 현 상황에 대해 '지리학은 유동적이지 않다. … 교과는 끝이 없다. … 물론 그 교과를 발전시키는 기술은 바뀔 것이다. … 만약 현재 강조하는 양적 기법이 정확성에 기여한다면, 이것이 지리교과의 진보라는 점을 부인할 수 있겠는가'라고 이야기한다.[114] 궁극적으로 새로운 지리학를 수용한 것은 과학으로 간주하고자 하는 지리학의 오랜 열망과 밀접했다.[115] 지난 10년 동안 울드리지 교수는 『과학자로서의 지리The Geography as Scientist』라는 책을 썼지만, 1970년에 피츠제럴드(B. P. Fitzgerald)는 가르침을 위한 새로운 지리학의 함의를 검토하면서 다음과 같이 말했다. '많은 사람이 지리 분야에서 가장 중요한 변화를 과학적 방법을 사용하여 문제에 접근하는 것이라고 본다.'[116] 이와 유사하게 예이츠(M. Yeates)는 '지리학은 지구 표면 다양한 특징의 공간적 분포와 위치를 설명하고 예측하는 이론의 합리적인 발전 및 시험과 관련된 과학으로 간주될 수 있다'고 이야기했다.[117] 1968년 뉴델리(New Delhi)에서 열린 제21차 국제지리대회에서, 노턴 긴즈버그(Norton Ginsburg) 교수는 '지리'가 사회과학으로 존재한다고 확인했다.

그는 사회과학협회 정식 회원으로서 인문지리학에 대한 새로운 시대의 시작을 보았다. 주요 연구 분야로서 지리학의 미래는, 경쟁과 갈등이 심한 아이디어라는 점이 특징이다. 두 회장의 연설은 지리학과 지리교과의 '과학적' 위상에 관한 열망을 확인시켜 주었다. 1968년 가넷 교수는 '우주과학으로서 지리의 역할을 인식하는 것으로 확장되고 있다'고 보았다.[118] 반면 1976년 쉴러 존스는 '사고의 정확성을 발전시키고자 하는 기대를 표현했고, 이는 지리학에 대한 보다 과학적인 접근을 통해 달성된다'고 말했다. 그녀는 지리학자들이 너무 빈번하게 '일반화에 의존해 왔고 과학적 근거의 부족이 많은 연구를 분명하지 않게 만들었다'는 것을 인식했기 때문이다.[119]

그러나 1970년대 중반까지 지리학 교사들이 새로운 지리학을 받아들인 이유는 대학 내에서 높은 학문으로서 지위를 얻는 데 분명히 이점이 있었기 때문이었다. 1977년 피트(R. Peet)의 『급진적인 지리학』은 몇 가지 문제를 제시했다. 이 책은 1950년대 중반 이후 과학적 접근법이 주요한 사회적 변화를 일으킬 수 없다는 존슨(Johnson)의 인식 때문에 인문지리학에 대해 "과학적인 접근법"에 환멸을 느낀 학자들의 논문들로 구성되었다.[120] 또 다른 출판물은 『변화와 전통: 지리학의 새로운 선구자』이다. 예를 들어 버터필드(G. R. Butterfield)는 새로운 지리학에 대한 믿음을 재확인하지만, '사회 환경적 타당성의 압력과 설명 찾기'를 억제하기 위해서는 '목적지향적이지만 유연한 과학적 방법의 역량'이 필요하다고 주장한다.

> 정량적 방법의 사용은 지리학에 수학적 기법을 연계하는 것으로 과학적이라는 명성을 주는 경향이 있다. 우리가 사용하는 기법이 적어도 과학적이라고 믿게 만들었다. 그러나 스패너를 사용하는 모든 사람이 스스로를 기계공이라고 부르는 것은 아니다. 스패너를 어떻게, 언제, 어디서 사용하는지를 알고 있는 사람만이 엔진을 분해할 수 있다. 또한 스패너를 너무 자주 사용하여 오히려 문제를 더욱 다루기 어렵게 만든다.[121]

해답은 '위신이나 자기 합리화의 이유가 아니라 지리학자의 방대한 교육 및 분석 잠재력의 방법론적 구성'으로 과학적 접근 방식을 채택하고 가르치는 것이었다. 비록 초기 옹호자였지만, 최초의 반대자 중 한 명인 데이비드 하비(David Harvey)는 1973년 '우리가 사용하고 있는 정교한 이론과 방법론적인 틀 사이 분명한 차이와 우리 주위에서 펼쳐지는 사건들에 대해 정말로 의미 있는 것을 말할 수 있는 능력'을 인식하였다.[122] 지리학을 과학으로 장려하고 그에 따른 명성을 얻으면서 지리학자들이 그렇게 촉진해

온 것을 실제로 실행하는 데 문제가 있었다.

마. 결론

지리학의 확립은 '지리학이 어떻게 학문이 되었는가' 하는 길고 치열한 경쟁 과정이었다. 이 과정은 대학 학자들이 고안한 학문을 학교 교과로 사용하기 위해 교육학적 버전으로 만든 것이 아니라, 오히려 반대로 학교에서 점차 대학으로 전개되었다. 이 속에서 새로운 분야의 학자들이 학문으로서 볼 수 있는 지식을 정의할 권리를 얻는 것을 볼 수 있었다. 학교 교과는 위에서부터 일방향으로 아래를 지배하는 패턴이 아니라, 아래의 열망을 담아 위쪽으로 향하는 과정으로 진화하였다.

지리학의 발전 단계를 요약하자면, 지리학의 발전은 레이튼(Layton)의 잠정적 모델을 따르는 것으로 볼 수 있다. 비록 레이튼이 제시한 1단계 이전 단계도 존재하지만 말이다. 이 단계에서 교과는 비전문가들이 가르쳤고, '지리적 사실과 형태'들로 구성되었다. 출발점은 1903년 맥킨더의 성공적이고 지속적인 교과 홍보로부터 시작하였다. 맥킨더 선언에는 지리학 교사가 해당 교과의 통의(common acceptation,)에 가장 적합한 시험을 준비하고 선택하고, 지리 수업은 오로지 교육된 지리 교사 손에 맡기고, 대학은 '지리학자를 양성할 수 있는' 지리학 전공을 설립해야 한다는 내용을 골자로 했다.

이 전략으로 지리학이 발전하는 과정에서 직면하는 주요 문제들에 대한 해결책을 제시하였다. 이들 중 가장 눈에 띄는 것은 학교 지리에 대한 정보를 본질로 한다는 것이었다. 당초 교과는 '미래 시민을 양성하고자 한다'는 개인적, 교육학적, 실용주의적 주장을 강조했고, 나아가 시민은 '일생 동안 축적되는 정보의 질서를 지키려면 지형적 배경이 있어야 한다'(1919년)고 했다. 이후에는 '여행과 서신 왕래가 일반적이 되었다'(1927년)는 이유로 지리 교과를 주창했다. 그러나 이러한 실용주의적이고 교육학적인 강조점의 결과는 지리교과가 확대되어야 한다는 주장이 점점 더 '세계 시민'을 키울 수 있는 과정(1930년대)으로 변화되었다는 사실이다.

1903년 맥킨더가 문제를 제기하였다. 지리학 전공자들을 대학에서 '양성해야' 했고, 그때 학교 관련성을 추구하는 부분적인 변화를 통제하고 지시할 수 있었다. 학교에서의 교과의 성장은 대학에서 가르칠 교과에 대한 강력한 논쟁을 불러일으켰다. 나중에 울드리지가 지적했듯이 '지리학을 학교에서 가르치려면 대학에서 배워야 한다는 것을 인정했다. 따라서 교과 지식 구조의 변화무쌍한 본질을 관찰한 사람들에게 대답하기 위해 학교교과의 통일성이 확립되었다. 앨리스 카넷(Alice Carnett)은 1945년 이후에야 대부분의 지리학 학과는 전문 교육을 받은 지리학자들이 지도했지만, 이 교육의 결과로 교과가 가진 초창기 성격과 두드러진 차이점은 대부분 흐릿하거나 지워졌다'고 언급했다.

학교가 아닌, 대학을 통한 지리학의 정의는 교육학적 또는 실용주의적 편견을 학문적 엄격함으로 대체하기 시작했다. 그리고 1927년 초에 해도우는 '역사의 경우처럼 좋은 지리 교육의 주요 목적으로 그 교과의 사고방식과 사고방식의 태도를 발전시키는 것'이라고 주장하였다. 그러나 수십 년 동안 대학 지리는 본질적으로 학교 학생들을 위한 교과의 이미지와 다양한 대학 학과에 대한 이해, 특히 현장연구에 관한 이해로 어려움을 겪었다. 따라서 대학 설립으로 학교 내에서 교과의 지위 문제가 해결되었지만, 대학 안에서는 그 교과의 지위가 여전히 낮았다. 따라서 과학적이거나 사회과학적인 엄격함에 대한 포부를 가진 '새로운 지리학'의 출범은 부분적으로 지리학의 지위를 최고 수준으로 확립하기 위한 전략으로 이해할 수 있다. 이런 점에서 대학에서의 교과의 현재 입장은 다른 대학 분야와 동등하게 대우받으려는 새로운 지리학의 추진이 성공한 것처럼 보일 것이다.

학문적 교과가 되고자 하는 열망으로 지리교과 교사와 교육학자들이 지리학협회에 가입하면서 성공적으로 발전했다는 것을 증명했다. 우리는 지리학의 발전에서 무슨 일이 일어났는지 알고 있다: 왜 지리학이 그렇게 되었는지 알 수 있는 증거는 그리 많지 않다. 1968년 가네트의 지리학협회장 연설에서 단서를 찾을 수 있을 뿐이었다. '대학 분야 중 교과의 지위 인정'과 '연구에 이용할 수 있는 예산 지원' 사이에 명확한 연관성이 있다. 분명히 더 높은 지위를 향한 추진에는 더 큰 재정과 자원을 이용할 기회를 수반해야 한다.

번(Byrne)의 연구는 학교 내의 자원 할당에 관한 정보를 제공했다(3장 참조). 물질적 측면에서 교사에게 학문적 교과는 분명 특혜가 있었다: 더 높은 직원 비율, 더 높은 급여, 더 높은 수당, 더 높은 등급과 직책, 더 나은 직업 전망. 학문적 지위와 자원 할당의 연관성은 지리학의 발달을 이해하기 위한 주요한 설명 체계를 제공한다. 기본적으로 대학기반이 구축될 수 있다면, 학문으로서 이를 추진할 수 있다. 학교에서는 그 교과가 '학문적'이면, 유능한 학생들에게 가르치고, 유리한 재정과 자원을 제공할 것이다.

지리학을 폭넓게 수용하는 학문으로 만들었음에도, 새로운 지리학은 '거부감을 느끼게 하는 전문 용어', '교과 세분화'라는 위험성에 대한 지적이 있었다. 무엇보다도 새로운 지리학은 지역지리학자들과 현장 지리학자들, 학교에서 잘 확립된 그룹들과는 또 다른 한 그룹의 지리학자들이 공격을 받았다. 데이비드 워커는 이 공격의 본질을 아주 분명하게 밝혔고, 그와 토마스는 지역지리가 대부분의 학교 수업에서 살아남았음을 확인했다. 한동안 지리학의 정체성을 이 단체들 사이에서 논쟁하였지만, 결국 새로운 지리학은 그 교과에서 중요한 위치를 차지하게 되었다.

이러한 측면에서 대학에서 교과의 현재 위치는 대학에서 공평한 평가를 위한 새로운 지리학의 성공을 확인하는 것처럼 보일 것이다. 대학 학자들이 만든 새로운 개념으로 교과의 방향을 설정하는 것은 지리학협회가 구체화하고 부분적으로 조정하였다. 따라서 협회는 학자들이 정의한 지리학과 학교에서 전통적으로 가르쳤던 지리학을 중재하는 역할을 했다. 이 둘 사이의 간격이 벌어진 단계에서 협회는 항상 너무 빠른 재개념화에 대해 경고하고, 교사들에게는 변화를 촉구하며, 교과의 새로운 정의에 대한 재교육을 장려하는 데 힘썼다. 협회는 다양한 수준에서 교과의 내부 통합을 개념화하고, 그 영역을 벗어난 사람들이 지식을 정의하는 것에 경각심을 가지고 있었다. 환경 연구는 현장 지리학과 지역지리학과의 명백한 유사성 때문에 위협을 받았다. 새로운 지리학을 시작하는 동안 공격받는 두 가지 전통. 이때 교과의 해체 가능성이 학문의 생존을 위협한다. 그러나 지리학회는 이 낮은 지위의 '통합 교과'에 도전하고 80년 동안 매우 치열하게 추진해 온 그들 자신의 통합적 지식을 지키기 위해 함께했다.

6. 농업교과 역사의 관점

농업교과의 기원은 널리 알려져 있다. 두 가지의 중요한 쟁점을 꼽을 수 있는데, 둘 다 농업교과 발전에 특별히 기여하지는 않았다. 오히려 부분적으로는 생물교과와 지리교과 발전에 기여하는 역할을 했다. 먼저 이들은 농사나 농업과 관련한 교육의 실용적인 측면을 강조했다. 하나는 1651년 사무엘 하틀립(Samuel Hartlib)이 '농업 학습의 발전을 위한 논문'에서 말한 농업(science of husbandry)은 실습(apprentices)[1]을 통해서 가르쳐야 한다는 쟁점이다. 이후 18세기와 19세기 초기 영국 농업 혁명과 함께 많은 사립학교(private school)에서 농업을 가르치기 시작했다. 19세기 초, 프레스턴(Preston) 근처의 툴케스 홀(Tulketh Hall)에 있는 에드먼슨(G. Edmundson)이 운영하는 학교와 런던의 램베스(Lambeth)에 위치하면서 주변이 농촌이었던 네즈빗(A. Nesbitt) 학교[2]에서도 농업교과를 가르쳤다.

두 번째 쟁점은 농촌 환경을 교육 방법의 일부로 적용해야 한다는 주장이다. 그래야 교육적이라고 생각하면서 이 점에 관심을 두었다. 루소(Rousseau)는 1767년에 쓴 자신의 책 『에밀Emile』에서 이런 주장을 한 바 있다. 루소는 교실에서 교사가 형식적인 방법으로 어린이·청소년을 가르쳐서는 안 되며, 어린이·청소년은 자연을 통해 배워야 한다고 믿었다. 루소의 이런 주장이 교육적으로 의미 있다는 것을 1799년 스위스 부르그도르프(Burgdorf) 학교의 페스탈로치가, 그리고 나중에는 독일의 프뢰벨(Froebel)과 허버트(Herbart)가 실제에서 방증했다.

관련해서 영국에 미친 영향은 교육학적 전통보다는 실용적인 전통을 따르는 초등학교와 초등학교 교육과정이었다. 이런 전통은 18세기의 마지막 10년 동안 개교한 산업학교(the school of industry)들과 빈민법(the Poor Law)[2]과 관련이 있다. 산업학교의 교육과정에서는 남학생에게 재봉, 제화, 여학생에게 레이스 뜨기 같은 활동과 더불어 정원 가꾸기나 간단한 농사짓기를 포함하고 있었다. 당시 산업학교는 빈민층을 위한 직업학교였다.[3]

산업학교의 교육과정은 조지프 랭커스터(Joseph Lancaster)와 같은 교육학자들이 설립한 초창기 조교학교(monitorial school)[1] 교육과정을 부분적으로 모방했다. 이런 학교들이 실용성을 추구했다는 점은 교육부의 보조금을 받는 학교의 방문 평가자인 학교 감찰관의 보고서에서도 찾아볼 수 있다.

1843년 트레멘헤른(Tremenhearne)은 윙크필드(Winkfield) 학교에 대해 다음과 같이 보고하였다. "… 원예 활동은 노동에 새로운 관심을 줄 수 있는 순수 자연사(natural history) 수업처럼 친숙했다."[4] 19세기 후반에는 헉슬리(T.H. Huxley)와 매튜 아놀드(Matthew Arnold)와 같은 사람들이 학교 원예 외에 '자연 탐구(nature study)' 방식을 사용할 것을 주장했다. 이들은 실용적 고려를 넘어서서 교육 방법이자 별도의 인식론으로서 자연 탐구에 관심을 가

1. 조교학교(monitoring school)는 산업혁명으로 자선학교(clarity school)에 다니는 빈민 자제의 수가 급증하자 이들 많은 학생을 교육하기 위해 앤드류 벨(Andrew Bell)과 조셉 랜케스터(Joseph Lancaster)가 고안한 조교제도(monitoring system)를 적용한 학교를 의미한다. 조교제도는 성적이 우수한 상급생을 조교로 임명하여 하급생을 지도하도록 함으로써 한 사람의 교사가 많은 학생을 담임할 수 있도록 한 일종의 대량 교육방식을 의미한다(역자 주).

졌고, 독일의 저술과 실천에서 영감을 받았다. 1869년 헉슬리는 "모든 어린이·청소년에게 정확한 영어 명칭이 없는 자연의 현상에 대한 일반 개념… 'Erdkunde(지리학)' -지구 지식(earth knowledge)- 땅 위와 땅 속에 있는 것과 그것에 대한 일반적인 지식[5]을 가르치라"고 제시했다. 이와 비슷하게 1876년 매튜 아놀드는 "… 독일어로 Naturkunde(자연사: 자연에 대한 사실과 규칙에 대한 지식)이 학급 교과(class subject)로 추가할 것"을 권고했다.[6]

아놀드와 헉슬리는 둘 다 더 과학적인 자연 탐구를 확립하는 것에 관심이 있었다. 헉슬리는 어린이·청소년이 자연현상에 대한 기초 지식을 배워야 하고, '3R'에 익숙해진 후에는 '엄격한 의미의 물리과학'을 배워야 한다고 생각했다. 헉슬리는 물리과학(physical science)을 식물학(botany)과 물리학(physics)이라고 보았는데, '이 두 가지(식물학과 물리학)에 대해 적절히 학습하면 "물리과학을 학습하는 것과 동일한 교육적 효과를 얻을 수 있다. 그리고 거기에 지리학(Erdkunde)"을 더해서 과학교육과정 전체를 운영하면 좋겠다'고 언급했다.[7] 이와 비슷하게 아놀드 역시 어린이·청소년들이 '자연의 체계'에 대해 배워야 한다고 주장했다. "어린이·청소년들은… 지구의 형태와 움직임, 밤과 낮과 계절의 원인에 대한 것을 배운다. 그러나 왜 비와 이슬의 원인과 같이 어린이·청소년들에게 설명하기 쉽고 흥미로운 것에 대해서는 아무것도 가르치지 않는가."[8]

자연 탐구가 과학을 가르치는 기초로써 필요하다는 이런 주장은 당시 여러 개의 정부 보고서에서도 찾아볼 수 있다. 예를 들어 1895년에 브라이스 위원회는 "가능한 한 학교에서 자연사와 다른 자연과학부터 화학과 물리학까지 과학교육이 충분히 이루어져야 한다"고 보고했다.[9] 19세기 말 20년간 '자연 탐구' 지지자를 포함한 농업 전문가들은 학교 원예의 실용성을 지지하는 쪽으로 빠르게 바뀌었다. 셀릭(Selleck)은 "교육이 다른 산업을 지원했던 것과 유사한 방식으로 농업 문제도 해결해 줄 것이라고 기대하는 것으로 보인다"고 언급했다. 그는 이 기대가 "교육과정에 자연 탐구의 도입, 농촌 교육의 개선 및 농업의 원리에 대한 강좌의 시도, '현장연구(school journey)'의 대중화, 학교 박물관 개설 압력 등 여러 가지 방법으로 나타난다"고 생각했다.[10] 학교 교육과정의 변화는 의회 보고서에 나타나기 시작했다.

예를 들어 1882년 기술교육위원회는 "농촌 학교에서 농업 원칙과 사실에 관해 가르치는 경우, 적절한 입문 수업 이후에 상위 기준을 가르치도록 의무화해야 한다"고 권고했다.[11] 1883년에 농업 원리(Principle of Agriculture) 교과가 최초로 공식 등장했고, 7년 후 '농촌 학교 적용 대안 교육과정'을 교육부 강령으로 권고했다.[12] 이 시점부터 급속한 성장을 보였는데, 1897년 허즈페스(Hudspeth)는 학교 원예가 "단순한 실용 교육이 아닌 일반 교육의 일부로 도입되었다"고 보고하였고, 교과 보조금이 연방 보조금 시스템으로 대체된 1900년에도 원예를 가르치는 학교에는 여전히 별도의 보조금을 지급했다. 예컨대 1902년에는 289개 학교 학생 4,359명이 보조금을 받았다.[13] 허즈페스가 언급한 확대는 1899년에 결성된 농촌교육위원회가 적극적인 캠페인으로 어느 정도 성공을 거둔 노력의 일부였다. 1900년 교육위원회는 교사들에게 "…평범한 농촌 생활의 주변 환경과 자연의 과정을 스스로 관찰하는 방법을 보여줄 것"을 권고했다.[14] 이러한 관심에도 불구하고 1904년에 중등학교 교육과정 고시에서 농업교과는 노동자 계층 지향의 다른 실용적 교과들과 함께 누락되었다. 그러나 농업은 농촌에서 특히 중등으로 진학하지 않는 초등학교 학생에게는 여전히 중요했다.

초등학교를 위한 농업교과는 시범학교에서 가르쳤다. 1905년 교육부는 '교사를 위한 제안'에 학교 원예를 안내했다. 1908년에는 '농촌 교육 제안'이라는 팸플릿에서 1901년과 1902년의 초안을 발전시켜 자연 탐구, 원예,

농촌 경제 분야의 시범수업 강좌들을 제시했다.

1911년 교육부가 발간한 농업 교육 원리와 방법을 안내하는 자료에서는 농업 교육의 실천운동이 '농업교과'를 보다 실천적이고, 농촌 지향적인데, 이는 농촌 어린이·청소년들에게 친숙한 것들을 바탕으로 하고 자신 주변을 잘 다루고 관찰할 수 있게 하기 위한 것'이라고 강조했다.[15] 아래의 교육부 통계 자료는 학교 원예가 상당 부분 확장·성장했다는 점을 증명한다.

1904년~1905년	551개 학교
1907년~1908년	1,171개 학교
1911년~1912년	2,458개 학교

20년 후 원예나 농촌 교육 관련 '학과'들이 등장했다.[16] 몇몇 지역에서는 전문 강사를 위촉해서 학교 원예교육을 지원하고, 또 다른 지역에서는 교사들이 농업과 원예에 대한 대학과 기관 강좌를 수강할 수 있도록 지원했다.[17] 이러한 발전과 함께 '자연 탐구'는 초등학교에서 확산되기 시작했다. 1902년 런던에서 열린 자연탐구전시회는 해당 교과의 성장을 촉진시켰고, 같은 해에 결성된 자연탐구학회는 현재까지 유지되고 있다.

전쟁 전 학교 농업교과는 '도시에서와 같이 교육을 통해 농촌 산업의 이익을 증진시키기 위한 방향'으로 성장할 수 있었다.[18] 농촌 산업을 지원하는 가장 분명한 이유는 초등학교를 졸업하는 13세 무렵 청소년들의 노동력을 유지하는 것이었다. 그러나 많은 청소년이 이농하면서, 농촌 경제의 생존은 심각하게 위협받았다. 파비앙 웨어(Fabian Ware)는 교육을 통해 자연환경에 대한 관심을 갖게 하는 것이 더 나은 "농업전문가' 일꾼으로 성장하게 할 뿐만 아니라, 도시 생활을 덜 선망하도록 할 것"이라고 주장하였다.[19] 칸 래쉬(Carne Rasch) 위원은 의회에서 농촌 교육 안건을 발의하였다. 그는 교육에 대해서는 관심이 없었다. “솔직히 말하면, 나는 농업교과가 필요하지 않다고 생각합니다. 단지 나는 농업 위원으로서, 주로 지방세, 특히 교육세를 낮추기 위해 여기에 왔습니다.”[20] 다른 토론에서 래쉬는 “위원님들은 농민들의 자녀에 대해 어떻게 생각하십니까? 이들은 자신들이 학교를 졸업한 후 교수나 국회의원이 되리라 생각할까요?”라고 질문했다. 그리고 “그들은 위원님이 받은 것과 같은 고등교육을 원하지 않습니다. 그들은 위원님의 교육과정이 무엇이든 원하지 않습니다”고 대답했다. 위원들은 회의를 소집했다.[21] 이로부터 비롯된 논쟁은 명백히 농촌 학생들을 위해 특별히 설계되어야 하는 교과로서 농업교과의 필요성을 이끌어냈다.

제1차 세계대전 중에 국가는 가능한 모든 곳에서 가정 식품을 생산하도록 하였다. 그 결과 전쟁은 학교 교육과정에 원예와 가축 사육을 도입하도록 하는 데 영향을 미쳤다. 교육부는 ‘공립초등학교와 전시 식량 공급’이라는 홍보물을 제작했다. 이 홍보물에는 ‘실용적 교육에 관심을 가진 농촌 학교의 발전에 찬성한다’는 주장이 실렸다.[22] 전쟁 후에는 교육부가 농업 교육과정을 농촌 학교의 일반적인 경향일 뿐만 아니라 별도의 교과로도 보고 있었다는 증거가 있다. 1922년에 교육부는 ‘교사들이 자신의 교과를 농촌과학으로 간주해야 한다’고 언급했다. 그해 홍보물은 1913년에 출판한 『농촌과학 1』에서 그린(F. E. Green)이 처음으로 연구한 농업교과와 과학 사이 관련성을 발전시켰다. “식물 가꾸기에 대한 연구와 실천은 학생들에게 매우 다양한 탐구의 길을 열어줌으로써 과학 연구의 바탕이 되는 지적 경이로움과 호기심을 심어줄 가능성이 매우 높다.”[23] 1918년 ‘교육 제도에서 자연과학의 위치’에 대한 톰슨(Thompson)위원회 입장 역시 이와 관련되어 있다.

과학 교사들은 12세까지 자연 탐구를 배우는 것이 중등학교에서 과학을 공부하는 데 도움이 된다는 점에 대해 어느 정도 합의했다. 가능한 실용적인 성격을 지녀야 하고 자연 현상에 대한 관심을 불러일으키고 관찰력을 개발하는 것을 목표로 해야 한다. 학생들이 과학적 탐구 정신을 알 수 있도록 학교 원예에서 제공하는 기회를 최대한 활용해야 한다.[24)]

1925년 5월 '농촌 교육'에 관한 홍보물에서 교육부는 다시 과학과의 연계를 강조하면서 "농촌 학생들이 기계학(the fundamental principles of mechanics)의 근본 원리를 배우고, 식물과 동물의 삶의 과정을 이해하기 위해 공기, 물, 열, 빛에 대해 탐구하고 간단한 토양 검사를 실시하는 것이 가능해야 한다"고 주장했다. 매우 영향력 있는 교육부 발행물의 홍보물이었던 이 자료는 농촌 교육을 확립하기 위한 새로운 정부 주도 정책의 배경을 설명하였다.

교육부는 이전의 발행물 등의 여러 자료를 통해 농촌 학교는 어린이·청소년들의 환경과 밀접하게 연관해서 가르치는 것이 매우 중요하다 점을 지방 교육당국에 분명히 했다. 그리고 이와 관련하여 지난 20여 년 동안 많은 것을 해 왔다. 특히 원예 및 기타 형태의 실습을 통해 … 현재 농촌 학교의 교육이 궁극적으로 농촌의 생활환경과 관련되어야 한다는 새로운 원칙을 강조하는 것은 바람직해 보인다.[25)]

교육부는 수업계획서 설계를 위해 '농촌 교육'에 대한 의미를 정의할 때 건튼(Gunton)과 혹스(Hawkes)의 저서(1922년)에서 정한 지침을 따랐다. 이 두 농업 교사들은 자신의 교과를 '교육과정의 중심축'으로 생각했다. "교육과정의 모든 교과는 지역적이고 실제적인 맥락 안에서 가르쳐야 한다."[26)]

마찬가지로, 교육부는 초등과학, 산수, 지리, 역사, 영어, 수공업과 가정 교과에서 지역성의 중요성을 강조하였다.

하트퍼드셔(Hertfordshire)에서는 농촌 교육의 목적에 따라 '공립초등학교 고학년 남녀 학생'을 위한 '농촌 교육 수업계획서 제안서'를 수립하였다. 그 수업계획서는 1927년 1월 7일 지역 교육위원회의 승인을 받아 학교에 배포되었다.[27] 1929년 그 수업계획서의 진행에 대한 보고서를 준비하던 교육부 감사관은 다음과 같은 결론을 내렸다. "아마도 그 '수업계획서'의 가장 큰 가치는 농업 교사들이 자신들의 특별한 문제에 대해 올바른 견해를 갖도록 격려한다는 점이다." 그 수업계획서는 '교리와도 같은 정책에 따르는 상황에서 농촌 교육을 시작하는 것을 두려워했던 많은 교장에게 자신감을 준 새로운 상황'을 제시했다.[28] 1929년 하트퍼드셔 33개 초등학교가 그 수업계획서 관련 실험에 참여했다. 교육부 감사관의 보고서는 '일반 학교 교과에 미치는 영향'을 다루고 있다. 대부분 모든 교과가 영향을 받았지만, 어떤 학교에서는 과거 시책처럼 '노작과 원예'의 일반적인 개선과는 별개로 과학과 자연 탐구와의 연계가 가장 성공적이었다. "수업계획서에서는 초등과학과 자연 탐구를 잘 연계하여 농장, 정원, 교외 관찰 활동을 통해 간단한 추론도 지도할 수 있게 하고 있다." 보고서는 "학교 정원은 점점 더 과학 실험을 위한 연구실로 여겨지고 있다"고 언급했다.[29] 이렇게 교육과정의 '일반' 교과를 농촌과 실제에 맥락화하여 운영하는 책임이 교장에게 주로 있었다. 일반화된 교육 진행의 출발점이 되는 야외 및 관찰 활동을 일반 교과와 조정해야 하는 것은 교장의 책임이었다.[30] 감사관의 보고서뿐만 아니라, 하트퍼드셔의 농촌교육수업계획도 언급했다. 애스웰(Ashwell)에 있는 테일러(Taylor) 상업학교가 다시 문을 열면서 교육부는 농촌교육과 관련한 견해를 분명히 밝혔고, 지역 언론은 "도시가 점차 확장되고 농촌의 인구들이 도시로 빠져나가고 있다. 이 시점에서 이 계획은 농촌 지역에 사람들을 남아 있게 하는 데 도움이 되리라 생각했다"고 보도했다.[31] 카슨(Carson)은 하트퍼드셔 지역 사람들이 농촌교육 관련 계획을 반대했다고 기록했다. "좋은 동기에도 불구하고, 마을의 노동자들이 자신들을 그곳에 남아 있게 하려는 이 시도에 분개했다. 특히 자신의 아들이 이 농촌에 머무르는 것을 원치 않는 농장 노동자 가족들이 농업교과에 큰 불신을 가지고 있는 것을 자주 목격했다."[32]

이 계획에 대한 전국적인 반대는 마르겟 애슈비(Margiuet Ashby)가 쓴 『더 컨트리 스쿨The Country School』에 요약되어 있다. 그녀가 조사한 마을에서는 남학생 중 40%만이 그 지역에 머물렀고, 여학생 중 10%만이 남았다. 의사인 그녀는 가난이 농촌 어린이·청소년에게 미치는 영향에 주목하면서 "농촌을 지향하는 삶이 도덕적으로 정당한가"라는 질문을 던졌다. "학교보다 경제력이 더 중요하며, 농사와 관련된 직업이 경제력을 보장한다고 확신하지 않는 한, 학교가 그들을 그러한 방향으로 압박하는 것은 명백히 잘못된 것"이라고 말했다. 그녀는 결정적으로 다음과 같이 덧붙인다. "만약 농민들의 자녀가 자신의 계급을 이해한다면, 지역을 떠나려는 경향은 더 강해질 것이다."[33] 1934년 교육부가 출판한 '교육과 농촌'에서는 이러한 상반된 의견이 강조되었다. 교육부는 이 발행물에서 "농촌교육은 주로 농촌에서 생계를 유지할 사람들의 직업교육에 관한 것이 아니라, 좋은 일반 교육을 위한 학교 환경 조성에 기여하도록 하는 다양한 방법에 관한 것"이라고 주장하였다.[34] 또한 이 자료에서 이농 현상 수치는 큰 의미가 없으며 농촌 생활은 빠르게 개선되고 있다고 주장하였다.

그 자료는 많은 지역에서 '농업교과 조직위원' 선출에 상당한 진전이 있다고 보고하고 있다. '대부분의 농촌 지역에서는 원예에 적합한 자격을 갖춘 일부 공무원이 학교 원예에 전문적인 조언을 할 수 있었다. 주마다 농촌 학교에 부여한 실제적인 업무 권한에 따라 이에 투자하는 시간이 서로 달랐다.'[35] 실제로 농업 교육의 가치는 1944년 교육법과 그에 따른 교육제도의 개편으로 변화되었다. 교육부의 공식적인 관점의 부분적 변화의 징후는 그 전부터 있었다. 1943년 교육부 장관이 지명한 중등교육평가위원회의 보고서는 자연과학과 관련하여 다음과 같이 언급했다.

> 우리의 의견에 따라 학교 교과 과정과 설명 자료를 선택해야 하지만 수업계획서를 '전문화'할 정도의 영향을 주어서는 안 된다. 우리는 특히 농촌 학교의 자연과학과 관련하여 이것을 촉구한다. 왜냐하면 우리는 학교에서 가르치는 것이 농업이나 농촌 산업의 이익을 위한 것이라고 생각하지 않기 때문이다.[36]

이러한 교육부의 전문화 권고는 곧 중단되었다.

가. 1944년 교육법 이후 농업교과

제2차 세계대전 이후 농업교과는 두 가지 이유로 다시 정비되었다. 먼저, 1944년 교육법과 중등학교 개교다. 이에 고무된 교사들은 농촌 지역에 전해 내려오는 유산에서 교육적 활용 가능성을 찾기 시작했다.[37] 그리고 다음으로, 1944년 학교 조직을 개선하는 법이 통과되면서 중등학교 (농업) 교육이 전문화되었다.[38] 처음에 중등학교 조직의 변화는 농업교과와 관련한 분쟁에 어떤 변화를 일으킬 수 있다고 보지 않았다. 교사와 교육자들은 농촌 환경을 이용하는 새로운 교육 방식을 계속 찾았고, 어떤 학교는 농촌 환경을 이용하는 교육방식을 전체 교육과정에 적용했다. 1950년 앨렌(A. B.

Allen)은 농업교과를 농촌 학교 교육과정의 중심으로 보았다.

> 농업과 원예를 우리의 기초 교과로 삼으면 우리는 교육과정의 상호관계를 이해할 수 있다. 농업은 초등 과학, 일반 생물학, 자연 탐구, 세계사, 세계 지리로 이어진다. 그것은 또한 비용 문제, 측정, 대차대조표와 같은 수학으로 이어진다. 원예는 (농업과 관련된) 초등 과학과 지역 역사와 연계된다.[40)]

동시에 중앙교육자문위원회는 교사들에게 "가장 분명한 점은 학교 교육이 환경(교육)과 연계되어야 한다"고 권고했다. 즉, 교육과정은 어린 학생들이 환경을 해석할 수 있도록 설계되어야 한다는 것이다.[41)] 학교와 환경과 삶을 연결하는 '교과 중심축'으로서 농업교과의 비전은 초창기 일부 중등학교에 큰 영향을 미쳤다. 1949년 열정적인 정원사였던 풀러(A. J. Fuller)는 켄트(Kent)에 있는 로썸(Wrotham)중등학교의 교장으로 임명되었다. 그는 콜턴(R. Colton)이 과학을, 카스(S. Cars)가 농촌과학을 가르치도록 했다. 새 학교는 들판에 세 개의 오두막으로 구성되어 있었다.

카슨은 4F(Farming), 즉 4학년 농사를 가르쳤다. 거기에는 4P(Practical)와 4A(Academic)도 있었다. 그러나 시험이 없었기 때문에, 가장 뛰어난 학생 몇몇만이 농사 수업에 매료될 뿐이었다. 그리고 청년 농업인 클럽을 통한 채용이 종종 이루어졌다. "학교와 지역 사회는 엄격하게 구분되지는 않았다." 농사 견습 제도가 도입되었다. "오늘 중등학교에서 식스폼[2]을 수료한 학생

2. 식스폼(sixth form)은 'A' 레벨 평가(영국의 대학입학 자격시험)에 필요한 소수 과목의 집중 교육 코스로 lower sixth와 upper sixth의 2년으로 구성된다. 중등 교육을 마친 학생들이 대학 진학을 원할 경우 반드시 'A' 레벨(A Level: Advanced Level) 평가에 응시해야 하는데 식스폼에서 이 A 레벨 교육을 집중적으로 실시한다. 'A' 레벨 평가 결과는 A, B, C, D, E, (N, U)로 나뉘며 좋은 대학에 진학하려면 반드시 좋은 점수들을 받아야만 한다(역자 주).

중 가장 우수한 남학생들이 기꺼이 농사를 짓기 시작했다. 좋은 농장, 좋은 고용주!" 카슨은 농촌 환경을 중심으로 수업 활동을 구성했다. 카슨은 "아마도 풀러(Fuller)에게서 영감을 받은 것 같다"고 말하며 "교육이라는 것이 단순히 책만 배우는 것이 아니라 어떤 문제에 적용되는 상식을 틀림없이 포함한다고 생각한다"고 했다.

카슨은 콜턴이 가르친 과학과 목공을 제외한 모든 교과에서 4F를 가르쳤다. "나는 수학, 영어, 역사 등을 가르쳤다. 그 과목 모두 농촌 환경과 완벽하게 연계시켰다. 예를 들어 수학은 가능한 한 농장 활동에 기반을 두고 가르쳤다. 나는 '농촌 산수'라고 부르는 책 시리즈를 사용했다. 영어는 농촌과 관련된 문학 작품을 많이 읽었는데, 솔직히 그 당시 우리는 책을 충분히 사지 못했다. … 영어 교과 내용의 상당 부분이 농장과 직접 연계되어 있었다."

새로운 학교 건물과 개정된 교육과정의 형태로 삼원학교체제(tripartite system of education)[3]가 점차 등장하면서, 농업교과와 원예는 일반 중등학교에서만 발달하고 있는 것이 분명해졌다. 1952년 켄트에서 진행한 원예 및 농업 교사들을 대상으로 한 설문조사에서 일반 중등학교 65개 학교 중 63개 학교가 이들 교과가 교육과정에서 중요한 위치를 차지한다고 응답한 반면, 그래머스쿨과 기술학교에서는 가르치지 않는 교과라고 응답하였다.[42]

그러나 이 무렵 일반 중등학교는 외부 시험에 대한 관심을 높이고 있었다. 로썸에서 카슨의 계획은 농촌 환경을 중심으로 교육과정을 구축하고자 했던 다른 학교에도 영향을 미쳤다. '외부 시험의 등장으로 인해 이 계

3. 1944년 교육법과 1947년 교육법의 행정적 시행으로 영국의 주정부는 문법학교, 기술학교, 일반 중등학교 등 세 가지 유형의 중등학교를 지원하였다. 이를 삼원학교체제(tripartite system of education)라 일컫는다(역자 주).

획은 더 우수한 학생들의 참여를 막고 결국 성적이 낮은 학생들만 남게 만들었다.'[43] 카슨은 1954년 하트퍼드셔에 있는 로이스턴(Royston)중등학교로 옮겨갔을 때 일반 중등학교의 변화를 주시했다. 제프 휘트비(Geoff Whitby) 고문은 1950년대에 하트퍼드셔의 애즈웰에서 초등학교를 운영했는데, 이 학교는 농업교과의 비전인 '교육과정 중심축'으로서의 모습을 전형적으로 보여주었다. 그러나, 로이스턴의 대표인 영(Young)은 정반대의 견해를 갖고 있었다.

> 그런 의미에서 그는 그것을 농업 교육으로 보지 않았다. 왜냐하면 그는 이미 이 학교의 수준을 CSE.로 끌어올려고 생각하고 있었기 때문이다. 나는 진행되는 수업 중 가장 낮은 수준의 수업을 맡았다. 처음에는 켄트에서처럼 밑바닥에서 내가 좋아하는 일을 할 수 있었다. 그후 몇 년 동안, 더 많은 전문지식이 교육과정을 침범했고, 결국 학생들은 농장 운영에는 시간을 거의 보내지 않았다.[44]

나중에 노동당 학교위원회 의장을 맡았던 세인트 앨밴스(St. Albans)의 교장 머빈 프리처드(Mervyn Pritchard)의 글에서도 비슷한 지적이 있었다.

> 일반 중등학교에는 두 가지 극단적 사고방식이 있는 것 같다. (1)외부 시험에 대한 집중, (2)절대로 시험을 치지 않을 학생. 시험을 준비하는 더 우수한 학생들이 있는 학교에서 농촌과학을 수강 교과로 신청하는 것은 드문 일이다. 그리고 학생들이 점점 더 시험 교과에 집중하면서, 공예, 예술, 음악 등 사회교과의 형태로 농촌과학을 찾는 것은 이례적인 일이 되었다.
> 심지어 시험을 보지 않는 학교에서도 뒤떨어진 학생들의 수업에서 외부 시험을 위한 교과를 집중적으로 가르친 것으로 보인다.[45]

프리처드의 노동당은 나중에 이 과정을 다음과 같이 요약했다. "일반적으로 성적이 낮은 남학생들만을 위한 교과라는, 원예 교과에 대한 오래된 통념은 쉽게 사라지지 않았다."[46] 쉽게 사라지지 않았을 뿐만 아니라, 이후의 사건들은 수십 년 동안 이 실제적인 사례를 증명했다. 1957년 하트퍼드셔의 원예·농업교과교사협회는 그 교과의 위상과 영향력의 상실에 대해 걱정하면서 켄트에서와 비슷한 조사를 실시했다. 이번에는 특별히 설문지가 일반 중등학교에만 보내졌다. 농업교과에 대한 재정적인 처우는 일반 중등학교 교장들의 우선순위를 분명히 보여주었다. '학습은 놀라운 일이다. … 어떤 학교들은 농업과학 부서에 돈을 전혀 배정하지 않는가 하면 또 다른 학교들은 너무 적게 배정해서 교사들에게 재정적인 압박을 주고 있다.'[47] 설문지를 돌려준 39개 학교 중 15개 학교는 농업교과 교실을 아예 배정하지 않았다.[48]

설문에 참여한 53명의 교사 중 26명이 원예나 농업교과 관련 자격이 없었고,[49] 농업 교사는 신분이 불확실할 뿐만 아니라, 농업교과 시설을 학교 운동장 먼 구석에 배치함으로써 직원들로부터 고립되는 경우가 많았다.

1950년대 후반 교과 위상과 위치가 악화되는 것에 대한 우려는 농업 교사들의 다양한 대응을 만들어 냈다. 머빈 프리처드는 "농업 교사는 진흙투성이 고무 부츠를 신고 차를 마시더라도 동료들과 가능한 한 자주 어울려야 한다. 많은 유용한 지식과 정보의 교류는 직원실의 가십거리들 사이에서 이루어진다"고 말했다.[50]

농업 교사는 일상적인 논의를 통해 학교 정책을 적절히 도울 수 있다. 동료들과 빈번하게 교류함으로써 농업 교사 본연의 정규성과 가치를 이해시킬 수 있다. 이러한 대응과 별도로 일부 교사들은 '농업교과 철학'이 발전하는 것에 대해 우려했다. 카슨과 콜턴은 1954년에 켄트협회 저널에,

1957년에 링컨셔의 〈농촌과학뉴스〉에 논문을 실었다. 그것은 교과 철학을 통해 생각하려는 체계적인 시도였고, 교과를 정의하려는 초기 시도였고, 현대적 근거가 있는 시도였다. 그들은 '농업교과를 학교 교육과정에 포함시키는 것을 정당화하기 위해서는 충분히 교육을 받은 시민으로 성장시키는 데 중요한 역할을 하는 것으로 보여야 한다'고 주장했다.[51] 카슨과 콜턴은 켄트원예교사협회와 농촌과학 저널의 편집자였다. 1949년 협회가 결성되었을 때 카슨의 주장으로 '농촌과학' 부록이 추가되었다.[52] 협회는 1925년 농촌과학 교사들의 임시 협회와 1940년 설립된 노팅엄(Nottingham)의 소규모 협회에 의해 선행되었고, 1941년 맨체스터(Manchester) 교사원예협회가 설립되었다.[53]

1954년까지 켄트 저널에서 농업교과에 대한 철학을 정의하기 시작했으며, 곧이어 협회는 "다른 교육과정이 모든 농업교과를 존중할 것을 지속적으로 촉구했다"고 주장했다.[545]

교사들의 인식 변화는 켄트협회에 반영되었다. 1958년에 그들은 '켄트원예·농촌과학교사협회'에서 '켄트농촌과학교사협회'로 이름을 바꾸었다. 1959년에는 '켄트교사농업교과협회'로 바꾸었다. 그들의 저널은 다음과 같이 선언했다. "농업교과는 자연 탐구, 원예, 농촌과학 그리고 농사로 우리가 알고 있는 모든 교과를 수용한다."[55] 이는 교육과정의 영역을 주장하며 그 교과를 홍보하는 새로운 단계가 진행 중이라는 신호이다.

나. 교과 협회의 성장

1956년 2월 모건(R. F. Morgan)은 켄트 저널에 "전국적 협회 결성을 위해 우리와 유사한 조직들과 접촉하려는 노력이 이루어지고 있다"고 썼다. 당시 그는 켄트 지역 외에는 미들섹스(Middlesex)와 노팅엄셔(Nottinghamshire)에서만 협회가 번창하고 있다고 보고했다. "데본셔(Devonshire)에는 농촌과학교사협회가 있었지만 지금은 과학교사협회에 흡수되었다." 도싯, 엑시스, 슈롭셔, 그리고 요크셔의 웨스트 라이딩(West Riding)은 모두 협회 결성을 열망했다.[56] 더 중요한 것은, 링컨셔의 홀랜드(Holland) 지역에서 농업교과 조직자가 되기 위해 켄트를 떠나온 콜턴이 그곳에서 협회를 결성하려고 했다는 것이다. 최근 하트퍼드셔로 옮긴 카슨은 1957년 1월에 원예·농업교과교사협회를 설립했다. "협회의 목적은 농업교과의 위상을 높이고 농업교과가 다른 교과처럼 편성되는 것이었다. 그러나 농업교과가 학교에서 하나의 전문 분야가 되고 적절히 지원받는 그런 상황은 결코 이루어지지 않았다."

카슨의 마지막 문장은 1957년까지 농업교과의 상황을 요약한 것이다. 켄트 저널은 "지난 몇 년 동안 대형 중등학교가 들어서면서 전임 전문가가 필요해졌다"고 지적했다.[57] 농업교과는 일반 중등학교의 전문 분야 중 하나에 불과했다. 더욱이 그 교과는 역사적으로 엉성하게 조직되어 있었고 위상도 낮았다.

카슨은 농업교과가 "적응하거나 소멸해야 한다"고 보았다. 전문 교과 연구 세계에서 잘 알려진 그 어떠한 교육적 접근을 사용한다 해도 농업교과를 옹호하는 것은 더 이상 불가능했다.

이즈음 나는 켄트에서 가르쳤던 방식으로 농업교과를 유지할 수 있다는 희망을 포기했었다. 그리고 나는 농업교과를 연계가 약한 전문 교과로 보았다.

이에 대해 나는 많은 학생이 종이와 연필만으로 배우지 않는데, 우리는 너무 많이 그렇게 가르친다는 것을 깨달았다. 많은 학생은 신체 활동을 통해 분석하고 비교하는 등, 교실에서 사용하는 모든 사고기능을 사용해서 성공을 거두고 있었다. 완전히 새로운 문제들이 설정되었는데 그 장소가 농장일 뿐이었다. 학생들과 함께하는 모든 과정은 교육적 인 관점으로 보아야 한다.

나는 이런 활동에 대해 한계를 갖고 있었다. 그 한계로 인해 포기할 것이라는 것을 인지하고, 나는 그 문제에 대해 여러 번 이야기했다. 그 이후로 항상 불만을 느꼈고, 나는 나와 같은 많은 교사를 만났다. 나는 그들이 내가 했던 것과 같은 기회를 한 번도 갖지 못했다고 말하는 것은 분명히 아니다. 그러나 최근에는 그런 교사들이 있다.

1958년 카슨은 제프 휘트비가 제안한 하트퍼드셔의 농업교과 조직위원 역할을 수락했다. 그는 농업교과가 살아남기 위해서는 농업교과가 하나의 교과로 정의되고 조직되어야 한다는 그의 신념을 밀고 나갔다. "나는 협회를 통해 알게 된 교사의 중등학교를 방문했고, 교사들 스스로 학교 시설을 잘 활용하여 교육적으로 소외된 학생들을 가르칠 수 있게 안내했다. 나는 교사들에게, 만약 당신의 수업에 알맞은 교실이 제대로 제공되지 않는다면 아무리 오래 근무한 곳이라 해도 교과를 가르치는 것을 거절하고 조언자로서 나를 부르라고 말했다. … 비가 오면, 그들은 모두 자전거 보관소에 앉아 있을 뿐이었다." 하트퍼드셔의 기준 개선과 관련한 문제들로 인해 카슨과 그의 동료들은 1956년 리차드 모건(Richard Morgan)이 처음 제기한 전국학회에 대한 잠정적인 계획이 농업교과 기준과 위상을 높이는 방법이라는 확신을 갖게 되었다. 왜냐하면 전국적으로 조직하지 않으면 하트퍼드셔에서도 할 수 없다고 판단했기 때문이다. 1960년 7월 카슨은 하트퍼드셔의 하이 리(High Leigh) 콘퍼런스센터에서 지역농업교과협회 회의를 소집했다. 하트퍼드셔 지역 교육담당관인 브로드(S. T. Broad)가 대표단을 맞이했다. 1960년 10월, 총회는 지역협회와 제휴하여 매년 5파운드의 수수료를 받고 전국협회를 결성하기로 하였다. 하트퍼드셔, 노팅엄셔, 에식스, 노섬벌랜드, 웨스트 라이딩 오브 요크셔, 미들섹스 등 6개 지역이 이러한 방식으로 가입하였다. 콘퍼런스는 "최근 수학협회와 과학전문가협회가 자체 교과별로 실시하고 있는 것처럼 각 지역에서 만든 조항에 대한 조사와 교과별 지도 마련이 시급하다"고 보았다.[58]

첫 번째 〈내셔널 저널〉 협회 위원회는 "농업교과의 진흥을 위해 모든 기회를 이용할 것"이라고 언급하였다. 1961년 저널은 또한 '회칙'에 다음과 같이 명시하였다.

> 이 협회의 목적은 '농업교과를 개발하고 조정하는 것'이어야 한다. 농업교과에는 초등학교와 중등학교에서 가르친 것과 같이 자연 탐구, 모든 종류의 자연사 학습, 농사와 농촌 활동 등이 포함된다. 농업교과는 예술, 과학, 그리고 공예로, 그리고 교과뿐만 아니라 가르치는 방법으로도 간주되어야 한다. 그것은 독특한 교육적, 문화적, 여가적 중요성을 가지고 있다.[59]

1961년까지 11개 지역에서 농업교과협회가 새로 설립되었고, 10년 동안 계속해서 확장되었으며, 1970년까지 12개 새로운 지역협회가 추가되었다.

다. 중등학교 설립과 CSE[4]의 출현

1962년 전국협회의 조사로 밝혀진 시험 상황의 특징은 '다양한 혼란'이

4. CSE(Certificate of Secondary Education)는 중등교육학력인정시험이다. 현재는 GCSE(General Certificate of Secondary Education)로 유지되고 있으며 영국 중등학교의 10, 11학년 학생들이 치르는 시험으로 의무교육의 마지막 해에 학생들의 성취도를 평가하는 시험이다. O 레벨 GCE(Ordinary level General Certificate of Education)과 CSE의 후속으로 1986년 도입되어 1988년 최초의 시험이 시행되었다. 보통 16세인 11학년에 치르지만 시험 연령이 정해진 것은 아니며 1년에 두 번의 시험 기간(5월~6월, 11월~1월)이 있다(역자 주).

었다.[60] 총 188개 학교가 생물학, 농촌생물학, 농업과학 등에서 'O' 레벨 평가를 선택했으나, 그 외 다른 학교들은 법과대학, 도시와 길드, 그리고 다양한 외부 기관의 시험에 응시하였다. 91개 학교 학생들은 '해당 지역이나 다른 지역 교사가 관리하는 시험'에 응시했다.[61] 당시는 CSE(General Certificate of Education Examination, 중등교육학력인정시험)를 도입할 예정이었는데 이와 관련하여 보고서는 '시험에 응시하는 비율은 틀림없이 증가할 것'이라고 예상했다.[62] 그러나 이 보고서에 따르면 농업교과 교사들은 학교의 시험 경쟁과 제한적인 측면에 본질적으로 반대하며 이 때문에 소극적으로만 이 입장을 수용하고 있다고 했다. 많은 지역협회의 지원을 받은 전국협회는 학교에서 정해진 본래 교육과정을 장려하기 위해 마련된 새로운 유형의 시험을 검토하는 데 많은 시간과 노력을 들였다.[63] 중등교육학력인정시험으로 개편된 초기부터 농업 교사들이 거부했다는 것은 분명하다. 1959년, 노스허트포드셔의 농업과학 교육 이수 증명 관련 첫해 보고서에서 도브(W. A. Dove)는 학생들이 시험에 대해 느끼고 있는 문제점들을 언급했다. 그는 "A 등급 학생이 원예를 선택한다는 것은 어렵다는 사실을 명심하고 심사위원들은 (실제 활동 중심 교과인 농업교과 시험을 볼 때) 학생들이 영어 문장으로 시험을 보는 데 큰 어려움이 없는 이론 문항으로 구성해야 한다"고 결정했다. 보고서를 끝내면서 도브는 "일반 중등학교에서 농업교과 시험을 시행한다면 나는 이 시험이 성공적인 실험이었다고 생각한다"고 언급했다.[64]

중등교육학력인정시험이 확산되면서 농업교과 지지자들이 직면한 딜레마에 대한 관심이 집중되었다. 협회는 그 교과의 더 많은 편제, 시간, 그리고 더 높은 교사 자격 기준을 확보하기 위해 많은 에너지를 쏟았다. 그러나 점점 더 시험에 민감해지는 현대사회에서 평가가 불가능한 교과의 성공은 거의 기대할 수가 없었다. 교과가 직면한 박탈감의 순환에서 벗어나 앞으로 나아가는 유일한 길은 평가 가능한 영역을 정의하는 것 같았다. 1962년까지 카슨은 전국협회의 노력이 부딪친 막다른 길을 깨달았다.

> 우리는 편제 개선 등을 통해 모든 어린이·청소년에게 이 교과를 가르치는 것이 우리의 목표라는 것을 결코 잊지 않았다. 그런데 나를 비롯한 몇몇은 그 목표에 도달하지 못할 것이라고 생각했다. 우리에게는 많은 훌륭한 이상이 있었고 컴버(Comber)[65]와 같은 많은 사람이 우리가 잘 해낸 것을 말하도록 자극을 주었지만, 사실 그것은 실현되지 않았다.

결국, 협회는 새로운 농업교과 시험을 검토하는 주요 실험을 시작했다. 그 실험은 농업교과 시험 계획의 타당성을 검토하기 위한 것으로 〈허즈〉 저널에 실렸는데 농업교과협회 대표, 농업교과HM심사위원단, 교육부 교육과정연구단의 위글리(Wrigley) 박사 등이 참석한 가운데 노스허트포드셔, 노팅엄셔, 스태퍼드셔, 링컨셔 및 이스트서식스의 학교에서 공동으로 진행하였다. 이것은 교육부 교육과정연구단에 의해 평가되고 있다.[66] 숀 카슨은 그 실험에 참여했는데 "그것은 시험이 좋은 것인지 아닌지를 알아내기 위한 시도였다. 우리는 우리가 외곽에 남아 있어야 하는지, 아니면 그들과 함께 해야 하는지 알아내려고 했다"고 밝혔다.

교과 시험을 도입하려는 움직임은 농업교과에 많은 문제를 가져왔다. 옹호자와 교과협회, 그리고 몇몇 혁신학교와 교사들을 제외하고 대부분의 농업 교사들은 원예와 관련된 일을 계속했다. 그 교과 특유의 실행 과제는 필기시험으로 쉽게 평가되지 않았다. 교과 시험을 검토한 보고서 초안은 다음과 같이 논평하였다. "지금까지 실습(practical work)을 포함하고 있는 시험은 거의 없었고, 응시자의 실기능력과 성취도를 일정 기간에 걸쳐 평가하는 일도 거의 드물었다."[67] 이 시험들은 '농업교과 교육에 역효과'를 가져왔다. 응시자들이 필기시험에 통과하게 하기 위해서는 '농업교과의 본질적 특징인 실습을 소홀히 하고 이론 학습(written work)에 집중해야 한다'고 교사들은 생각했다.[68] 1966년에 소개된 농업교과의 새로운 중등교육학력인정시험에 대해 그 보고서는 다음과 같이 논평했다. "농업 교사들은 예상대로 5학년 수준의 외부시험의 영향을 받았다. 그렇지만 그들은 전통적인 필기시험이 농업교과 시험을 지배함에 따라 이것이 교과과정 본질에 악영향을 끼칠 것을 우려했다."[69]

이 무렵, 교과 시험을 수용하는 것에 대해 많은 농업 교사들이 최악의 두려움을 느끼고 있는 것이 분명해졌다. 하트퍼드셔에 있는 베이스힐(Bass Hill)중등학교의 한 교사는 다음과 같이 썼다.

농업교과를 평가 가능한 교과로 내세우려는 우리의 노력 속에서 우리가 잊은 것이 바로 농업교과 본연의 주요 원천이다. 그것은 기쁨, 경험, 무엇보다도 실용적이고 유용한 과학적 논리이다. 이것은 여타 많은 교과가 관여하고 있는 원근법적 개념으로부터 벗어남으로써 얻어지는 것이다.

그는 농업교과가 평가를 실시하지 않는 일반 중등학교의 주요 학생들과 관련이 있다고 보았다. "많은 사람들이 농업교과를 통해 대부분의 것을 배우는 학생들이 학문적으로 뒤처진다는 내 말에 동의할 것이다." 도입된 평가는 이들에게 악영향을 미쳤다. "우리는 다시 한 번 성적이 낮고, 시험을 원치 않는 학생들이 엄청난 양의 학습지와 과장된 평가를 수행하는 것을 다시 한 번 볼 수 있다." 그는 다음과 같이 결론을 내렸다.

진정한 교육은 학생들이 학교에 남긴 종잇조각(시험답안지)을 위한 것이 아니다. 교사로서 우리는 이것을 어떻게 받아들까? 우리가 이에 대한 우리의 견해를 억지로 표현함으로써 우리의 존재를 위태롭게 할 수 있을까? 일단 우리가 평가를 인정하고, 모두가 참여하는 시험에 의존해서 국가의 친절한 기준에 걸맞다는 것을 증명해야 할까?[70]

이 교사가 질문한 것은 당시 그의 농업교과 동료들이 대답한 것이었다. 1962년에 카슨과 콜튼(Colton)은 다음과 같이 썼다. "농업교과를 단지 식물과 동물에 관한 사실들의 집합체로 가르친다면 농업교과의 가치는 훨씬 줄어들 것이다."[71] 그러나 카슨은 결국 평가를 받아들였다. 그 이유는 분명했다.

숀 카슨: 평가를 받아들이지 않았다면, 재정적 이익도, 지위도, 우수한 학생도 얻지 못했을 겁니다.

아이버 굿슨: 당신은 '이것이 큰 문제의 시작이 될 것'이라고 생각해 본 적이 있나요?

숀 카슨: 아니요, 나는 그렇게 생각하지는 않았어요. 단지 '학교에서 농업 교사들의 입지가 좁아질 수는 있을 것'이라고 생각했어요. 이미 몇몇 학교 안에서 일어나고 있고요. 농업 교사가 떠난 빈자리는 채워지지 않았어요. 그 자리를 시험 준비를 하는 다른 교과 담당 교사에게 주어야 했기 때문이지요.

아이버 굿슨: 그래서 그 평가를 딛고 올라가야 했나요?

숀 카슨: 예, 그렇지 않았다면 농업교과는 분명히 사라졌을 겁니다.

농업교과 평가를 검토한 보고서 초안과 관련된 자료는 관련자들의 압도적인 관심사가 그 교과의 존재와 위상에 있었음을 암시한다. 보고서 초안의 출판에 대해 이야기하면서, 머빈 프리처드는 "새로운 형태의 공고가 농업교과의 위상을 높일 수 있을지에 대한 문제는 남아 있다"고 썼다.[72] 그리고 리차드 모건(Richard Morgan) 전국교과협회 사무총장은 "이 보고서가 우리 상황을 상당히 과소평가했으며 의도적으로 교과로서 농업교과의 영향을 줄인 것 같다"고 우려했다.[73] 프리처드와 모건의 우려는 1966~1967년 무렵 농업 교사들의 상황을 암시하는데, 그들은 농업교과 시험의 불가피성을 받아들였고 그러한 이미지를 걱정했다. 농업교과협회는 교과에 대해 폭넓은 정의를 내렸고, 잠재적으로 과학적인 분야로 발전시켰다. 교사들이 실습 관련 수업계획서를 작성했을 때 원예의 우위가 분명히 나타났다. "일단 여러분이 수업계획서를 쓰기 시작하면 그것은 명확해진다. 여러분이 시험 시장에 진입하면 학교에서 실제로 무슨 일이 일어날지는 명백하다." 그러나 시험을 위해 필요한 수업계획서를 정의하기 위해 교과에 대해 면밀한 검토가 이루어지면서 기존의 원예 교육에 초점을 둔 대부분의 수업에 대해 보다 폭넓은 정의를 도출할 수 있었다. 처음에 CSE와 함께했던 많은 농업 교사들은 이 기회를 잡기 시작했고, 새로운 강좌를 개발하고, 농업교과의 기반이 된 원예의 전통에 의문을 품기 시작했다. 이러한 농업교과 편제는 이어지는 3부에서 고찰할 환경교육의 필요성에 대한 요구에 부응하여 이루어졌으며 농업교과의 토대가 되었다.

라. 농업교과의 발전

20세기 농업교과의 역사를 살펴보면, 농업교과는 교육시스템의 변화 패턴과 '경쟁하는 장' 사이 밀접한 관계 속에서 교과로 정립되고 그 위상이 높아졌다. 초등학교에서는 흔히 농업교과가 '교육과정의 중심축'으로서 큰 영향을 미치는 것으로 여겨졌다. 특히 실용적 또는 교육학적인 강조가 강한 특정한 유형의 농촌 교육이 추진된 농촌 지역이 그랬다. 이 단계에서는 농업교과, 교육제도, 변화하는 국가경제와의 연관성이 뚜렷하게 나타났다.

1944년 교육법 이후 새로운 삼원학교체제가 서서히 발전하면서 농업교과의 성격은 주로 지역 환경과 시책에 의존하게 되었다. 그러나 1950년대 초에 이르러서는 이 교과가 일반 중등학교에만 뿌리를 내리고 있다는 것이 분명해졌다. 1952년 켄트 설문지는 종종 특정 교과가 불충분하게 갖추어진 자료로, 유휴 공간 및 교실에서 그리고 상당수의 자격 미달 교사를 포함한 채로 성적이 낮은 남학생들에게만 가르쳐지고 있다는 상세한 증거를 제시한다. 일반 중등학교에서 전문 교육과정과 평가의 성장으로 인해 낮은 위상의 교과에 대한 전반적인 상황이 분명해졌을 뿐만 아니라, 악화되었다. 이 새로운 상황에서 농업교과는 위상 문제뿐만 아니라 실제 생존 문제에도 직면했다. 카슨은 심지어 '점점 더 많은 전문내용이 교육과정을 침범함에 따라 (농업교과는) 성적이 낮은 학생들과 밀착된 활동'이라고 말한다. 프리처드는 '성적이 더 높은 학생들이 평가받는 학교에서 농업과학을 수강 교과 중 하나로 찾는 것은 드문 일'이라고 지적했다. 일반 중등학교가 평가를 점점 더 의식함에 따라 농업교과는 사라지거나 교육과정에서 매우 낮은 순위의 영역으로 여겼다. 학교의 자원은 평가가 가능하고 성공적인 평가 기록을 쌓을 수 있는 교과들을 위한 것이었다.

1950년대 중반, 지위와 생존 문제에 직면하면서, 일부 농업 교사들은 교과협회 조직의 긴급한 필요성을 인식하기 시작했다. 그것은 그래머스쿨과 일반 중등학교의 교육과정과 평가에 성공적으로 적응한 교과들의 패턴이었다. 이 협회의 설립 목적은 '농업교과의 위상을 높이고 다른 교과와 같은 편제를 갖추기 위한 것'으로, 주요 발기인인 카슨이 보기에 이미 3년 전에 켄트협회에 울려 퍼진 외침이었다. "협회는 모든 농업교과가 교육과정의 다른 교과와 동등하게 존중받을 것을 끊임없이 추구해 왔다."

새로운 교과협회는 농업교과를 위한 학교 시설의 개발과 교과 담당 교사의 수급과 교육의 향상을 주요 동기로 보았다. CSE의 성장 또한 교과 협회가 농업교과 평가의 필요성을 인식해야 한다는 것을 확인시켰다. 이것은 일찍이 농업교과가 주창했던 수사학의 많은 부분을 바꾸는 것을 의미했고 많은 헌신적인 교과 교사들은 이러한 발전에 반대했다.

초기 단계에서 교과에 대한 실용적 주장과 교육학적 주장 사이에서의 움직임은 지속되었지만 '학술적' 주장은 결코 진지하게 다루어지지 않았다. 왜냐하면 농업교과는 레이튼의 2단계[5]에 도달하지 않았기 때문이다. 그러나, 외부 평가의 중요성이 높아지면서 처음으로 학문적 차원이 도입됐다. 농업교과가 갖는 실용적이고 교육학적인 의미에 대한 위협을 인식하는 반대에도 불구하고, 협회는 평가의 체계화를 진행했다. 왜냐하면 카슨의 말대로 '그렇게 하지 않으면, 재정적 이익도, 지위도, 우수한 학생도 얻지 못할 것이기' 때문이다.

그 전략은 상당한 어려움을 수반했다. 처음으로 농업교과들이 그 내용을 공개적으로 발표하고 공식적으로 정의했다. 생존과 위상을 위한 싸움에서 그 교과는 새로운 위험에 노출되었고, 보다 야심찬 교과 옹호자들 사이에서 새로운 전략과 가능성이 나타나기 시작했으며, 이는 농업교과를 실용적이고 교육학적인 전통에서 멀어지게 만들었다.

6. 레이튼(Layton, 1972)은 19세기 영국 과학교과의 변화를 3단계로 분석해서 정리했다(역자 주).

Ⅲ. 교과들 간의 관계

교과 영역 갈등

7. 1960~1975 환경교육 도입 배경

'환경'은 우리가 앞서 언급했던 세 교과(현장연구 전통을 통한 지리교과, 생물교과와 시험 중심의 교육과정의 전환으로 살아남을 수 있다는 가정 하에 있던 농업교과)에 내포되어 존재했다. 그러나 1960년대에 와서 '환경' 자체로 등장하기 시작했고, 여러 가지 방법으로 정책 수립에 영향을 미쳤다. 이 시기에 환경 문제에 대한 대중의 관심이 높아지면서, 정부는 별도의 '환경부'를 만들었다. 그리고 1960년대 말 막스 니콜슨(Max Nicholson)은 '이 세상에서 아무도 꺾을 수 없는 것이 시대의 요구다. 오늘날 시대의 요구는 인간이 환경을 보호해야 한다'[1]고 선언했다. 이렇게 강력하게 영향을 미치는 사고를 검토하려면, 방안을 창출하고 채택, 구현할 수 있는 교육시스템을 다양한 수준에서 주목해보아야 한다.

예를 들어 하나의 방안으로 국제기구의 활동과 언론과 텔레비전을 통해서 국제적으로 영향을 미치는 것이다. 환경부의 방안은 영국에서 유래한 것이 아니었고, 환경법은 국제적인 비교의 영향을 받아왔다. 비록 지방 분권화된 패턴과 각국 간 언어 차이로 유럽의 교육 개념이 파고들기 어려웠지만, 대서양을 가로지르는 전문적 연결은 항상 중요했다. 영국에서 중요성이 부각되기 이전에 북미에서 교육과정 개발, 교육공학, 그리고 최근에는 교사의 책무성까지 힘이 실리고 있다.

그러나 국가 차원에서 이런 방안들을 채택하고 추진하기 위해서는 그 나라의 맥락에 맞춰 변용해야 한다. 영국 교원단체는 교육과정 개발에 맞닥뜨렸을 때 교사 기반의 활동으로 바뀌었고, 책무성도 부여했다. 또 하나의 방안은 나중에 알게 되겠지만, 영국에서는 국가 차원에서 쉽게 구현될 수 없으나 만약 그들이 교과 기반 시험 과목이 된다면 가능하다.

지역 차원에서 우리는 학교구성원은 아니지만 학교와 직접적으로 접촉하는 사람들(조언자, 교사센터 관리인, 대학 강사들 등)을 만난다. 또 학교에 책임감이 있으면서 지역 전문 커뮤니티에 소속된 세계적 수장들과 선배 교사들을 만난다. 이러한 그룹에서 교육계의 유행이 생산되고 교환되는 것처럼 보인다.

그리고 학교 차원의 방안도 도입되었다가 변형되고 사라지기도 한다. 미국 대학에서 정책 논의의 성격을 설명하기 위해 고안한 팔렛(Parlett)의 '아이디어 유포(ideas in currency)' 개념은 영국에서 그래머스쿨이 아닌 중등학교(English secondary school)를 도입할 때 똑같이 적용되었다. 이러한 아이디어는 다음과 같다. '대학 주변을 순환하며… 비공식 시스템의 구성 요소를 나타낸다. 아이디어 유포는 실제 가설, 현실의 구성, 작은 설명 등이다. 그것들은 경험의 순서에 대한 지각적인 범주들을 나타낸다. 하지만 그것들은 기대치로 작용하기도 하고 종종 스스로를 확인시켜주는 역할을 하기도 한다.'[2] 1년간의 학교 내 정치적 싸움은 학생에게 초점을 맞출 수도 있고 또 다른 해는 평가나 3학년 때 선택하는 전원생활 시스템에 초점을 맞출 수도 있다. '그 순간의 문제'에 맞는 어떤 방안은 정치적으로 채택될 수 있는 반면에, 그 외의 다른 방안은 타당성이 있더라도 무시될 수 있다.

이 장에서는 1965년과 1975년 사이 환경교육의 운명을 고찰하고, 교육과정 갈등에 대한 그 의미를 전반적으로 해석하고자 했다. 따라서 '환경'이 국제, 국가, 지역 및 학교 등 네 가지 차원에서 모두 정책적으로 어떻게 도입되었는지와는 별도로, 그들이 서로 상호 작용하면서 상호간에 어떻게 영향을 미쳤는지를 다루었다.

가. 환경교육 출현의 국제적 배경

환경에 대한 국제적인 인식을 넓힌 첫 사건은 유엔에서 시작했다. 제2차 세계대전 이후 유엔은 세계 협력을 위한 우호적인 분위기를 조성하기 시작했다. 1949년에 유엔은 '자원의 보존과 이용에 관한 과학회의(Scientific Conference on the Conservation and Utilisation of Resources)'를 소집했다. 같은 해에 유네스코는 국제자연보전연맹(International Union for the Conservation of Nature)도 후원했다.

이후 환경과 관련된 일련의 회의, 프로그램 및 활동이 있었다. 20년 후인 1971년, 영국에서 환경교육을 담당한 HMI[1]에서는 모든 국제 운동 중 가장 중요한 기관으로, '환경보호에 대한 세계적인 책임을 맡은 유네스코를 산하기관으로 둔 유엔'[3]이라고 판단했다. 유네스코는 1961년에 환경보존 전문 부서를 두었고, 1968년에는 파리에서 '대생활권 회담(Biosphere Conference)'을 개최했다. 이는 환경에 관한 국제 활동의 새로운 물결의 시작을 알렸다.

이 회의를 통해 '최초로 환경교육에 대한 세계적인 관심을 확인할 수 있

1. 직역하면 '영국 여왕폐하의 조사관'으로, '영국의 환경교육을 담당한 기관' 정도로 이해해볼 수 있다(역자 주).

었다'는 주장이 제기되었다.[4] 이 회의에서는 교육과정의 모든 수준에서 환경 학습 자료의 개발과 환경 문제에 관한 세계적인 인식을 촉구했다.

이런 환경교육 프로그램에서는 지역을 조사하는 등, 생태학적 요소를 도입해야한다고 제안했다. 전문가들은 대학교와 교육대학에서 환경교육을 받았고, 초·중등학교에서 환경교육을 하도록 자극했다. 국가차원의 교육 및 연구센터 설치를 제안하기도 했다.[5]

이러한 권고안의 결과로, 1970년 스트라스부르(Strasbourg)에서 유럽자연·천연자원보존위원회가 설치되었고, 이후 유럽 회의를 조직하였다. 이 회의의 영향으로 '유럽 보존의 해(European Conservation Year)'가 시작되었고, 유럽 평의회 사무총장은 '유럽인들에게 보내는 편지(A letter to Europeans)'에서 환경 위기에 대해 언급했다.

> 우리가 보고, 냄새 맡고, 맛보는 모든 것이 오염되고 있다. 물은 마시기 힘들고, 연기는 폐병을 일으키고, 소음은 신경계 질병을 유발하고 있다. 사실상 분해가 불가능한 폐제품도 점점 더 많이 축적된다. 곳곳에서 토양이 침식되어 사라진다. 자연은 훼손되고 야생동물의 종도 매일 감소한다. 전 세계에서 이런 일들이 일어나고 있으며, 그 어느 곳보다도 우리가 사는 유럽 대륙에서 더 많이 일어나고 있다. 이런 현상이 지속된다면 유럽은 (생명이) 살 수 없는 땅이 될 것이다. 이것은 유언비어가 아니다. 지난 2월 스트라스부르에서 열린 회의에서 모든 국가가 논의한 사실에 따르면 우리는 어려움에 직면해 있다.[6]

같은 해인 1970년 미국 네바다주 카슨시 포레스트라연구소(Foresta Institute)에서 환경교육국제실무회의(International Working Meeting on Environmental Education in the School Curriculum)가 열렸다. 이 회의에서는 환경교육을 '인간과 문화, 생물물리학적 환경 사이의 상호관계를 이해하고 평가하는 데 필요한 기술과 태도를 발전시키기 위해 가치를 확인하고 개념을 명확히 하는 과정'이라고 정의했다. 이 회의 보고서는 '정부와 책임 있는 교육 당국 및 국가 교육기관'에 '교육과정 전체'의 개혁을 통해 환경교육을 '모든 수준에서 의무적이고 통합된 학교 교육시스템으로 도입해야 한다'고 제안했다. 나아가 '모든 학교 교육에 환경교육을 의무화하기 위해 국가 환경법안을 제출해야 한다'[7]고 했다. 네바다주 회의 이후, 1971년 12월 15일부터 18일까지 취리히에서 유럽환경보호교육실무회의가 소집되었다. 이 회의의 목적은 유럽에서 처음으로 환경교육 분야에서 일하는 전문가들이 모여 '정보를 교환하고 개념을 명확히 하고 초·중등교육, 교사 연수, 고등교육, 학교 밖 교육과 관련된 프로젝트와 프로그램에 대한 구체적인 권고안을 마련'[8]하는 것이었다. 국제자연보호연맹(IUCN: International Union for Conservation of Nature) 프랭크 니콜스(Frank Nicholls) 부국장은 IUCN회의 개회연설에서 '세계 환경위기 속에서 교육의 역할이 매우 중요하며, 교육은 일반 대중에게는 환경에 대한 바른 자세를 갖게 하고, 환경전문가 및 다른 분야의 전문가들을 양성할 수 있게 하여 인류가 직면한 복잡한 문제들을 다룰 수 있도록 해야 한다'고 밝혔다.[9]

영국자연보호단체(British Nature Conservancy)의 톰 프리처드(Tom Pritchard) 박사는 첫 번째 기조 강연에서 니콜스가 소개한 요점들을 재차 강조했다. 프리처드는 환경보호라는 명목으로 취해진 많은 조치가 단지 임시방편에 불과하다고 여겼으며, 이를 기획자와 의사결정자가 기존의 전문지식을 적용하는 것을 허용하지 않는 시스템의 부족 탓으로 돌렸다.

그는 환경교육이 전문가를 양성하는 직업교육과 '일반 대중에게 환경 문제의 중요성을 일깨우는' 도구이며, 궁극적으로는 '천연자원을 보존하고 자연 환경 속에서 즐거움을 찾도록 해줄 것'으로 보았다.[10] 이러한 환경교육 편성에 대한 견해는 영국교과토론회에 참여한 후라는 점에서 더욱 주목할 만하다.

제도권의 정규 학교교육에서 환경교육은 기존 교과에 통합되거나, 독립된 교과로 편성되었다. 초등학교에서는 혁신적인 교수법 개발과 활용에 힘입어 학생들이 새로운 환경을 둘러보고 접하는 것 자체가 매우 흥미롭게 여겨졌고, 충분한 동기부여가 되었다. 그러나 이런 접근 방식을 중·고등학생들에게까지 적용하기에는 어려움이 있었다. 중등교육과정에서는 교과 분류가 명확해지고 특히 고등학교에서 환경교육은 전공과목으로 선택해서 수강하는 방식이었다. 프리처드는 '교육 스템의 광범위한 개혁의 맥락에서 가장 중요한 것은 책임 있는 당국이 환경교육을 우선적인 영역으로 인식하는 것'이라고 결론내렸다.[11]

이어지는 두 번째 기조강연에서 체롭스키(J. Cerovsky) 박사는 '환경교육 종합프로그램'에 관련하여 유사한 질문을 던졌다. 그는 모든 교과에 환경교육을 연관지어 교육하는 것이 가장 적절할 것이라고 주장했다. 또한 무엇보다 '환경교과'를 특별 교과로 도입해야 하며, 개발 마지막 단계에서 교육되는 교과로 여겨서는 안 된다고 하였다.[12]

보고서는 실무부서가 선호하는 교육 전략을 요약하기 위해 다음과 같이 덧붙였다. '어떤 교수방식을 계획하든 환경교육에 있어 반드시 필요한 교수법은 학생들이 직접 조사하고 열린 토의를 통해 문제를 논의하는 현장연구 방식이어야 한다. 교사들은 학습 과정에서 권위자보다는 파트너 역할을 해야 한다.'[13] 국제회의에서는 이런 점을 권고하였으며, 현재 환경교육 계획 대부분도 이런 흐름이었다. 그렇지만 환경에 대한 국제적인 관심은 1960년대 후반의 낙관론을 넘어서까지 계속되었다.

유럽 실무 회의(1971년 12월 15-18일 스위스 취리히 인근 뤼슐리콘에서 열린 환경 보호교육에 관한 유럽 실무회의)에 이어 1972년 6월에 열린 유엔 총회에서 '인간 환경에 관한 회의'를 소집했다. 이번 총회는 1970년까지 세계가 이미 이 문제에 관심을 기울이고 있다는 것이 분명했기 때문에, 잘 알려진 문제를 다시 설명하는 데 국한되지 않고 '행동 지향적'이었다. 환경에 대한 위협은 많은 국가의 정부 의회, 언론, 학교, 대학 등에서 주요 논의 주제가 되었다.[14]

나. 환경교육 출현의 배경

영국에서 환경에 대한 인식을 시작한 연혁은 국제 사회의 연혁을 따른다. 시작은 1949년 처음 자연보호단체(The Nature Conservancy)를 설립한 것이다. 자연보호를 '생태에 기초한 행동 철학'으로 정의하였고, 자연보호단체는 '생태학적 과정과 조화를 이루도록 우리의 행동을 인도해야 한다'고 주장했다. 자연보호단체는 '오염은 우리가 자연의 자정능력 이상으로 폐기물을 생산하여 자연이 그것들을 정화해내지 못할 때 발생한다'라고 지적했다.[15] 이후 자연보호단체는 1965년 왕립헌장이 설립한 자연환경연구협의회(National Environment Research Council)에 귀속되었다. 이 협의회는 첫 보고서에서 '농촌과 야생동물은 농업, 산업, 도시개발, 휴양 등 다양한 종류의 인간의 압력에 매우 취약하기 때문에 자연유산을 적절하게 이해하는 것이 중요하다'고 밝혔다.[16]

자연보호단체는 자연환경연구협의회와 통합하기 전부터 부분적으로 자연위원회(Council for Nature) 활동을 했다. 1958년 자연주의자들을 대표하는 450개 이상의 조직과 단체들이 자연위원회를 조정 기구로 설립했다. 창립 1년 후, 자연위원회는 보호봉사단(Conservation Corps-현재는 자연보호자선단체

(British Trust for Conservation Volunteers)라 불림)을 결성했다. 1966년 보호협회(Conservation Society)를 결성했으며, 사람들이 '지구의 재생 가능한 자원 안에서 살고 그들의 한계를 넘지 않도록' 설득하는 것을 핵심 목표로 삼았다.[17] 1969년 자연보호위원회(Committee for Environmental Conservation)의 구성으로 자연보호주의 로비가 더욱 강화되었다. 자연보호위원회는 14개 국가보존단체를 포함하며 환경에 영향을 미치는 국가의 중요사항을 모두 고려했다.

자연위원회의 구성원 중 한 명이 에든버러 공작인데, 그는 환경에 관한 모든 국가 계획 중 가장 중요한 것을 책임져 왔다.

1963년에 열린 '관찰자'의 야생생활전시회 결과로 농촌 환경에 관한 국가 리더십이 없다는 것이 명백해졌다. 이것은 에든버러 공작이 '1970년 전원(The Countryside in 1970)'라는 이름의 연구회의를 시작하면서 지적한 내용이었는데, 공작은 이 회의에서 자연보호운동에서 파벌의 충돌을 중재하고 미래에 공통된 목적을 제공하기를 기대했다.[18]

1963년에 첫 번째 연구회의가 열렸고 90개 이상의 국가 대표자들이 모여 서로의 관심사에 대해 배우고 공동의 이해로 나아갈 수 있도록 장려하였다. 부분적으로 이러한 협력을 촉진하기 위해, 12개의 실무그룹을 구성하여 주요 이슈에 집중하였다. 이후에 환경교육위원회(Council for Environmental Education) 의장이 된 잭 롱랜드(Jack Longland)는 환경교육회의의 촉매 역할을 하였다.

1963년 첫 번째 회의에서는 교육이 환경에 대한 공감과 이와 관련된 다양한 이해관계에서 발생하는 문제 상황을 인지시키는 데 중요한 역할을 한다는 것을 인식했다. 전통적인 학교교과가 환경을 무시하지 않은 것은 사실이지만, 1963년까지는 환경 전반에

대한 연구의 시작에 지나지 않았다.[19)]

첫 번째 연구회의는 1965년 3월 킬(Keele)대학교에서 '1963년 학생회의에서 제기된 정규 교육 시스템에 대한 의미를 평가하기 위해' 특별 회의를 소집하기로 결정하였다.[0)]

그 회의는 교육과 환경에 관해 '자연 환경에 대한 인식과 자연을 소중하게 여기고 책임감을 갖게 하기 위해서는 긍정적인 교육방법이 필요하다'고 의견을 모았다. 또한 '농촌은 모든 수준에서 교육에 실질적으로 기여할 수 있는 영감과 교육 자료의 풍부한 원천이며, 현장연구는 이 교육 자원을 사용하고 개발하는 중요한 수단을 제공한다'고 주장했다.[21)] 회의는 '환경교육의 내용과 현대적 요구에 가장 적합한 교육방법을 보다 정확하게 결정하기 위해 교사의 참여와 함께 현장 실행 연구를 강화해야 한다'고 권고했다.[22)]

'1970년 전원(Countrysid in 1970)' 회의는 장관들이 회의에 참석했기 때문인지 정부 정책에 확실하게 영향을 미쳤다. 1970년 에드워드 히스(Edward Heath) 총리는 '우리의 아름다운 농촌과 해안을 보호하고 강과 공기의 오염을 막는 것이 1970년대의 가장 중요한 일'이라고 말했다.'[23)] 영국과 웨일즈에서 물리적 환경에 영향을 미치는 모든 기능에 대한 책임을 지도록 환경부를 설립했다.

1970년 5월, 환경보호백서(The Protection of the Environment)가 의회에 제출되었다. 이 보고서는 '정부가 주도할 수 있고 반드시 주도해야 하지만 성공은 많은 정보의 획득과 적극적인 여론에 달려 있다'고 주장했다.[24)] 왕립환경오염위원회(Royal Commission on Environmental Pollution)도 1970년 2월에 설립되었으며, 첫 보고서에서 '여론이 동원되어야 한다'고 언급했다.[25)]

환경 로비의 노력의 정점은 그해 10월에 열린 세 번째 '1970년 전원

(Countryside in 1970)' 회의였다. 상임위원회 위원장은 다음과 같이 말했다.

> 환경교육은 다양하게 정의되지만, 본질은 명확하다. 개인들을 돕기 위해 물리적 환경의 주요 특징, 물리적 환경과의 상호 관계 및 관리 요구사항을 이해하여 주변 환경에 대한 개인의 책임감과 적극적인 관심을 심어주고 환경에 대한 열정과 즐거움을 장려하기 위해서이다.[26)]

환경교육의 국가 발전을 위해 앞에서 설명한 국제적인 시책의 중요성은 1970년대에 명백해졌다. 영국국립환경교육협회(The National Association of Environmental Education)와 환경교육협의회(Council for Environmental Education)는 네바다 회의에서 제공하는 환경교육의 정의를 수용하였다.

그것의 영향력을 볼 때, 공식적으로 대표되지 않는 유일한 주요 국가는 영국이었다. 교육부는 국가협회에 회의 참석 비용을 제공하거나 공식적인 대표 지위를 부여하는 것을 거부했다. 그러나 취리히회의에서는 국가협회의 목적 성명서와 최종 환경교과를 'A' 레벨에 넣는 것을 특별조사위원회의 권고안에 널리 반영되었다.

다. 지역 수준의 환경교육 진흥

환경교육을 표방한 회의와 정부기관 및 보고서 외에도, 다른 많은 계획은 특히 환경교육의 성장을 촉진하는 데 초점을 맞췄다.

킬 콘퍼런스에서 많은 교사들, 특히 생물학 전공자들이 그들의 교과를 가르치는 데 있어 환경 분야의 잠재적인 활용을 면밀히 조사하고 있다는 것이 분명해졌다. 이러한 선구자들의 업적을 잭 롱랜드의 연설에서 다소 낙관적으로 설명하였고(그는 이후 환경교육협의회 의장이 되었다), 이는 많은 교육 현장으로 확대되었다. 이와 병행하여, 교과들을 외부 세계와의 관련성으로 판단하고, 학교의 삶과 일을 외부와 연결하기 시작했다.[27] 킬 콘퍼런스 이후 몇 년 동안 많은 저자와 옹호자들이 환경교육에 대한 주장을 계속했다. 예를 들어, 가스 크리스티안(Garth Christian)은 영향력 있는 기사를 썼다.

'환경을 위한 교육(Education for the environment)'과 1966년 책 『내일의 시골Tomorrow's Countryside』은 모두 환경교육을 더 많이 해야 한다고 주장하고 있다.[28] 같은 해에 카네기영국신탁(Carnegie United Kingdom Trust)은 현장 연구 교육에 대한 연구 프로젝트를 시작하기 위해 레스터박물관(Leicester Museum)에 보조금을 제공했다.

1967년 6월, 협회 심사위원회는 시험을 보는 학교에 잠정적인 제안서를 배포했고, 약 30개 학교에서 새로운 교과의 채택을 고려할 만큼 진지하고 핵심적인 결과를 보여줬다. 새로운 교과에는 '오늘날 학생이 '환경'의 개념, 특히 자연환경이나 농촌환경을 시골과 도시 아이 모두와 관련 있는 방향으로 탐구할 수 있는 수업이 필요하다'는 내용을 반영했다. '1970년 전원(Countryside in 1970)' 회의에서 주창된 노선을 따라 기초 천연자원으로서 농촌 전반에 대한 이해로 이어져야 한다논 취지였다. 연합검사위원회(Associated Examining Board, AEB) 회보는 새로운 교과 이름에 대해 '제안된 강의명과 관련하여 많은 논의가 이루어졌으며, "환경교과"가 가장 적절한 제목'이라고 제안했다.[29]

키스 휠러(Keith Wheeler)는 환경교육에 호의적인 의견의 풍토가 다소 늦게 출현했다고 말한다. '1968년을 돌이켜보면 약간 불명확하지만 강력한 환경교육의 개념이 교사들의 생각에 처음으로 실질적인 영향을 끼친 해로 볼 수 있다.'[30] 1968년 3월 잭 롱랜드 회장은 '환경의 중요성과 그 안에 있는 인간에 대한 교육을 발전시키기 위해' 환경교육을 담당하는 조정기구인 환경교육협의회(Council for Environmental Education)를 설립하였다.

1968년 3월 29일부터 31일까지 열린 회의에서 마틴(G. C. Martin)은 환경교육학회(SEE, Society for Environmental Education)를 설립하기로 결정했다.[31] 회의 만찬의 연사인 다이오스(Dyos) 박사는 환경 연구가 '가장 혁명적인 형태의 교육 연구이며, 학생들이 환경을 돌보게 할 수 있는 이해와 비판적 인식을 발달시킬 수 있다'고 주장했다.[32] SEE와 교육대학 내 환경교육학자들은 대부분 지리학자들과 생물학자들로 구성되어 있었다.[33] 예를 들어, SEE의 주축인 조지 마틴과 키스 휠러는 둘 다 지리학자였다. 1960년대 후반까지 환경교육을 장려하기 위해 준비한 사람들은 이 교과 전문가들이다. 그들의 주장에 무게가 실리기 시작했지만, 그들은 학교 단위 현장의 문제들을 직면해야했다. 이것은 "누가 가르칠 것인가?", "어느 학생들에게 가르칠 것인가?", "어떤 시험을 위해 가르칠 것인가?"와 같은 문제를 의미했다. 학교에서 각 교과의 운명이 좌우되고 그에 따른 전투가 치러지는 것은 이러한 문제에 관한 것이었다. 비록 대중적 차원에서의 논쟁은 목표의 관점에서 이루어지는 경향이 있었지만, 학교 차원에서의 주체 권력의 현실은 결코 표면 아래에 있지 않았다. 실제로 다음 장에서 제시된 증거는 이러한 갈등이 눈에 띌 만하다는 점에서 주목할 만한데, 이러한 갈등은 더욱 철저히 은폐되었을 것으로 예상할 수 있다.

라. 학교 수준의 환경교육

학교 수준에서는 환경교육의 다양한 범주가 출현했다. 두 가지 종류로 구별할 수 있는데, 첫 번째는 중등종합학교(comprehensive schools)의 인문

과학 영역에서 발전한 광범위한 개념의 환경학 '학부'에서 찾을 수 있었다. 그 학부들은 학문적인 이유뿐 아니라 종종 관리상의 이유로 도입됐는데, 새로운 대규모 종합적 중간 관리 구조에서 다양한 조직적 업무를 위임할 수 있는 기회를 제공했기 때문이다. 이와 함께 골드스미스 IDE(통합개발환경) 과정과 인문학 교육과정 프로젝트와 같은 현대의 교육과정 계획은 새로운 통합 학과를 선호하는 인식론적 이유를 강조했다.

1960년대 후반에 환경이 주도적으로 선택되었던 주제들을 통합하기 위해 새로운 학부가 조직되었지만, 교육 인력은 전통적인 교과 전문가들로 구성되었다. 인문학 측면의 환경교과 학부에서는 지리학자들이, 과학 쪽에서는 생물학자들이 우세했다. 그러나 지리학과 생물학은 계속해서 번창했고 전통적인 지리학과와 생물학과의 수는 혁신적 학부보다 훨씬 더 많아졌다. 게다가 환경교과 교육과정은 거의 개발되지 않았고, 개발된 것조차도 주로 초등학교와 중학교에 진학한 학생들을 교육시키는 과정이었다. 그 결과, 환경교과 학부의 교사들은 자신의 경력을 원래 전문 분야의 관점에서 계속 보았다. 이데올로기적인 이유 외에 믿음을 변화시킬 다른 이유는 없었다.

두 번째 다양한 환경교육은 기존의 농업교과에서 시작된 새로운 환경 연구를 통해 개발되었다. 이러한 시책(계획)의 원동력은 농업교과 교사들로, 가장 많은 수의 환경 연구 직책과 학과가 만들어진 하트퍼드셔에서 가장 두드러졌다. 6장에서 살펴본 바와 같이 농업교과 교사들이 걱정하는 이유는, 변화하는 교육적 여론의 동향을 면밀히 관찰한 결과 학교 내에서 생존이 위협받고 있다는 것을 명확하게 파악할 수 있었기 때문이다. 1963년 초, 카슨은 농업교과가 '변화하는 동향'에 적응하지 않으면 소멸해야 한다고 말했다. 그는 농업교과 교사들은 '하나는 수업, 하나는 그들이 일하는 교육적 흐름'이라는 두 가지 의무를 갖고 있다고 주장했다.[34] 그는 나중에 교육학자들이 "여러분은 환경교과를 가르쳐야 한다"고 끊임없이 주장했다는 것을 언급했다. 그것은 그 당시 여론의 분위기였다.

물론 카슨은 농업교과 학회 배후에서 움직이는 세력이었지만, 농업교과 내에서 하나의 하위 그룹만을 대표했다. 환경연구에 대한 농업교과의 재정의는 치열한 논쟁을 불러일으켰고 교사의 생계와 관련된 교과의 생존이 주요 의문이었다.

8. 농업교과의 재정의: 환경교과의 기원

1960년대 후반까지, 학문 교과와 회원의 관련 이익을 증진시키려는 집단들은 급변하는 상황에 직면했다. 중등교육 종합화의 가속화, 교육과정 개혁 운동의 성장, 주요 관심사로서 '환경'의 출현은 교과 그룹(subject groups)이 내부에서 운영할 수 있는 복잡하고도 새로운 영역을 제시했다.

여기에서 고려된 세 그룹 사이의 주장, 진화, 통합의 다른 패턴은 그들이 완전히 다른 방식으로 행동한다는 것을 의미한다. 거의 한 세기에 걸친 주장과 변화에 따라 지리학자들은 중등학교 교육과정에서 교과를 정립했다. 대학에서 이 교과는 최종 승인을 앞두고 있었고, 지리교과를 보다 양적, 이론적, 과학적으로 체계를 갖추기 위해서 새로운 계획들이 제시되었다. 3차 수준에서 교과를 설정하는 것은 레이튼의 교과 발전에 대한 3단계 모델(Three-stage model of subject evolution)에서 최종 통합(consolidatory) 단계를 나타낸다. 통합 및 학문의 관계, 환경과 지역적 연구를 장려하기 위해서는 최대 변화보다는 최소한의 조정을 이끌어내는 것이 더 좋다. 지리학자들은 교과의 확립과 자신들의 특별한 이익 통합을 달성하는 전략들을 지지했다.

생물학자들은 지리학자들과 거의 동시에 승인을 위한 투쟁을 시작했고 거의 한 세기 동안 주장한 끝에 1950년대와 1960년대에 급속한 발전을 이루었다. 생물교과를 대학에서 확립시켰고 최종적으로 중등학교에서 널리 승인되었다. 생물학의 성공적인 진흥의 주요 원천은 생물학이 체계적인 방법과 이론을 가진 '자연과학(hard science)'이라는 주장이었다. 그 새로운 조건들은 생물학자들이 견고한 과학적 위상을 추구하면서 점차 줄여나갔던 요소들을 장려했다. 환경 및 현장연구는 통합과 학제간 연계를 향한 계획과 마찬가지로 생물학에서 보다 덜 체계적이며 덜 과학적인 측면을 나타낸다. 과학으로서 생물학의 지위를 지키려면 새로운 가능성을 포용하기 위한 준비보다는 새로운 조건에 대한 최소한의 조정이 필요하다.

생물교과나 지리교과와는 달리 농업교과는 중등 교육과정의 한 부문에 국한된 학교교과였다. 농업교과는 성취력이 낮은 중등학교 학생들에게 제공되는 낮은 지위의 과목이었다. 1963년 숀 카슨은 다음과 같이 썼다.

> 농업교과는 외부와 단절된 상태에서 존재하지 않는다. 그것은 다른 교과와 그에 따른 상대적 중요성, 그리고 일반적으로 교육 프로그램의 목표에 영향받는다.
>
> 앞으로 몇 년 동안 우리 학교 체계와 학교 내 교육과정 모두에서 상당한 변화가 있을 것이다. 농업교과가 그 영향력을 유지하려면 해당 교과를 지지하는 학교들은 농업교과의 목표를 명확히 해야 하고, 교육방법을 새로운 여건에 적응시킬 준비가 되어 있어야 한다.[1]

중등 모던스쿨(secondary modern school)의 한 부분에 국한된 농업교과는 특히 중등종합교육으로의 변화에 취약했다. 1966년 봄 윌트셔(Wiltshire) 농업교과 교사 콘퍼런스(Conference of Wiltshire Teachers of Rural Studies)에서 설립된 특별조사위원회(working party)가 작성한 '중등종합교육 시스템 내 농업교과의 현주소'에 대한 첫 번째 보고서가 같은 해 NRSA저널에 실렸다.

전국에 걸친 중등종합학교의 급속한 확산을 검토한 후 윌트셔 교사들은 농업교과가 '중등종합학교 체제에서 그 자체로 많은 것을 제공해야 한다'고 선언했다.[2)]

보고서에 의하면 윌트셔 교사들은 종합학교에서 농업교과의 미래를 크게 걱정했다. 1950년대 후반 일부 지역에서 시작된 교과의 쇠퇴 과정에서 종합학교로의 변화가 이루어졌다.[3)] 1960년대 초까지 숀 카슨은 '교사가 평가권을 이양해버리고 떠난 자리를 채우지 못했다'며 특정 학교가 하트퍼드셔에서 쇠퇴하는 상황을 보았다. 1966년까지 윌트셔 교사들은 다음과 같이 조언했다. "시급한 것은 종합적인 교육 형태에 적응하고 있는 새로운 학교에서 농업교과를 가르치기 위한 시설이 누락되면 안 된다고 교사와 교육당국을 설득하는 것이다."[4)] 문제는 부분적으로 "종합학교 신임 교장은 그래머스쿨에서 임명되었기 때문에 이 교장들은 중등교육에서 농업교과의 가치에 대하여 잘 알지 못했다"는 것이다.[5)]

교사들 스스로도 교과의 쇠퇴를 분명히 알았고 1967년 11월에 한 사람은 '농업교과 교사들 사이에 보편적인 패배 분위기'가 있었다고 말했다.[6)] 하트퍼드셔 교사는 이 시기를 회상했다.

> 몇 년 전, 농업교과가 단계적으로 중단되었다. … 그 자체로 보잘것없는 이름을 갖게 되었다. … 그건 … 알다시피, 체면을 잃었고… 이 시대에 우리가 원하는 교과가 아닌 것으로 여겨지고 있었다. 그리고 우리는 평가위원회(examining boards)와 대학들이 'O' 레벨과 'A' 레벨에서 그것을 받아들이도록 하는 데 큰 어려움을 겪었다. … 주로 내용 때문에…. 학교의 수요가 줄어들고 있기 때문에 농업교과를 단계적으로 중단해야 한다는 것을 알았다. … 4년 차에는 선택교과에서도 수요가 줄면서 시간표에서 밀려나고 있었다.[7)]

농업교과는 수요가 적을 뿐만 아니라 교과 영역을 확장하는 다른 교과 전문가들(교사들)에 의해서도 흡수되고 있었다. 종합교육에서 농업교과는 종종 포함되지 않았거나 '학업성취도가 낮은' 학생들에게 국한되었다. 킬 콘퍼런스(Keele Conference)와 너필드 프로젝트에 이어 생물학자와 지리학자들은 환경에 대한 '현장연구'를 통제하기 시작했다. 앞서 언급한 바와 같이 3차 단계에서는 농업교과와 유사한 영역의 전문가들이 '환경교과'를 정의하기 시작했다.

수요가 급격히 감소하고 선택지가 없어지고 있는 상황에서, 농업교과는 종합교육이 빠르게 추진되고 있는 주에서 사라질 위기에 직면하였다. 하트퍼드셔의 카슨은 농업교과가 '빠르게 사라질 것'이라고 확신했고 토팜(Topham)은 1969년에 농업교과가 '끝났다'고 보았다.

최근 생겨난 종합학교에서의 폐강과 대학 기반 부족에 직면한 농업교과 지지자들은 '새로운 지적 정체성과 특히 새로운 직업적 역할을 확립하는 잠재 수단'으로서 새로운 아이디어를 수용하고 동원해야 했다.[8] 새로운 아이디어에는 '환경'뿐만 아니라 '통합', '관련성', '팀 티칭' 등이 포함되었다. 모두가 똑같이 옹호되었다. 1969년 농업교과 교사 연례총회는 다음과 같은 결의안을 채택했다. "농업교과 단체들은 그들의 학과가 관련 있고 가치 있는 통합 작업의 형태로 무엇을 제공해야 하는지 보여주기 위해 적극적인 조치를 취한다. 많은 농업교과 교사들이 보여주는 열등감을 없애기 위한 팀 티칭과 함께 실질적으로 운영할 강좌…."[9] 비슷한 맥락에서 체어맨(Chairman)의 보고서는 "학교 개편에서 우리의 교과가 잘 확립되기 위해 팀 티칭과 통합 과정으로 우리가 주도할 수 있는 기회를 잡아야 한다"고 주장했다.[10]

그러나 통합, 학제간 연계성, 팀 티칭이라는 것은 새로운 지적 정체성과 직업적 정체성을 규정하는 데 거의 도움이 되지 않았다. 주요 문제는 농업교과의 낮은 지위, 지적 통합으로서의 부족함, 그리고 이 두 가지 결함을 시정할 수 있는 장치가 없다는 것이었다. 새로운 지적 콘텐츠의 정의 또는 습득과 새로운 높은 수준의 시험 수업계획서의 구축은 농업교과의 전망을 바꾸려는 전략을 제시했다.

이 두 가지 전략은 1965년 이후 기간에 자세히 분석할 수 있다. (1)농업교과를 재정의하고 방향을 바꾸려는 시도는 교과에 주어진 이름을 둘러싼 갈등에서 명확하게 알 수 있다. (2)그 교과의 지위와 학문적 체계를 갖추려는 시도는 새로운 평가 계획들을 면밀히 조사함으로써 분석할 수 있다. 상징적으로 카슨과 같은 옹호자들은 새로운 '학문'의 필요성을 언급했고, 따라서 대학에서 교과 학자들의 지적 추구를 통해 일반적으로 주어지는 높은 지위를 암시했다.

가. 농업교과의 재정의: 1965~1969년

1955년, 유일한 옹호자인 루이스(C. C. Lewis)는 이 교과에 대한 새로운 타이틀의 필요성을 주장하면서 '이름이 없으면 전투에서 패배할 수도 있다'[11]고 경고했다. 페리(G.A. Perry)가 농업교과를 대체하기 위해 선택한 이름은 '생명과학(Lifecology)'으로, "다양한 서식지를 가진 인간과 모든 생물의 상호의존성에 대한 연구라는 느낌이 전달되기를 바란다"고 말했다.[12]

페리의 주장에 대한 국립협회(National Association) 회원들의 초기 반응과, 1965년 킬 콘퍼런스에서 거론된 재평가의 필요성은 이 교과가 보다 발전하고 통합되어야 함을 요구하는 것이었다. 카슨은 '중등학교 교사에게 이 용어는 명확하게 정의된 경계를 가진 교과로' 생물교과와 지리교과는 환경교육을 다루어서는 안 된다고 말하면서 이 교과의 배타성을 주장했다. 그는 “우리는 ‘환경교과 또는 과학’과 ‘농업교과 또는 과학’이라는 대안이 남아 있다”고 말했다.[13] 과학적인 요소(“과학이라는 단어 안에 우리를 위한 어떤 마법도 있어서는 안 된다”)를 빼고 생각하면, ‘환경교과’와 ‘농업교과’ 사이에서 분명한 선택이 남는다. 카슨은 “‘환경교과’라는 용어가 몇몇 대학을 제외하고는 거의 알려져 있지 않으며 학교나 대학 내에서도 명확한 정의를 내리지 못하고 있다”고 말했다.

‘농업교과’의 사례는 1965년 교과의 입장을 요약한 유용한 정보를 제공한다. 농업교과협회(Rural Studies Associations)에는 37개 주의 교사협회가 있다. 잉글랜드와 웨일즈에서 중등 모던스쿨의 절반에 농업교과 과정이 존재한다. 모든 위원회에서 그 교과에 대한 CSE 평가가 있었다. 약 36명의 농업교과 지도교사들을 LEA(LEAs; 영국의 지방교육당국)에 고용하였다. 그리고 5개 교육대학은 농업교과 전문가를 양성하기 위해 3년 과정을 운영했다.[14]

1965년 카슨의 기사 이후 급격한 변화로 인해 많은 농업교과 교사들이 학교에서 자신의 교과를 ‘재정의’하기 시작했다. 그와 동시에 카슨은 1966~1967년 맨체스터에서 실시한 연구에서, 특정 집단과 개인들이 농업교과를 특별히 참고하여 학교에서 가르쳐야 한다고 생각하는 것을 확고히 하려고 노력했다. 그는 농촌과 관련된 모든 이해관계를 대표하는 사람들에게 설문지를 보냈다.[15]

카슨은 다양한 농촌 단체의 교과에 대한 요구사항을 정의하기 위한 노력과 함께 농업교과 교사들의 견해와 실천이 무엇인지를 밝히기 위해 애썼다. 그의 연구는 농업교과에 대한 두 그룹의 인식이 매우 다르다는 것을 보여준다. 농촌 단체들은 주요 목표를 ‘농촌에 대한 이해와 자연환경, 인간과 자연과의 관계를 증진시키는 것’으로 보았다. 다른 중요한 목표는 ‘아이들의 미적 감상의 발달, 창의성 장려, 자연과 어울림의 가치를 알게 하는 것'이었다.[16] 이런 목표가 농업교과 교사들 사이에서 과소평가된 반면, '원예나 다른 농업 공예에서 장인정신 기술과 기준 개발'이라는 목표는 학교에서 과도하게 강조되었고 CSE 수업계획서에 표현되었다. 카슨은 '유효성 검사를 위한 인터뷰에서 일부 교사들이 '아이들의 미적 감상 발달, 창의성 장려, 자연과 어울림의 가치를 알게 하는 것'이라는 목표에 많은 관심을 기울이고 있다는 것을 깨닫지 못했다'라고 언급했다.[17]

카슨의 연구는 소수 교사들의 혁신적인 노력과 그 교과를 재정의하려는 교사들의 노력이 대부분의 농업교과 교사들의 모습과는 거리가 멀다는 것을 보여주었다. 국립협회는 회원의 직업적 정체성을 바꾸기 위한 전략과 함께 기본적인 딜레마에 직면했다. 이 딜레마는 1968년 2월 10일 뉴어크(Newark)에서 열린 회의에서 발생했다. 어떤 안건은 새로운 환경교과 'O' 레벨과 관련된 것이었다. 회의록은 숀 카슨이 제안된 논문에 너무 많은 '사회학적 요소'가 있다고 느꼈고,[18] 포함될 수 있는 사회학의 정도와 농업교과를 위해 훈련받은 교사가 어떤 것을 가르칠 수 있는지에 대한 논의가 있었다고 보도했다. 뉴어크에서는 정책위원회가 협회명을 환경교과(environmental studies)로 변경할 것을 고려했고, 다음달에는 환경연구회와 환경교육학회(Society for Environmental Education)가 구성되었다. 정책위원회는 회의 논평과 언론 보도에 따라 '농업교과' 명칭 변경 문제를 고려했지만, '농업교과'라는 명칭을 그대로 사용할 것을 권고했다.[19] 협의회는 다음과 같이 동의했다.

> 그 이름에 대해 약간의 반대가 있기는 했지만 그것에 굴복하는 것은 어리석은 일이 될 것이다. 이 용어는 모든 CSE 이사회, 많은 교육 대학, 9개 대학에서 B.Ed(교육학 학사) 과정과 적어도 'A' 레벨에서 받아들여졌다. (이것은 아마도 북부 대학 이사회와 진행 중인 협상을 가리킨다. - 9장 참조) 또한 'O' 레벨 이사회가 곧 그 이름을 수락하기를 희망했다.[20]

뉴어크의 결정이 있은 후 몇 주만에 180도 변화의 증거는 리차드 모건이 정책 위원회의 모든 위원에게 보낸 3월 8일자 회람에 담겨 있었다. "최근 프리처드와의 대화를 통해 3월 16일 탬워스(Tamworth)에서 열리는 다음 회의에 그를 초대하는 것이 우리에게 유리할 수 있다고 판단했습니다."[21]

이때 머빈 프리처드(Mervyn Pritchard)는 농업교과 특별조사위원회(the Schools Council Working Party) 의장으로 활동했다. 학교위원회는 1965년 11월 국립농업교과협회(National Rural Studies Association)와의 논의에 따라 특별조사위원회(Working Party)를 설립하였다. 세인트 알반스에 있는 레드번 중등학교의 교장이었던 프리처드 지휘 하에 열한 번의 회의를 가졌다. 보고서는 1968년 6월 의회에 제출되었지만, 프리처드가 탬워스(Tamworth) 회의가 열릴 무렵 이미 결론에 대해 상당히 명확한 견해를 가진 것으로 보인다. 탬워스 회의의 결과는 기밀 사항으로 기록되었다. "학교위원회 차원의 상임위원회가 설치되어야 한다"는 프리처드 전 의장의 생각을 지지하고, 농업교과의 정의를 '학교 안팎의 환경에 대한 연구'라는 용어로 받아들이기로 결정했다.[22] 5월 차기 정책위원회 회의는 환경교육협의회 구성, 교육대학 환경교과 강좌 수의 증가, 농업교과라는 이름에 대한 평가위원회의 저항, 가장 지지받을 단어가 '환경'이라는 것 등의 이유로 명칭 변경에 동의했다.[23] 6월에 농업교과에 관한 학교위원회 특별조사위원회 보고서는 다음과 같은 주장을 담고 있었다. "농업교과의 잠재력을 완전히 실현하는 것은 교육적으로 중요한 문제가 되었다. 농업교과는 삶의 여러 측면에 광범위하게 영향을 미치기 때문에 그 한계를 정의하기 쉽지 않으며, 일부 교과들의 가치만큼 명확하지도 않다."[24] 특별조사위원회는 전제조건으로 가르치는 교과를 정의할 필요성을 느꼈다. 이 정의는 프리처드의 권고에 따라 3월에 국립농업교과협회 정책위원회가 채택한 것과 정확히 일치한다. "농업교과는 학교 안팎의 환경을 연구하는 학문으로서, 사람에게 중요한 동물과 식물, 그리고 사람이 농촌과 상호작용하는 것을 이해하는 데 도움이 된다."[25]

명칭 변경에 대한 논의는 여러 지역협회에서 이루어졌다. 11월에 웨스트 라이딩 지부에서 사무총장에게 서한을 보내 많은 문제를 언급했다. 첫째, 웨스트 라이딩 지부는 명칭 변경이 '농업교과 운동'을 가리키는 것인지, 아니면 '농업교과 과목'을 가리키는 것인지 확신하지 못했다. 만약 전자라면, 국립농업교과협회(NRSA)는 (반드시) 중등학교 과정의 교과 이름으로 '농업교과' 또는 '환경교과' 중 하나를 선택해야 한다.[26] 이 권고안은 이후 정책위원회에서 승인되었다.[27] 둘째로, 지부는 환경교과로의 명칭 변경을 통해 환경교과의 전적인 책임 주장으로 고민했다.

8월에 협회는 허트포드(Hertford)에서 회의를 열었는데, 그곳에서 개명 안에 대해 '몹시 열띤' 토론이 있었다. 지난 9월 연례총회에서 총무와 숀 카슨은 최근 하트퍼드셔에서 직함을 '환경교육자문위원(Adviser for Environmental Education)'으로 변경하자고 제안했다. 그 동의안은 12 대 7로 통과되었고, 기권은 2표였다.[28]

카슨은 "이 1969년 회의와 그 이후의 회의에서 심한 분열이 있었지만, 동지애가 해체된 것은 1960년 이후 처음"이라고 회상했다.

그래서 그 명칭은 국립농업환경교과협회(National Rural and Environmental Studies Association)로 변경되었다. 3년 후 변혁의 과정이 완료되고 국립환경교육협회(National Association of Environmental Education)가 등장했다. 필립 닐(Philip Neal) 회장은 1971년 중반 협회 저널 사설을 통해 협회명 변경을 예고하고 이미 안정적으로 확립된 다른 학교교과협회와 같은 위상을 세우고자 하는 포부를 비쳤다.

가시밭길일지라도 처음부터 다시 시작하는 용기가 필요할지도 모르겠다. 농업환경연구협회 이름에서 '농업'을 빼고 환경교육협회로 지었다면 지금보다 더 많은 회원이 가입했을 것이다. 우리는 환경과 관련된 교사들의 모임이다. 단언컨대 '환경교육협회'가 바로 우리가 하는 일을 정확히 표현하고 있다. 이것은 과학교육협회, 체육교육협회와 같은 맥락이다.[29]

나. 학문적 정립의 필요성

국립협회(National Association) 이름을 변경하는 것이 교과 정체성 자체를 변화시키지는 않았으나 교과에 대한 재정의가 요구되었다. 이런 변화의 물결은 이 교과의 필요성이나 교과로서 자리매김에 대한 요구가 아닌 '학문적' 정립에 대한 것이었다. '학문적' 정립이라 함은 말 그대로 두 가지 재정의를 뜻한다. 첫째, 새로운 통합적 지식으로 더 높은 위상을 갖게 되며 둘째, 보다 넓은 전공 분야에 접근 가능한 교과가 되는 것이다.

맨체스터에서 새로운 CSE에 특히 관심을 가졌던 숀 카슨은 1966년 가을에 다음과 같은 이유로 농업교과의 필요성을 인식하기 시작했다.

학문 분야에 대한 명확한 정립이 부족하다 보니 지방 당국은 행정 시행에 난색을 표하곤 한다. 해당 교과에 어떤 지원이 필요한지에 대한 결정과 최근 몇몇 교육대학에서 교육학사(B.Ed) 학위 과정에 편성한 농업교과 과정을 어떻게 조치해야 할지 결정하는 데 어려움을 겪었다. 아직 'A' 레벨 과정 농업교과가 없는 이유 중 하나이기도 하다.[30]

또한, 교육 및 현장 생물학 연구 그룹의 보고서(Report of the Study Group on Education and Field Biology)에 대한 논평에서, 그는 다음과 같이 언급했다. "농업교과는 어떤 학문적 수준, 심지어 'O' 레벨에서도 학문으로 인식되지 않았기 때문에, 이 그룹은 그것을 심각하게 고려하지 않았다."[31]

카슨의 이러한 견해는 농업교과 학교 특별조사위원회(Schools Council Working Party on Rural Studies)에 전달되어 1968년 6월 위원회 보고서를 통해 재언급되었다.

특별조사위원회는 '학문적 정립의 필요성'을 인식했다. 이 학문은 '현재의 전문화 시스템에 걸쳐' 확산될 것이며, '농업교과가 역할을 담당하는 환경적 경험에 기초한 통합 연구 과정'을 채택할 수 있다는 것이다.[32]

근본적 위계질서가 자리 잡힌 영국의 교육체계에서 새로운 분야를 '학문'으로 인정하는 일은 주로 대학 교수들을 통해 이루어졌다. 안타깝게도 당시에는 농업교과를 학문으로 자리 잡게 할 만한 연구 활동이 거의 없었다. 1972년 대학 현장을 검토한 마르샤는 다음과 같이 언급했다. "'환경교과'라고 이름 붙여진 대학 과정은 개별적 선호도가 담겨 있었고 각각의 방식으로 응용되었으며 일반적으로 적용하기에는 어려움이 있었다."[33] '환경'을 강좌로 대학에 개설한 첫 사례는 이트스앵그리아 대학교의 환경과학대학(the School of Environmental Science at East Anglia University)이다. 이 대학에서는 1960년에 환경학 강좌 개설에 대한 논의가 이미 있었으나 실제 강좌를 개설하는 데는 7년이 걸렸다. 반면 화학, 생물학, 수학 및 물리학의 기초과학을 우선적으로 편성하였다. 비슷한 강좌들을 콜레인(Coleraine)의 울스터(Ulster) 대학과 서식스(Sussex) 대학과 같이 새로 설립되는 대학들에 개설하였으며 과학자들이 주관하는 응용과학의 형태로 이루어졌다. 셰필드와 엑서터(Exeter)에서도 '환경 화학 공학'에 관한 강좌를 도입하였다.

대학에 특색 있는 응용 강좌들이 개설되었으나 '환경학'을 학문적으로 정립시키는 것에는 큰 의미를 주지 못했다. 이런 양상은 교육대학에서도 볼 수 있었다. 패터슨(A. Paterson)은 환경학 강좌들은 개별적이어서 고유성을 정의내리기 어려웠다고 말한다. 강좌명들 또한 제각각이었다. 환경교과라는 강좌명 아래 환경과학, 현대환경연구, 사회환경연구와 같이 다양했고 환경교육이라는 명칭도 있었다. 패터슨은 이러한 공통된 정체성의 결여가 '꼭 실수만은 아니'라고 생각했다. "모든 것이 명백하게 동일하다면, 교과는 관습적으로 더 완전하게 인식될 수 있지만, 강좌명의 변화는 교과의 일반적인 뉘앙스의 차이를 나타낸다. 이는 과목을 가르치는 사람이 강좌를 만들고 개설하기 때문이다."[34)]

대학 강좌 개설 과정은 초·중·고등학교 교과 성립과정과 크게 달랐다. 환경교과는 주요 강좌로 1961년 개설되었다. 3년 후 레스터 칼리지(Leicester College)는 두 강좌를 추가 개설하고 다양한 강좌를 책임질 정규인력을 세 명 충원하여 환경교과학부(Department of Environmental Studies)에 배치했다. 레스터에서 환경강좌는 지리학자들의 주도로 구성되었으며, 이를 두고 패터슨은 '지리학을 활용한 이상주의(by idealism out of geography)'를 반영한 가장 일반적인 환경강좌의 형태라고 평했다.[35)] 많은 대학에서 환경 관련 대학 강좌를 개발한 두 번째 주자는 생물학자들이었다. 하위 학교급에서 만들어져 올라온 농업교과는 과소평가되었다. 패터슨는 농촌학 교본이 부족한 상황에서 농업교과는 폭넓은 범위를 다루고 있으며 현재의 환경학 분야와 많은 부분이 겹치거나 포함하는 것은 주목할 만하다고 생각했다. 한 대학은 잘 갖춰진 농업교과 시설을 가지고 있었지만 환경 연구학부에서는 그것이 별로 쓰이지 않는다고 말했다.[36)]

사실 대학들의 발전은 중등학교에서 진행되는 것을 연대순으로 자주 따랐다. 패터슨은 많은 대학의 강좌 목표 중 하나가 '현대 교육 환경에 적응'이라고 언급했다. 그는 '학교가 이미 환경교과 교사를 모집하고 있으며, 대학보다 교육적 측면에서 앞서 있다'는 사실을 반영했다.[37)]

학교와 대학의 주요 차이점은 농업교과 교사의 입장이었다. 대학에서 그들은 중등종합학교 체제로의 개편(물론 그들의 입장에 상당히 장기적인 위협은 있었지만)으로 인해 곧 폐강될 위기는 면했다. 1963년 당시 농업교과를 전문 과정으로 하는 대학은 5개 정도에 지나지 않았다.[38]

심지어 농업교과를 가르치는 그 대학들에서도 학교에서의 실습과 겹치는 부분이 있었다. 1968년 6월 알렉산더(D. Alexander)와 카슨은 교육대학 수업계획서에 관한 보고서에서 "우리의 조사결과는 학교의 많은 사람이 이미 사실이라고 느끼고 있는 것, 즉 대학 과정이 학교에서 교사들에게 요구되는 것과 거의 관련이 없고 현재 시급히 검토가 필요하다는 것을 보여주었다"고 언급했다. 학교와 대학 과정 사이 부정적인 상관관계에 대해 보고하면서 "만약 대학 과정이 농업교과의 승인된 정의를 반영해야 한다는 전제가 받아들여진다면, 이 결과는 중요하다. 왜냐하면 사실 대부분 과정이 이상과 매우 다르다는 것을 보여주기 때문"이라고 말했다.[39] 알렉산더와 카슨이 지적하는 불명확성은 대학의 농업교과 강사들의 보고서가 이 문제를 제기한 2년이 지난 지금도 여전히 뚜렷하게 드러나고 있다. "대학 농업교과 과정의 목표는 학교 과정의 목표와 어느 정도 달라야 합니까?" 그리고 "대학 과정의 기초를 제공하는 학교 농업교과의 목표는 무엇입니까?"[40] 이 보고서는 초·중등학교에서 교과의 역할이 재정의되거나 적어도 갱신될 필요가 있다고 결론지었다. 그러면 학교와 대학 수준에서 그 교과의 목표가 명확해질 것이라는 이야기다.[41]

이런 뒤늦은 명료화는 1970년 이후로도 이뤄지지 않았다. '농업교과는 어디로 향하는가(Whither Rural Studies)?'라는 기사에서 1975년 12월 마일러크리스트(M. Mylechreest)는 "170년 학교 교육과정에서의 환경교육의 정의에 합의했지만, 고등교육에 대한 합의는 없었다"고 주장했다. 그는 "농업교과 전문가들의 지속적인 지원이 매우 중요하다"고 결론지었다. 이 주장은 설득력이 있다. '새로운 전문 환경교과 교사'를 양성하지 않기 때문에, '농업교과 교사가 학제간 환경교과에 필요한 기여를 할 수 있다'는 것이다.[42]

고등교육 분야의 학자들 사이에서 환경교과의 새로운 학문적 정의가 등장하지 않았기 때문에, 정의 과정을 중등수준에서 수행해야 했다. 'A' 레벨의 수업계획서를 만든 선구자 중 한 명은 '나중에 진행된 교육과정 개발과정은 학교에 기반을 둔 것이며, 지역 당국의 지원을 받아 교사들이 실천하는 것이 함께 취해진 시책의 결과'라고 주장했다.

이러한 자체 제작 작업은 교육과정의 영역을 개발할 수 있는 실행 가능한 방법을 제공한다.[43] 따라서 학교 기반 모델에서는 학급 교사가 새로운 지식 영역에 대한 필요성을 인식하고, 그 구성에 학자를 참여시키면서 학문 분야가 개발된다.

1967년 초부터 농업교과 교사들 사이에 그러한 필요성에 대한 인식이 있었다. 1967년 2월, 머빈 프리처드는 국립농업교과협회(National Rural Studies Association)의 '연구개발분과위원회(Research and Development sub-committee)'의 비서로서 다음과 같이 보고했다. "교과의 지식 내용이 감명을 주기에는 다소 어려움이 있었다"며, 소위원회는 "농업교과의 경험이 교육대학에 진학하는 학생들에게 어떤 도움을 줄 수 있는지, 농업교과에서 'O' 레벨의 자격 취득이 이후 어떤 가치를 지닐 수 있는지 알아보고 싶다"고 밝혔다. 이 보고서에 이어 진행된 토론에서 HMI 존 풀런(John Pullen)은 '답변이 필요한 몇 가지 질문'이라고 말하면서, "'A' 레벨의 과정이 농업교과에 포함되어야 한다고 생각하십니까? 우리는 농업교과에서 'A' 레벨의 사람들을 원하지 않는다는 반응에 대해 무엇을 해야 할까요? 농업교과의 어떤 부분이 다른 학문의 한 측면으로 다루어져야 합니까?"라는 질문을 던졌다. 같은 회의에서 정책위원회는 "농업교과 분야에서 최소한 'O' 레벨로 이어질 수 있는 아이들을 위한 기존 교육과정을 찾고, 'O' 레벨까지 농업교과가 필요하다는 증거, 즉 유능한 학생에게 유리한 교과임을 보여주기 위한 소위원회를 구성했다"고 보고했다.[44]

3월에는 국립협회(National Association)가 농업교과에 관한 학교위원회 특별조사위원회에 '증거 진술서'를 제출했다. 농업교과의 정의는 카슨의 맨체스터 연구에서 확립된 것과 거의 일치했다. 자연과 식물의 생태적 관계인 경관, 지형, 지질학, 토양학에 대한 연구는 자연적으로 존재하는 식물과 동물의 생태적 관계와 함께 농업, 원예, 임업을 통한 인간의 자연환경 통제에 대한 연구도 함께 진행된다.[45] 국립협회는 농업교과의 이러한 정의를 옹호하고, '자연 환경에 대한 인식과 이해의 발전'이라는 목표를 추가하면서, 농업교과에서 'O'와 'A' 레벨에서 시험에 대한 수요가 증가하고 있다고 주장했다. "그러한 시험이 도입되면 우리는 점점 더 많이 사용될 것이라고 확신한다." 마지막으로, 그들은 정의한 내용이 "통합되고 명확한 연구 영역과 가치 있는 학문 분야를 제공한다"고 주장했다.[46]

이 시기에 농촌 연구에 관심이 있는 존 풀런을 포함한 HMI의 소규모 그룹도 학교에서 농촌학을 가르칠 필요성을 느꼈다. 그들은 1967년 10월에 발표된 기사에서 "학교에서 농업교과는 학생들에게 농촌에 대한 구조화된 지식을 습득하기 위해 학문적 연구를 요구하며, 교육과정의 많은 익숙한 교과로에 들어가는 것을 의미해야 한다"고 광범위하게 해석했다.[47] HMI는 그러한 농업교과가 'A' 레벨에서 시험 교과가 될 수 있는 것으로 보았다.

현재 많은 학교에서 시도하고 있는 연구가 이 수준에 도달했다고 할 수 있다. 농업교과 강좌가 잘 발달한 일부 학교는, 상급 학년 학생들이 화학, 생물학, 지리학에서 성공적으로 'A' 레벨의 강좌를 선택하고, 성취한 결과에 따라 대학에 입학했다. 그럼에도 불구하

고 농업, 농업과학, 그리고 더 넓은 농업교과 분야에서 'A' 레벨 강좌를 도입할 시기가 왔다.[48)]

중등종합학교 체제로의 전환은 이전에 CSE와 함께 농업교과를 'O' 레벨과 'A' 레벨로 정의하고자 했던 많은 교사를 자극했다. 1968년 국립농업교과협회 저널은 요크셔, 노팅엄셔, 하트퍼드셔의 학교들이 'O' 레벨과 'A' 레벨을 위한 캠페인을 벌이고 있다고 언급했다.[49)] '중등종합학교의 농업교과'에 대해 보고한 토팜은 "종합학교에서는 모든 학생이 농업교과에 참여할 수 있는 기회를 가져야 한다"고 주장했다.[50)] 종합학교의 농업교과 교사들은 다음을 제공하는 것을 목표로 삼아야 한다. (1)'O' 레벨 GCE로 이어지는 과정 (2)CSE로 이어지는 과정 (3)통합 과정 (4)일반 학습 과정에 참여 (5)'A' 레벨의 GCE로 이어지는 과정 그리고 중등 학교 수료증이다. 결과적으로 '대규모 중등종합학교에서는 그 학과에 교직원을 충분히 배치할 수 있다'는 것이다.[51)]

토팜은 "농업교과의 다양한 시험에 관해 진지하게 논쟁할 때 농업교과 지지자들의 끊임없는 딜레마가 잘 나타난다"고 말했다. "나는 시험에서의 성공이 어떤 교과의 가치를 나타내는 것은 아니라고 굳게 믿고 있으며, 농업교과는 특히 그렇다." 그의 의견은 1967년 4월 퀀트(P. L. Quant)의 논평에서 언급되었다.

중등종합학교의 설립이 불가피한 상황에서 우리의 지위를 유지하는 것은 중요했다. 그렇기 때문에 우리는 '과학은 우리의 리더'라는 개념으로 우리를 속박하고 있는 과학을 농업교과의 수업계획서로 대체하기 위해 농업교과의 단절을 추진했다.[52)]

1965년 11월부터 1968년 6월 사이, 이사회 보고서 제출을 통해 농업교과에 관한 학교 특별조사위원회가 열렸다(특별조사위원회의 업무 개요는 '중등학교의 농업교과를 조사하는 것'이었다).[53] 교과의 '지위'에 관한 섹션이 주된 문제로 부상했다.

> 매우 다양한 입장이 있었지만, 상당수의 농업교과 교사들은 까다로운 업무, 보조적인 도움의 부족, 농업교과를 성취도가 낮은 사람들을 훈련시키는 교과라고 인식하는 태도 때문에 어려움을 느낀다.[54]

다른 보고서는 다음과 같이 언급했다. "농업교과를 주로 성취도가 낮은 학생을 위한 정원 가꾸기(gardening) 개념으로 보는 오랜 인식은 쉽게 사라지지 않았다."[55]

이 상황에 대한 해결책이 분명하게 인식되었다. 농업교과 시험은 그 교과의 이미지를 개선하고 학생들과 그 부모들이 그 교과에 일정한 지위를 부여하는 데 도움이 되었다. 허용할 만한 'A' 레벨은 지위를 더 높일 수 있다.[56]

특별조사위원회는 학교위원회가 '모든 중등학교가 받아들일 수 있는 농업교과 교육과정 패턴을 수립하기 위해 교육과정 개발 프로젝트를 수립해야 한다'는 강력한 권고안을 내놓았다. 보고서는 "위원회가 농업교과의 교육과정 개발 프로젝트를 위한 제안서를 작성해야 한다는 데 의견을 모았다"고 언급했다.[57] 특별조사위원회와 공감하는 HMI의 위원회는 교육과정 개발 프로젝트의 필요성을 신속하게 고려하게 했다. 중요한 것은 농업교과 업데이트의 간략한 내용이 프로젝트의 암묵적인 부분인 경우 농업교과 협회의 새로운 명칭과 열망에 따라 타이틀이 변경되었다는 점이다. '프로젝트 환경(Project Environment)'은 1970년 4월에 시작되었으며, 협회 내 두 명의 주요 구성원은 론 콜턴(Ron Colton) 국장과 리차드 모건(Richard Morgan)

부국장이었다.

처음부터 이 프로젝트는 농업교과협회의 대표 및 기관과 매우 긴밀하게 협력했다. 가장 중요한 파트너십은 아마도 환경교육특별조사위원회(Joint Working Party on Environmental Education)와의 협력일 것이다. 이 기구는 데이비드 알렉산더(David Alexander)의 지도하에 1971년에 소집되었다. 전직 농업교과 교사인 알렉산더는 베드퍼드셔(Bedfordshire)의 고문으로 NRESA에서 NAEE로의 전환 단계에서 국립협회의 사무총장(General Secretary)을 지냈다. 프로젝트 환경 팀은 특별조사위원회에 보낸 비망록에서 새로운 교과 영역을 주장함에 있어 농업교과 대표들이 직면하는 딜레마를 제기했다.

> 문제는 공동 특별조사위원회가 기존의 농업과학과와 농업교과 학부가 환경교육의 광범위한 대의명분에 대한 그들의 교과 역할에서 제공해야 할 교육대학의 최신과정의 유형 문제를 추진해야 하는가 하는 점이다. 아니면 그 범위를 넓혀야 할까… 지리학자, 역사학자, 사회학자 등이 당연히 그들의 학문과 환경교육 전체를 더중심적이라고 주장할 수 있는 환경의 물리적, 사회학적 측면으로? 간단히 말해서, 농업교과를 계승하고 있는 최신 영역과 전체 교육과정 개념의 환경교육 사이에서 선택이 가능하다.[58]

다. 결론

1960년대 중반 농업교과의 입장은 교과의 교사들이 급격한 지적, 직업적 수용성의 감소 상황에 직면했다는 것이었다.

이러한 상황에서(벤 데이비드(Ben-David)와 콜린스(Collins) 가설에 따라) 교과명을 변경하려는 운동을 통해 일부 교과 실무자들이 새로운 지적·직업적 정체성을 수용하는 것에 매우 열정적이었다는 것을 알 수 있다.

이러한 위기 상황에서 교과에 대한 새로운 접근 방식을 지지하는 사람들은 새로운 지적·직업적 정체성의 정의뿐 아니라 교과의 지위를 변화시키는 전략에 대한 지지를 얻을 수 있었다. 새롭게 부상하는 중등종합학교에서 살아남기 위해서는 'O'와 'A' 레벨 평가로 교과를 가르칠 필요가 있었다. 이러한 시험을 정립함으로써, 농업교과 교사들이 학교 재정과 자원을 더 많이 주장하고, 학교 내 그들의 학과 영역을 통합할 수 있는 길을 마련할 수 있을 것이다. 이러한 이유로 'O' 레벨까지 농업교과가 필요하다는 증거를 제시하기 위해 위원회가 특별히 설립되었다. 즉, 그 교과가 유능한 학생들에게 도움이 된다는 것을 보여주기 위해서이다.

그러나 학문적 지위를 추구하는 것은 시험이 처음 시작되었을 때 표면화된 교과 내부의 갈등을 부각시켰다. 토팜과 퀀트는 많은 농업교과 교사들이 자신들의 일이 학업 시험에 적합하지 않은 것으로 생각한다고 말했다. 농업교과의 시험 실시 가능 여부를 확인하기 위해 CSE에서 실시한 타당성 프로젝트에서도 농업교과 교사가 가지고 있는 필기시험의 역효과에 대한 우려가 나타났다. 그 교과를 농업교과 또는 환경교과라고 이름 붙여야 하는지에 대한 분열은 교육학적 전통과 실용주의적 전통에 대한 초기의 강조와 학문적 전통을 수용하려는 새로운 움직임 사이에서 매우 큰 차이가 있었다. 이 갈등은 6월 14일 회의에서 명백하게 드러난 교과 내 분열에 반영되었다. 특히 영국 북부의 농업교과 집단들 사이에서는 농업교과에 대한 '감정적 애착'이 컸다. 1969년 콘퍼런스에서는 다시 '더 큰 분열'이 있었고 '동료애'가 무너졌다는 것을 보여주었다. 교과협회 회의는 다양한 하위 집단과 파벌들이 교과의 특정 버전을 발전시키고자 하는 영역을 제공했다. 교과명이 '환경교과'로 변경된 주된 원인은 평가위원회 정책의 영향이었다.

교과의 위상을 높이기 위해 레이튼의 모델, 특히 공리주의 및 학생 중심의 목표에서 벗어나려는 움직임을 따랐다. 그러나 다른 면에서는 방식이 현저하게 달랐다. 레이튼의 2단계로의 이동은 그가 생각한 대로 진행되지 않았다. '학문적 전통'은 3차 수준의 학문적 공동체를 구축하지 않고서는 등장할 수 없었다. 특히 새로운 대학에서 특정 그룹이 설립되었지만, 학교 교사들과의 연계는 오프리회의(Offley Conference)와 같은 일회성 행사에서만 일어났다(제9장 참조). 가장 큰 문제는 주요 학자들이 3차 수준의 지리적·과학적 배경을 가지고 있다는 것이었다. '환경적' 문제에 끌리기는 하지만 새로운 지적·직업적 정체성을 확립하는 수단으로 '환경교과'를 보지 못했다. 실제로 번창하는 3차 부문에서는 직업적 재정의가 거의 필요하지 않았다.

학교 부문에서 인적 영향이나 교육에 직접적으로 관여하는 기관과 사회제도에도 불구하고 충실성에서 상당한 차이가 분명하게 존재했다. 프로젝트 환경의 진전은 론 콜턴 국장이 미국으로 취업을 위해 3년 차 중반에 떠난 것이 큰 영향을 미쳤다. NAEE의 주요 회원이 다음과 같이 말했다. "우리는 환경교과의 학술적 버전을 개발할 수 있는 진정한 기회를 놓쳤다. 그런 기회는 두 번 오지 않을 것이다. 내 생각엔 그가 책임져야 할 게 엄청나게 많은 것 같다."[59] 교육대학의 '환경교과' 지지자 대부분은 사실 지리학이나 생물학의 주요 전문가였다. 따라서 환경교육협회와 같은 기관은 주로 자신의 연구가 환경교육과 동의어라는 농업교과 전문가의 주장에 반대했다.

9. 환경교과의 'A' 레벨 수업계획서 구성

가. 학교 기반 계획(Schools-based Initiatives)

1964년 이후 중등종합학교 시스템으로 전환하는 시기에 여러 학교에서 식스폼 양식으로 농업교과 과정이 시작되었다. 그 결과 농업교과 교사들은 'A' 레벨의 표준이 될 가능성이 있는 과정을 마련하기 시작했다.[1]

스태퍼드셔(Staffordshire)의 테튼홀(Tettenhall)에 있는 레지스 스쿨(Regis School)에서 평가위원회의 첫 번째 시도가 있었다. 1967년 11월에 그들은 'A' 레벨 수업계획서를 제출했으나, 북부대학이사회(Nothern Universities Board)에서 거부당했고 스태퍼드셔의 테튼홀에서 그 노력은 실패로 끝났다.[2] 이후 스티버니지(Stevenage)의 종합학교 과정이 있는 셰팰베어리 스쿨(Shephalbury School)에서 보다 성공적인 접근이 이루어졌다. 셰팰베어리 농업교과 책임자인 폴 토팜(Paul Topham)은 윈체스터(Winchester)의 킹 알프레즈(King Alfreds) 대학에서 생물학과 원예학을 전공했다. 1959년 버클리 중등 모던스쿨에서 그는 농업교과 연구를 맡았다. 1963년 셰팰베어리로 이동한 토팜은 1966년까지 셰팰베어리 학교에서 이루어진 연구를 중등종합학교에서 농업교과의 잠재적 역할에 관한 '질문 기간(questioning period)'으로 보았다. 그는 대체로 농업교과 교사들을 '관리 불가능한 다수의 학생을 대상으로 즐겁게 하는 일을 하는 사람'으로 여겼다. 그는 관리가 어려운 학생에 대한 사회적 통제의 한 부분으로서 농업교과 교사들이 '가르치는 내용을 설명하라고 요구받는다면 전통적인 농업교과 과정으로는 아무것도 얻지 못한다'고 여겼다.

토팜은 전통적인 농업교과가 종합학교에서 대체로 불필요하다고 판단한 후, '실현 가능한 제안을 찾아내야 한다'고 생각했다. '모든 능력'을 갖춘 학교에서 우수한 학생들을 참여시키기 위해 교과의 저변을 넓히는 데 달려 있다고 느꼈다. 그는 식스폼 양식으로 가르친 환경을 기반으로 한 일반 연구 과정에서 교과에 대한 새로운 정의를 만들기 시작했다. 토팜의 과정은 학교에서 매우 성공적이었으며, 그는 고등학교의 교장이 되었다. 11월 22일 심사위원회에 연락하여 토팜의 강좌가 'A' 레벨이 될 가능성에 대해 문의했다.

그 당시 일부 평가위원회, 특히 관련 심사위원회는 그 교과를 'O' 레벨로 지정할 것을 고려하고 있었다. 한 교장은 이에 대한 조사가 끝난 후, '이사회가 이 수업계획서의 제작에 매우 관심이 있을 것이라는 인상을 받았다.'고 언급했다.[3]

그 결과 1967년 2월 1일 토팜은 농업교과에서 'A' 레벨 콘텐츠에 대한 견해를 듣기 위해 여러 종합대학, 단과대학, 전문 기관들을 순회했다. 그는 특히 '응용생태학 분야'의 수업계획서를 정의하는 데 관심이 많았다. 이러한 의견이 받아들여졌을 때 토팜은 'A' 레벨 초안을 작성했다. 이 수업계획서의 목적은 학생이 자신이 속한 환경에 대해 인간의 통제와 확대된 요구사항을 이해하고, 그에 따른 보존 필요성으로 인해 발생하는 갈등을 이해할 수 있도록 과학적 이해를 제공하는 것이다. '그 수업계획서는 생물학에서부터 나아가 물리학과 화학까지 연관시킨 것'이라고 덧붙였다.[4] 'A' 레벨은 두 파트로 구성되었다. 파트 1에는 물리적 환경 및 생활환경에 대한 두 개의 이론 논문이 있고, 파트 2에는 '현장연구를 포함한 독창적 연구를 기록하고 검토해 제출할 것'을 제안했다.

6월에 'A' 레벨 첫 번째 초안을 여러 대학과 평가위원회에 보냈다. 여기서 많은 문제가 제기됐다. 한 지리학 교수는 초안에서 대부분 지리라는 단어만 나오는 것이 놀랍다고 말했고,[5] 한 대학의 생물학자는 '학교 수준에서 진정한 과학적 방법으로 가르치는 것이 매우 어려울 것'이라고 말했다.[6]

심사위원회는 고문 중 한 명에게 수업계획서를 전달했다. 그는 제목이 너무 광범위하고 일반화되어 있어 수업계획서를 평가하기 매우 어렵다고 말하며, 저자의 의도를 정확히 알 수 없다고 언급했다.[7] 이 고문은 또한 파트 1과 파트 2 사이의 불연속성에 대해 언급했고, 연구의 후반부에 대해 '이 프로젝트들이 단순히 설명적일까 봐 걱정된다'며 '그것들이 이론적인 지식 체계에 확고히 뿌리를 두어야 한다'고 제안한다.[8] 이 수업계획서의 두 번째 초안은 목표 부분에서 과학적 '이해'를 '지식'으로 대체했고, 생물학, 물리학 및 화학에 대한 언급은 삭제했다. '생활환경' 부분의 제목은 '생물 시스템'으로 변경되었고, 고문이 관심을 가졌던 파트 1과 파트 2의 불연속성을 고려한 다른 수정 사항도 있었다. 토팜은 다시 한 번 일부 수정된 안을 배포했다.

이번에는 맨체스터(Manchester)에서 막 교육학 석사를 마치고[9] 다시 하트퍼드셔(Hertfordshire)의 고문을 시작한 숀 카슨에게 논평을 요청했다. 그는 맨체스터에서의 연구를 통해 토팜과 유사한 여러 방법으로 농업교과에 대한 정의를 내리게 하였으나, 지금까지 토팜과 카슨은 독립적으로 일했다. 카슨은 농업교과를 '풍경 연구', '자연적으로 존재하는 동식물의 생태학적

관계', '농업, 원예, 임업을 통한 인간의 자연환경 통제 연구'로 정의했다.[10)]

카슨은 일부 개정안을 되돌려 보내며, '기본 생물학 및 지리학은 제외해야 하며, 그 대신 농업교과의 관심사인 생태학적 관계를 발전시키기 위한 교과에 대해 충분한 근거를 제시해야 한다'고 말했다. 그는 생물학적 시스템 부분의 이름을 변경해야 한다고 생각했다.[11)] 그는 '생물학을 대체하는 것이 아니라 확장하는 것'이라고 언급하며, 농업교과의 다양한 정의에 사용되는 용어인 '자연환경'이라는 이름을 제안했다.[12)] 카슨은 국립협회에서 터득한 '정치학' 강의 계획의 경험을 통해 위와 같은 두 가지 의견을 명확하게 제시했다. 'NRSA에 사용되는 농업교과의 공식적인 정의는 이 초안의 것보다 목표를 더 적합하게 진술할 수 있게 할 것이며 추가적인 타당성을 가질 것이다.' 그리고 논문에 대해 그는 '위의 변화들이 이 논문을 더 균형감 있게 만들 것이며, 농업교과가 지리학과 생물학을 쫓아가는 것이 아니라 새롭게 정의된 학문으로서 건전한 토대를 구축하게 될 것으로 생각한다'고 말했다.[13)]

8월 21일 심사위원회에 'A' 레벨의 세 번째 안을 제출한 후, 토팜은 위원회로부터 '농업교과의 'A' 레벨 수업계획서를 공식적으로 승인했다'는 통보를 받는다. 이 통보문은 '수업계획서의 광범위한 성격에 대한 우려와, 이것이 피상적인 수업으로 이어질지에 대한 의문이 제기되었다는 것을 알린다'고 덧붙였다.[14)] 그럼에도 불구하고 이 서한은 'A' 레벨을 학교위원회에 전달하여 승인받도록 하였다.

그러나 실제로 'A' 레벨은 학교위원회에 보내지지 않았으며, 1968년 7월 이사회 관계자는 토팜의 질문에 위원회가 자체 수업계획서를 완성할 때 'A' 레벨을 상세히 고려하는 것을 선호한다고 답했다.[15)] 1969년 1월, 새로운 환경연구상임자문위원회(Standing Advisory Committee for Environmental Subjects)가 수업계획서를 검토하고 그 내용을 확인했다. 그리고 지리학이나

생물학으로는 제공할 수 없는 실험적인 수업계획서로 권장했다.[16)]

이 위원회가 학교위원회에 제출한 지 6개월 후, 토팜은 이사회에 전화를 걸어 의회의 답변에 대한 서면 정보를 요청하였다. IASB의 한 관계자는 다음과 같이 답변하였다.

> 원칙적으로 귀하의 제안을 검토하고 승인한 분과위원회에 참석했습니다. 이 승인은 이후에 분과위원회의 발표된 회의록에서 확인되었습니다. … 그러나 분과위원회의 결정은 상급위원회에 대한 권고일 뿐이므로 향후 진행 계획이 없다고 들었습니다.[17)]

5개월 후 학교위원회가 이 문제를 이사회에 다시 회부했다. 이사회 관계자는 토팜에 다음과 같이 통보했다.

> 최근 환경연구자문위원회에서 귀하가 제안한 농업교과 특별 수업계획서를 추가로 검토했음을 확인하고자 합니다. 위원회는 'A' 레벨에서 농업교과 평가 원칙에 대한 승인을 확인했지만, 현재 제안된 수업계획서가 그러한 평가로 이어지게 하는 과정에 대해서는 적합하지 않다고 동의했습니다. 그들은 수업계획서가 너무 광범위해서(즉 너무 많은 세부 자료를 제공함) 'A' 레벨 평가를 위한 충분한 심층 연구를 할 수 없다고 느꼈습니다. 따라서 교과가 다루는 범위를 축소하여 수업계획서를 다시 작성해야 합니다.

토팜은 이사회와 회의를 준비하는 과정에서 '고려가 필요한 주요 사항'의 목록을 제공받았다.

- 강의 내용이 너무 광범위하여 일반적으로 'A' 레벨에서 예상되는 심도 있는 연구를 할 수 없다.

- 공식적인 필기시험에는 수업계획서의 요강이 상세히 기술되어야 한다. 1969년 1월에 제출된 자료들은 'A' 레벨에 대한 연구의 깊이가 충분하지 않음을 나타낸다.
- 수업계획서는 학교의 특정 환경에서 비롯되어야 하고 이 과정에서 발전하는 것이 좋다. 농업교과에서 'A' 레벨 평가가 대입 자격으로서 성공적으로 받아들여질 수 있는지 검증해야 한다.
- 농업교과와 다른 교과의 중복 정도를 고려해야 한다. 생물교과와 지리교과에서 동시에 다루는 내용을 배제해야 할 것이다.[18]

나. 하트퍼드셔의 'A' 레벨

1969년 8월 폴 토팜은 셰팰베어리를 떠나 숀 카슨 밑에서 환경교육 자문교사가 되었다. 토팜과 카슨은 농업교과의 미래에 토론했다. '우리는 실제로 환경연구를 해야 한다는 데 어느 정도 동의했고, 현실적으로 모든 사람이 참여할 수는 없음을 깨달았지만, 완전한 전환을 하고 싶다.' 환경연구로의 전환은 두 가지 이유 때문이다. 첫째, 국립협회는 학교위원회 농업교과 연구 그룹의 머빈 프리처드(Mervyn Pritchard)와 대화하면서 환경연구가 농업교과 교사에게 인정되고 촉진되어야 한다고 이미 조언했다. 둘째, 토팜은 농업교과 'A' 레벨 초안을 회람하면서 '대학의 다양한 사람들, 생물학자들, 지리학자들 등으로부터 조언을 받았는데, 기본적으로 그들은 우리가 너무 광범위한 범위를 다루고 있다고 말하기 때문에, 우리는 '환경'이라는 단어를 사용해야 할 것'이라고 말했다. 카슨과 토팜은 하트퍼드셔 중학교에서 환경연구로의 전환을 구현하기 위한 전략을 결정했다. 학교에서 확립할 수 있는 최고 수준의 학업 수준이 되는 것이 아마도 환경연구를 확립하는 가장 좋은 방법이 될 것이라고 결론지었다.

폴 토팜은 셰팰베어리 계획을 대체하는 것에 대해 다소 모호한 입장을 보였다. '학교가 'A' 레벨을 올리고 그것을 받아들일 수 있다는 것을 보여주기 위해서라도 이 과정을 학교 기반의 'A' 레벨로 봤으면 좋겠다.' 그는 셰팰베어리 계획에서 특히 중요한 것은, 우리가 아이들의 필요에 맞게 강좌를 조정하고 있다는 사실이며, 다른 사람들의 요구 사항을 충족할 필요가 없다고 느꼈다. 하트퍼드셔의 계획은 1969년 마지막 달에 교사들과 저녁 회의에서 새로운 교과를 가르치는 가능성에 대해 토론하며 시작되었다. 토팜은 '우리는 환경교과가 가장 유능한 학생들이 성취할 수 있고 이를 통해 무언가를 할 수 있다는 것을 증명해야 했다. 이러한 방향성을 가지고 접근하여 전문성과 재정적 지원을 하는 것은 수업시간의 증가 등과 같이 다른 부분에도 동반 상승의 이익을 줄 것이다. 이는 사람들이 언급하지 않는 내용'이라고 말했다.

숀 카슨은 하트퍼드셔 특별조사위원회를 창설한 여러 가지 이유를 덧붙였다.

> 폴과 이야기하면서 우리는 진전을 이룰 수 있는 유일한 방법은 환경을 시험 교과로 만드는 것이라고 결정했다. 시험이 없으면 다른 교과와 동등할 수 없기 때문에 시험은 필수여야 한다. 또 다른 것은 종합교육이 도입되고 있다는 사실이다. 환경이 일단 시험 교과로 들어간다면 이 교과를 중등 5, 6학년에서 가르치지 않던 교사들도 이 교과를 시시하게 여기지 않을 것이다. 그래서 교사들이 목표로 삼을 수 있는 'A' 레벨이 있어야 한다.

처음에 특별조사위원회는 'A' 레벨에서 환경교과를 가르치는 데 관심이 있는 12개 하트퍼드셔 학교에서 뽑은 교장들과 중등 6학년 교사들로 구성되었다. 1970년 초, 이 단체는 최근 평가위원회(Examining Board)에서 세 번째로 거부된 토팜의 'A' 레벨을 다시 작성하기 위해 만났다. 2월 23일 카슨은 '하트퍼드셔의 학교 컨소시엄을 대표하여…'라는 새로운 수업계획서를 제출하고 이사회와 새로운 협의를 시작했다.

카슨은 특별조사위원회의 심의 결과로 토팜의 수업계획서가 '완전히 재설계'되었다고 설명했다. 그것은 (1)물리적 환경, (2)생물학적 시스템, (3)생산적 시스템 및 (4)변화하는 환경, 네 부문으로 구성되었다. '전 과정에 걸친 현장연구의 40%'와 함께 '전 과정에 걸친 실제 연구와 통합된 방식'으로 교육하도록 했다. 카슨은 '수업계획서 내용이 눈에 띄게 달라지지 않았기 때문에 우리는 이전 안이 적어도 학교위원회들에서 원칙적으로 동의되었다고 이해할 수 있다. 우리는 이 안이 되도록 빨리 승인되기를 기대한다'고 말했다.[19]

관련 평가위원회는 수업계획서를 신속하게 심사했고, 3월 10일 카슨에게 계획서가 통과되지 못했다는 것을 비공식적으로 통보했다. 6월 3일, 그는 3월 10일자 그들의 논평에 대한 근거를 도출하기 위해 평가위원회에 편지를 쓰고 있다고 그의 수석 교육 책임자에게 알렸다.

이 시점에서 지역교육담당관(the County Educiton Officer)은 수업계획서를 재고하기 위해 초청 대학 교수, 평가위원회 대표, 교육대학, 전문 기관, HMI, 학교위원회, 하트퍼드셔 수석교사 대표, 그리고 식스폼 교사들이 참석하는 회의를 소집하기로 결정했다.[20] 이러한 회의를 생각해낸 것은 숀 카슨이었다.

> 지역교육담당관을 만나서 우리가 하고 싶은 일을 말했다. 우리가 제안한 일에 대해 평가위원회로부터 만족스러운 답을 얻지 못했고… 대학들은 농업교과를 받아들이지 않을 것이고, 그들이 무엇을 받아들여야 하는지 알지 못한다고 하였다.

회의를 하자고 대학이나 수석교사들에게 편지를 써서 우리가 어떤 일을 해야 하는지, 할 수 있는 자격이 있는지 알려주고 싶다. 그래서 우리는 그렇게 했고 회의를 준비했다.

가) 오프리회의(The Offley Conference)

ㄱ. 목표와 목적

이 회의는 1970년 10월 23일부터 25일까지 하트퍼드셔의 오프리(Offley)에서 열렸다. 회의를 소집함에 있어 하트퍼드셔의 환경교과 옹호자들이 카슨을 지지한다는 것은 명백했다. 한 지역 대표는 '대학들과 다른 전문 단체들은 새로운 교과에 대한 반대를 극복하기 위해 참여할 수 있다'며 '이것은 아마도 역사적인 사건이며, 새로운 학문이 영국 교육시스템에 도입되는 경우는 그리 흔치 않다'고 말했다.[21] 해당 교과에 대해 수용 가능한 수업계획서를 만들어낼 수 있을 만큼 학문적 토대를 갖춘 인재들이 눈에 띄었다.[22] 하트퍼드셔 지역교육담당관 브로드(S. T. Broad)는 '이번 회의를 통해 환경교과 또는 환경과학이라고 불리는 연구 영역을 명확하게 설명할 수 있고, 이 회의 이후에는 학교와 평가위원회에 우리가 자신 있게 제시할 수 있는 권위를 갖게 되기를 바란다'라고 언급했다.[23] '이 회의의 권위'는 나중에 암시되었다. '일부 합의된 핵심이 더 이상의 진전에 필수적이다. …. 대학 입시에 합격할 수 있는 'A' 레벨의 평가로 이어져야 한다.'[24] 대학의 'A' 레벨 수용 가능성은 카슨의 서론에서 다루었다. 그는 농업교과에서 'A' 레벨 초기 개발자들을 언급하면서 다음과 같이 말했다.

> 그들은 '대학들이 'A' 레벨의 성공적인 대학 입학 요건을 먼저 제안해주면 우리가 요강은 안내할 수 있다'라고 언급했다.

결국 닭이 먼저냐 달걀이 먼저냐의 문제다. 이 회의에서 대학들과 직접 접촉해 교착상태를 타개하기 위한 시도에 관심과 합의가 충분한지 살펴보기로 했다.[25]

이후 발표자는 'A' 레벨의 내용을 누가 통제했는지에 대해 '소위 우리는 고객과 상의하고 제품이 구체적으로 어떻게 보여야 하는지에 대한 그의 아이디어를 얻어야 한다'고 말했다.[26] 브로드는 학교가 대학의 헤게모니를 받아들인 이유를 분명히 밝혔다. 지금 학교는 대학 입학을 위해 'A' 레벨 과정이 필수적이며 대학 입학에 허용되는 'A' 레벨 과정이 식스폼 형태로 성과를 얻기 위해서는 학문적 품위와 타당성을 갖는 것은 중요하고 이는 종종 시험으로 표현된다는 것이다.[27]

이후 토론에서 헌터(Hunter) 교수는 '고객'이라는 광범위한 개념을 사용하면서 몇 가지 잠재적인 문제를 다루었다.

나는 교육적인 면에서 환경연구의 가치를 확신하지만 고객을 설득하는 데 어려움이 있다. 문제는 고객, 특히 공무원 조직이 전문가라는 것이다. 그들은 극소수 상위그룹을 제외하고는 일반적인 사람을 원하지 않으며, 이들은 보통 그들의 전문적인 경험을 통해 그곳에 도착한다.[28]

교육부의 에드윈(M .H. Edwin)은 '우리의 논의에서 볼 수 있는 것은 학생들의 요구에 기반한 학교의 강좌와 대학의 요구를 반영한 강좌 사이의 긴장감'이라고 말했다.[29] 이 주제를 제시한 더럼(Durham) 대학교 하트롭(Hartrop)은 이 콘퍼런스에서 '진짜 고객들은 이 강좌를 수강할 학생'이라는 사실을 상기시켰다.[30]

그룹 토론 중 하나를 요약하면, 헌터 교수는 새롭게 떠오르는 이분법

(dichotomy)을 언급했다.

> 우리는 대학 입학 요건을 충족할만한 수업계획서와 교육적인 근거를 둔 수업계획서 중에서 무엇을 학교 목표로 삼을 것인지 결정해야만 한다. 주로 교육적 가치를 목표로 하는 과정이 매우 바람직할 수 있지만, 환경과학이 일반 연구와 유사한 범주에 포함될 위험이 있다. 이것이 대학 입시 요건으로 작용해야 한다면 대학선정위원회가 학생의 대학 입시 능력을 평가하는 데 있어 받아들이기를 꺼릴 것이라고 생각한다.[31]

ㄴ. 수업계획서 토론(Syllabus discussion)

오프리회의는 브로드의 소개로 시작되었고 숀 카슨과 하트퍼드셔의 교사특별조사위원회의 보고서는 일련의 논문 및 연구 그룹을 중심으로 구성되었으며 그룹 토론이 이어졌다. 베스트(R. Best) 박사는 '농촌 문제'에 대해, 뉴부드(Newboud) 교수는 '세계 보존 문제', 플래드마크(J. D. Fladmark)는 '도시와 사회 환경'에 대해 연설했다. 연구 단체들은 '사회학적 접근', '생물학적 접근', '세계 보존 문제', '인간과 그의 환경'을 고려했다. 전문가 논문과 연구 그룹의 아이디어는 특정 주제에 대한 토론에 초점을 맞추고 있지만, 원본 기록은 참가자들이 몇 가지 근본적인 문제에 주로 관심이 있음을 나타낸다. 한 그룹의 대표는 '수업계획서에 대한 지침이 없다. 왜냐하면 회원들은 당신이 실제 수업계획서에 관심을 기울이기 전에 그보다 근본적인 질문에 대답해야 한다고 고집한다고 느끼기 때문'이라고 말했다.[32] 토론에서 두 가지 반복되는 특징은 첫째, 정의해야 할 지식의 범위와 둘째, 새로운 'A' 레벨의 교과를 통합할 수 있는 주제나 개념을 찾는 것이었다. 숀 카슨은 실제로 첫 번째 세션에서 이런 질문들을 고려해 볼 것을 촉구했다. '개념의 정의가 중요하고 지식 범위 사이의 서술이 중요한데, 이것이 이 회의에서 여러분의 주요 과제가 될 것'이라고 회의 초반에 덧붙였다. '어떤 것들은 학교에서 이용 가능한 시간이 제한되어 있기 때문에 우리의 범위 밖으로 제외해야 할 것들이 있다.'[33] 연구 그룹에 앞서 그는 '단체들의 회장들은 어려운 사실을 언급할 것이고 나는 회의 초기에 범위를 정리할 필요성에 주목한다'고 덧붙였다.[34]

범위의 문제를 가장 많이 고려한 참가자들은 대학 과학 및 지리학과 대표자들이었다. 하트퍼드셔의 교장인 잭슨(P. Jackson)은 자신들을 생물학자와 지리학자들을 '헤비급 그룹'이라고 소개했다. 그들의 논평은 에스랜드(Esland) '교과 커뮤니티'의 관점을 명확히 담고 있다. '그들은 영어, 수학 또는 그 무엇의 옹호자들이며, 자신들의 교과에서 자명하게 보이는 공동체의 문제와 절차로 시작되었다.'[35]

뉴부드 교수는 범위와 관련하여 울스터(Ulstre)에 있는 그의 생물학 학교의 입학 요건에 대해 논의하면서 'A' 레벨의 환경학이 생물학을 대체할 것인지를 물었다. '생물학과 지리학의 'A' 레벨이 계속해서 주요 항목이 될 것이지만 새로운 교과는 기존 교과에 어떻게 적응할 것인지 잘 모르겠다. 교과들 사이 범위를 조정해야 할 수도 있다.'[36] 다음 연사인 힐리 킹즈 칼리지(Healey King's College) 동물학과 교수는 '나는 생물학을 포함한 지리적 기반의 강좌를 제안한다'며 '그 범위에 신중한 정의가 필요하다는 것에 동의한다'고 덧붙였다.[37] 나중에 뉴부드는 범위에 대한 토론이 끝나면 새로운 교과 커뮤니티가 등장할 것이라고 암시했다. '우리는 학교에서 환경교과를 가르칠 교사를 배출하기를 바라며 그렇게 되면 전체적으로 완전한 순환이 될 것이다.'[38] 지리학자들은 제안된 새로운 교과의 범위에 대해 매우 우려했다. 많은 연사들이 '중복'의 정도에 대해 걱정하고 있었지만, 헐대학교(Hull University)의 더글라스(Douglas) 박사가 해결책을 제안했다. '지리학과는 다른 환경교과를 계획하는 것은, 마치 지역과 인근 학교 배후의 광범위한 환경교과처럼 지리학과 많이 겹치지 않게 새로운 연구 분야를 만들어 낼 것이다.'[39] 더럼 대학교 교육부의 하트롭은 '지리학이 발전하는 방법은 현재 환경교과 수업계획서에 제시된 거의 모든 것을 포함하는 것이며, 다. 지리학 부문들이 거의 모든 것을 사로잡도록 확장될 수 있다' 주장했다.[40]

농업교과에 관한 학교위원회 실무위원장이었던 프리처드는 교과 대표자들이 제기한 문제에 대해 '지리학계는 지리적 내용으로만 수업계획서를 분석하고, 생물학계는 생물학적인 내용만 검토하는데, 이들 모두 자신의 학문에는 충분하지 않다고 불평한다'고 말했다.[41] 뉴부드 교수는 '범위를 만들어야 한다'는 점을 인정하면서 '본질적인 것은 논리적으로 선을 긋는 것'이라고 보았다.[42] 제안된 문제에 대한 부분적인 해결책으로 '환경교과[43] 주제에 내포된 폭과 깊이'에 강력한 통합 주제[44]가 필요했다. (뉴부드는 이 주제가 '에너지'여야 한다고 권고했다).

통일된 기준의 모색은 평가 절차를 구축하는 것과 관련이 있다. 잭슨(Jackson)은 다소 거꾸로 언급했다.

> 현재 평가제도가 체계화되지 않은 교과를 개발하기 위해서는 그 교과에 대한 지식이 전무한 학생들과 개발에 책임이 없는 교사들을 필요로 한다. 평가가 식스폼(six-form)의 지위 상징인 한, 우리는 그들의 (환경)교과를 불리한 조건 없이 추진할 수 있도록 해야 한다.[45]

런던대학교 학교평가위원회(School Examination Board)의 홉킨스(B. Hopkins)는 '수업계획서에서 단일성을 찾아야 한다'[46]고 주장했고, 학교위원회의 닐(G. J. Neal)은 '통합의 요소와 학문의 깊이가 합격의 중요한 기준이 될 것'이라며 '특정 교과 하나를 평가 전체와 분리해서 볼 수는 없으며 어느 정도 비교가능성이 있어야 한다'라고 덧붙였다.[47] 새로운 'A' 레벨 교과로서 환경교과와 다른 교과의 본질적인 통일성이 문제시된다는 점이 최종 토론에서 드러났다. 관련 평가위원회(Associated Examining Board)의 루시아(Lucia)와 하트퍼드셔의 대립은 이러한 점을 보여준다.

루시아: 아시다시피 환경교과에 대한 수업계획서를 제출했으며 'O(A)' 레벨로 승인했습니다. 그러나 환경교과를 검토하는 몇 가지 이유를 주의 깊게 살펴봐야 합니다. 나는 역사와 수학이 'A'와 'O' 레벨에서 모두 이용 가능하다는 주장에 인상적인 점을 찾지 못했습니다. 이들은 유아, 초등, 중등학교에서 일차적으로 가르치는 교과며, 다른 영역에서 매우 다른 측면을 담당합니다. 나는 '정의(定義)'의 문제라고 생각합니다. 우리가 근본적으로 'A' 레벨 학문이라고 보는 것은 무엇이며 '환경교과'가 그 기준을 충족하는지 스스로 질문해야 합니다. 런던, 옥스퍼드, N.J.M.B. 케임브리지 이사회는 일반용 또는 특수 논문으로 'O' 레벨 수업계획서를 갖고 있는 것으로 알고 있습니다. 여기서 문제는 'A' 레벨 수업계획서에 관한 것입니다. 우리는 위 네 그룹 중 한 회장이 그랬던 것처럼 'A' 레벨 수업계획서가 과학적이어야 한다는 사실을 언급했습니다. 이것이 일반적으로 받아들여질 수 있습니까? 우리는 목적과 목표를 분류하고 식스폼의 어떤 부분이 관련될 가능성이 있고, 왜 이 특정 평가를 원하는지 결정하기 전까지는 환경교과가 'A' 레벨 검사에 적합한지 여부를 결정할 수 없습니다.

브로드: 네, 아마도 당신이 콘퍼런스 기간 중에 여기 없었기 때문에 설명을 놓친 것 같습니다. 우리가 시작한 방식은 여기 있는 단체 중 누구도 보존의 필요성을 알지 못한다는 것이었습니다. 우리는 국민으로서 거의 모든 대중이 권위있고, 이 분야에서는 무지하지만, 막강한 권력을 행사하고 있다는 것을 받아들였습니다. 우리는 이 사람들이 그렇게 무지해서는 안 되며, 사실 우리 학교와 대학에서 배출한 사람들이 환경 통제 문제에 대해 전혀 모르고 있어서는 안 된다고 생각했습니다. 우리는 이러한 문제에 대해 기본적

으로 지식이 있어야 할 대학이나 교육대학에서 교사의 공급이 필수적이라는 것을 깨달았습니다. 여기 있는 모든 사람들은 'A' 레벨 과정이 필요하다는 것을 받아들입니다. 이 과정 없이는 문제를 다룰 수 없습니다. 만약 영국이 문제를 다룰 수 없다면, 다른 어떤 나라가 할 수 있을까요? 뭔가 조치를 취해야 하고 이 단계에서 사소한 것 때문에 숨이 막히지 않는 것이 시급합니다.[48]

이 논의에서 중요한 것은 범위 탐색 및 기준 통합과 'A' 레벨 평가가 학문이 될 필요성 사이의 연관성을 소개하는 루시아의 의견이다. 우리가 근본적으로 'A' 레벨 학문으로 보는 것은 무엇인가? '환경교과'라는 교과가 우리의 기준을 충족시키는가? 이것은 다시 한 번 평가위원회에서 사용하는 기준의 종류와 학문(discipline)에 대한 포괄적인 정의의 필요성을 재확인했다. 이것을 대학 학자들이 개발한다면 대부분의 학문적 수용 가능성이 가장 높을 것이지만, 하트퍼드셔에서는 주로 실천하는 교사들이 세부적으로 개발하였다.

나) 하트퍼드셔 특별조사위원회

오프리회의 이후 후속 조치는 숀 카슨이 추진한 하트퍼드셔의 계획을 통해 진행되었다. 오프리에 대한 지역 후속 조치는 많은 학자와 교육자들의 모임이 제공하는 명성과 지위를 극대화하기 위해 신속하게 이루어졌다. 카슨은 오프리 후속 조치의 가장 좋은 방법은 전문 교과가 포함된 수업계획서의 내용을 반영하는 다양한 교사로 구성된 특별조사위원회를 소집하는 것이라고 결정했다.

이 단체는 자신들의 목적을 '회의 견해에 근거한 'A' 레벨 수업계획서를 준비하여 많은 평가위원회에 제출하기 위해'라고 분명하게 밝히며 1970년 12월에 만났다. 이들은 평가위원회가 수업계획서를 채택하여 모든 학교가 식스폼에 시간을 할애하고 환경교과를 가르치게 되기를 바랐다. 환경교과에 대한 특별조사위원회는 카슨과 토팜이 관련성이 있다고 판단한 분야(특히 생물학, 물리학, 지리학, 역사학, 사회인류학)의 전문가들로 구성하였다. 참가자들은 모두 하트퍼드교육센터(Hertford Teaching Center)에서 작업하기 위해 해당 날짜에 수업이 없는 교사들이었다. 그들은 더럼 대학의 키칭(J. Kitching), 런던 대학의 시험부(Examinations Department)의 호핀스(B. Hophins), 킹스 컬리지의 힐리(Healey) 박사, 맨체스터 대학의 라일리(J. Riley), 마을 계획 연구소의 사이크스(J. Sykes)의 도움을 받았다.

교사들은 전문적인 학문이 기여한 수업계획서가 개발될 것으로 예상했다. 그러나 카슨은 작업 초반에 자신들의 교과에 대한 전문가들의 모든 의견은 전체 팀이 이해할 수 있는 방식으로 표현되어야 하며 교과 간의 관계도 발전시켜야 한다고 명시했다.

'A' 레벨 수업계획서에 대한 다른 요구 사항은 실무자 회의 초기에 명확해졌다. 1971년 2월 초 평가위원회에서 나온 것으로 보이는 전화 메모가 존재한다.[49] 이 메모와 기타 정보들이 오프리회의에서 수집되었으며, 카슨은 3월에 'A' 레벨 수업계획서에 대해 '여러 가지 명확한 함수'를 정의할 수 있었다. 그는 '특별조사위원회가 모든 것들을 염두에 두고 있었다'고 주장했다.

첫째, 평가는 여러 대학 학부에서 입학 자격으로 인정되어야 한다.

둘째, 대학은 일반적으로 이 과정을 입학생의 지적 자질을 나타내기 위한 충분히 엄격한 학문으로 인식해야 한다.

셋째, 'A' 레벨 통과는 고등학교를 졸업한 학생에게도 진로 기회를 제공해야 한다.

넷째, 'A' 레벨 수업계획서는 현대의 요구와 관련되고, 교육적으로 가치가 있고, 목적의 논리적 통일성을 가진 과정을 제공해야 한다.

다섯째, 이 수준에서 새로운 과정의 도입은 새로운 교육 방법(학생들이 깊이 관여하게 될)과 이러한 활동의 성과를 기존의 것과 구별하는 것으로 정당화 할 수 있는 새로운 평가 방법을 제공해야 한다.

마지막으로, 강좌는 학교에서 실용적인 가능성을 가져야 한다.[50)]

누가 이 과정을 가르칠 것인가에 있어서 이 강좌가 '학교에서 실용적인 가능성이 있어야 한다'는 요구 조건은 가장 취약해 보인다. 우리가 언급했듯이, 교사들의 주요 출신은 주로 학문적으로 성취가 낮은 학생들을 교육했던 농업교과 교사일 가능성이 높다. 카슨과 토팜은 지리학과 생물학을 선호하고 있었고 결과적으로 지리학자들과 생물학자들에게 작업 그룹에 참여하도록 요청했다. 이 전문가들은 그들의 전문 교과에 대한 '득과 실' 측면에서 수업 강좌를 보는 경향이 있었다. 따라서 이러한 전통적인 두 학문에서 파생된 사실적 내용이 적극적으로 추진되었다. 그 결과 'A' 레벨은 보다 '학술적' 지리 및 생물학 내용을 강하게 선호하는 것으로 나타났다. 그 결과, 학교 내 강좌의 실행 가능성은 이러한 전문가의 참여에 크게 좌우되었다. 우리가 살펴본 바와 같이, 전문가들의 이기심은 통합 과정에 참여하는 것과 상반되었다. 카슨의 수업계획서는 지식적으로 정당화되었지만 정치적 생존 가능성의 주요 문제에 직면했다.

다. 결론

카슨과 토팜이 추진한 하트퍼드셔의 계획은 '환경교과를 확립하는 가장 좋은 방법은 가장 높은 수준의 학문'이라는 그들의 믿음을 따랐다. 이 전략은 유능한 학생들이 평가를 치르게 된다면 교육 비율과 자원이 모두 향상될 것이라는 실질적인 호소였다. 카슨과 토팜 모두 진보를 이룰 수 있는 유일한 방법은 평가를 치르는 것이라고 믿었고, 중등종합학교의 출현과 함께 그들은 피프스폼과 식스폼(fifth and sixth form)을 가르치지 않는 교사는 조금도 포함되지 않을 것이라고 보았다.

평가위원회와의 초기 협상은 무산되었다. 카슨은 학계와 교장 회의를 조직하여 '우리가 무엇을 해야 하는지'와 '할 수 있는 것'을 그들에게 얻으려고 노력했다. 대학의 동의와 후원을 받기 위한 계획은 하트퍼드셔 최고 교육 책임자와 지역 교장들의 지지를 받았다. 후자 중 한 명은 '학문적으로 수용 가능한 수업계획서를 작성할 수 있는 사람들이 있다'고 말했다. 에드윈, 하트롭, 헌터의 의견에서 학문적 전통과 학생의 필요성 사이에 긴장이 나타나 있지만, 'A' 레벨 평가에 대한 대학 영향력의 본질은 분명하게 입증된다.

그러나 이 새로운 지식영역에 대한 대학 관계자들의 반응이 모두 일치하는 것은 아니었다. 영(Young)에 이어, 대학 내의 지배적 이해집단이 이 계획을 단호히 거부할 것으로 생각된다. 그러나 중요한 점은 카슨이 새로운 교과를 증진시키는 역할을 할 의지가 있는 대학 내의 다양한 지지자들을 선택할 수 있었다는 점이다. 이러한 방식으로 이 회의는 학문적 지위에 대한 새로운 경쟁자의 편에 적극적으로 서 있는 대학 인사들을 선발함에 있어서 수업계획서에 대한 대학의 평가의 일반적인 위계적 통제를 뒤집으려는 시도를 나타냈다. 동시에 회의에서 '범위'에 대한 우려는 대부분의 지리학자와 생물학자들의 영역 문제를 암묵적으로 인정했고, 이는 토팜의 수업계획서에 대한 초기 반응에서 가장 잘 입증되었다.

이러한 반대는 보통 환경교과가 하나의 학문이라고 주장하는 것에 이의를 제기하여 전통적인 학문적 교과가 강한 곳의 싸움으로 이어졌다. 마찬가지로 평가위원회의 반대는 환경교과가 기본적으로 'A' 레벨 학문인지에 대해 루시아가 제기한 논점에 근거했다. 루시아는 학문적 전통을 불러일으킴으로써 대학 지원을 조직적으로 보여주며 학문적 신뢰를 확립하려는 카슨의 전략에 이의를 제기했다.

10. 지리와 생물에 대한 변호

가. 지리와 '통합교과' 역사적 배경

앞서 6장에서 살펴보았듯이, 19세기 초반 영국의 지리학자들은 맥킨더(MacKinder, 1887)의 "지리가 학문이 될 수 있을까?"라는 질문에 답하기 위해 몰두했다. 이 탐구는 계속되었고, 최근 허니본(R.C. Honeybone)은 "지리학의 내부 균형에 대한 문제는… 우리가 필수적으로, 항상 다뤄야 한다. 과학과 인문학으로부터 학생들을 모집하는 학문은 검토를 통해 그 통합성을 유지해야 한다"고 언급했다.[1] 지리의 중심으로부터 계속되는 정체성 위기는 대학 지리학과 '학교 지리'의 관계, 무엇보다도 지리학과 다른 교과와의 관계 면에서 두드러졌다. 윌리엄스(M. Williams, 1976)가 지적했듯이, 이 문제는 "지리학자들이 '지리학'과 '학교 지리'의 정의를 구분한다면, 지리학이 다른 교과들과 통합됨으로써 용어 정의의 문제를 풀 수 없게 될 것"이라는 다음 문제로 이어졌다.[2]

역사적으로 지리와 통합교과의 관계는 어려웠는데, 이는 '지리의 특성인 복합성' 때문이다. 그러나 통합교과가 불러일으킨 지리의 정체성과 관련한 우려는 지리학과 다른 교과 사이의 복잡한 역사 때문에 가중되었다.[3] 결정적으로, 지리학은 다른 분야의 전문가들, 즉 지리학적으로 인식된 문제에 집중하기 위해 통합적으로 연구를 수행한 전문가들이 만든 것이었다. 커크(W. Kirk, 1963)는 "현대 지리는 다른 학문에서 수행하며 스스로 지리학적 질문을 던진 외부 학자들이 만들었다"고 말했다.[4] 그러므로 학문 측면에서 지리는 초기에 '통합교과' 중 하나였으며, 이는 학교에서도 마찬가지였다. 윌리엄스가 언급했듯이, 지리는 학교에서 잠정적으로 위치를 확립하기 위해, 초기에는 통합 과정의 요소로 제시되었다. "통합 과정을 도입하려는 초기 시도는 중등학교에 지리를 도입하기 위한 시도로부터 나온 것이다. … 지리는 종종 역사와 통합하였지만 간혹 과학, 특히 물리학과 통합하기도 하였다."[5]

그 결과, '통합교과'의 새 형태는 지리학자들에게 내부적으로 '통합'하는 과정을 통해 안정적인 교과 정체성을 찾기 위한 탐구가 길어졌다는 것, 초기에는 교과 스스로 통합 과정의 요소로서 낮은 지위를 차지하고 있었다는 것, 이 두 가지를 상기시켰다. 20세기 초, 지리학자들이 지리를 독자적인 별도의 교과로 정립하자, 그들은 교과 경계선을 강박적으로 점검하기 시작했다. 그들은 지리라는 교과 지위를 유지하기 위해 그 어떤 통합교과도 그들의 노선을 따를 수 없도록 노력했다.

이 공생관계를 면밀히 조사할 수 있는 첫 번째 기회는 제1차 세계대전 이전 기간인데, 지리가 학교 교육과정의 일부로 받아들여지자마자 지리는 타 교과와 더 밀접하게 연관되어야 한다는 압력을 받았다.[6] 당시 주요 압력단체는 '시민권 교육'에 관심을 둔 단체였고, 그 결과 역사와 지리학을 연계하려는 시도가 이루어졌다. 대표적인 사람 중 한 명은 맥킨더(H. J. MacKinder)로, 1913년 지리학협회 연설에서 그는 '통합된 교과'를 주장하였다.[7] 그는 역사(학교 교과로 자리 잡은)를 가르치는 사람들의 기득권에 주의를 기울였으며, 지리학자들이 '지질학 수업에 계속 참여할 것'이며 그 결과 직업에 있어 아주 적은 보직만 제공받을 것이라는 20년 전 지질학자들의 두려움을 상기시켰다. 그는 "과학자들조차도 인간이기에 이러한 생각들은 고려되어야 한다"고 덧붙였다. 따라서 그는 "두 교과와 관련하여 기득권 문제는 필요치 않다. … 직업 전문대학 및 이와 유사한 제도에서 역사를 가르치는 것을 공격할 생각은 없다"고 역사학자들을 안심시켰다. 그는 단지 '초등교육의 고학년과 중등교육의 저학년'만을 고려했다. '내가 제안하는 것은 지리와 역사를 단일 교과로 가르치는 것이다. 교육 단계에서는 한 교과만 선택하되, 다만 지리와 역사를 모두 배우고 따로 배운 교사에 의해 그 교과를 가르치게 해야 한다.' 통합에 찬성하는 맥킨더의 주장은 학교 '교과'로서 지리의 포부와 분명히 연결되었다.

학생은 그들의 호기심을 어떻게 이용할까요? '교과'를 선택함으로써? 그것은 학문적인 생각입니다. 특별한 교과는 몇몇 사람에게 취미로 선택될 것입니다. 그러나 대다수 사람은 특정한 교과의 연구를 위해서가 아니라, 이것저것 싼 책을 읽고, 신문을 읽고, 친구들과 이야기를 나누고, 여행할 때 그들이 무엇을 할 수 있는지 생각하면서 그들의 지식을 늘려나갑니다.

맥킨더는 대다수 사람에 대한 주장을 이어나갔다.

중요한 것은 사람들에게 역사의 기본과 지리의 기본을 마음속에 담아 내보내는 것이 아니라, 그들 주변 세계와 연관지어 질서 있는 개념의 형태로 내보내는 것입니다. 어떤 사실이 역사적 사실인지 혹은 지리적 문제인지는 그들에게 중요치 않습니다.

맥킨더는 의미심장하게 다음과 같이 덧붙였다.

아마 지리에 관한 지식을 높이려는 사람, 해당 교과의 전문교사가 될 사람, 해당 교과의 시험을 준비하는 사람에게 중요하게 작동할 것입니다.[8)]

사실, 지리 전문교사들은 맥킨더의 제안 중 그의 마지막 요점에 반응했다. 이에 맥킨더의 연설 후 이어진 토론에서, 학교 교사인 스팔딩(Spalding)은 맥킨더가 원하는 더 나은 시민의식을 함양하는 가장 효과적인 방법은 학생들이 '한 개 또는 두 개의 교과를 너무 좋아하여 그들 스스로 공부할 수 있도록' 교육하는 것이라고 주장했다.[9)] 대학의 지리학자이자 교과서 저자인 언스테드(J. F. Unstead) 박사는 지리학을 학교 교과로 보는 대안적인 관점을 제안했다.

교과란 무엇인가? 그것은 지식의 조직체이며, 자연스럽게 서로 다른 부분과 들어맞습니다. 나는 실제적 가르침 속에서 그것이 전체로서 개발되는 것이 좋다고 생각합니다. … 지리 안에서 사실들은 잘 연결됩니다. 학생은 서로의 관계를 파악할 수 있고, 만약 학생들이 지리를 전체로서 취급한다면 부분적인 측면도 인식할 수 있을 것입니다.[10)]

몇 년 후, 지리학협회 위원회는 '학교 교육과정과 대학에서 지리의 위치에 대한 문제가 현재 근본적인 문제'라는 성명을 발표했다.

먼저 지리가 의미하는 것과 지리가 연구되는 이유를 이해하는 것이 필요합니다. 최근 지리학 연구의 발전을 면밀히 따르지 않은 많은 사람은 이 점에 대해 중요한 의견 차이가 있다는 인상, 서로 다른 권위자들이 교과에 대해서도 서로 다르고 상반된 개념을 갖고 있다는 인상을 가지고 있습니다. 그러나 좀 더 면밀한 연구를 통해 긴밀한 합의가 꾸준히 이루어지고 있다는 사실을 알 수도 있습니다.[11]

그후 지리학협회 위원회는 지리협회의 성장과 '실제 보편적으로 받아들여지고 있는' 교과의 최근 선언을 발표했다. 이들은 지리학은 독특한 조합으로서, '스스로 통합성을 지닌 균형 잡힌 교과'이자 '현대 세계의 감상적인 해석을 목적으로 교육에 있어 독특한 방식에 기여하는 교과'라고 주장했다.[12]

지리가 역사와 혼합된 교과라고 생각하는 집단이 있는가 하면, 지리는 '확실한 과학으로 빠르게 자리 잡고 있다'라고 느끼는 집단도 있었다. 과학적 열망의 위험성은 '지리가 화학이나 물리학 대가들에 의해 가르쳐져야 한다고 강력하게 주장하는' 논리적 결론에 도달하게 되었다.[13]

전쟁 중, 지리는 사회과 운동의 형태로 새로운 통합주의 구상에 직면했다. 따라서 1935년 하폴드(Happold)는 '소년들이 지리, 역사, 영어를 배우기 위해 학교에 오는 것이 아니라 어떻게 살아야 할지 알기 위해 와야 한다'는 사실을 고려하여 교육과정을 재구성해야 한다고 주장하였다.

그 시대의 성차별적인 시각을 지닌 그는, '소년에게 그 나이에 맞는 지식과 이해를 제공하기 위해 통합된 과정을 설계하였고, 이때 분과적인 접근을 취하기보다 서로 유관한 본질(환경과 유산에 있어)을 가진 것으로 고려하여' 서로 분리된 교과를 사회과로 대체했다.[14]

전쟁이 끝난 후, 사회과의 움직임은 시민교육협회와 연계하여 지속되었으며, 주로 시민교육의 과정으로 여겨졌다. 1949년 교육부는 '성장하는 시민들'을 보고하면서, 전통 교과 중 가장 관련 있는 교과로 지리와 역사를 꼽았다.

이 교과의 교사들이 오늘 스스로에게 물어봐야 할 문제는 수업계획서에 있어 시민적 가치를 얼마나 그들의 가치와 기준으로 삼을 것인가 하는 것이다. 많은 역사와 지리 교사들이 이러한 측면에서 더 진보적인 견해를 지니고 있으며, 이 경우 오래된 교과명은 때때로 '사회과'로 등장하며 관점의 변화를 나타내기도 한다. 그러나 다른 이들은 현대 사회의 설명이 이러한 목적으로 이루어지는 것을 꺼리고, 세기를 통해 역사적으로 다루거나, 세계 지역을 통해 지리적으로 다뤄지는, 보다 전통적인 접근 방식을 주장하기도 한다.[15]

사회과를 받아들이기 꺼렸던 전통 지리학자들의 입장은 1950년 왕립지리학회 교육위원회에서 작성한 보고서에서 확인할 수 있다. 위원회는 사회과가 '중요한 교육 매개체인 지리의 가치를 파괴할 것'이며, 더 나아가 '학교 내 사회과의 확산에 우려가 된다'고 솔직하게 진술했다.[16] 위원회는 중등학교에서 지리가 사회과로 대체될 수 있다는 것에 상당한 우려를 보였다.

지리의 제거가 어디까지 진행되었는지 정확하게 추정하기는 어렵다. 그러나 '교과 간 장벽을 허물고'(변화를 위한 해명), 사회과라는 표제 아래 지리, 역사, 시민윤리를 심하게 뒤죽박죽으로 가르치고 있는 경향성에 대한 많은 증거가 있다.[17]

보고서는 세 교과가 통합된 형태가 학교마다 상당히 다르며, 대부분의 학교에서 지리를 포함했지만, 교과의 특성과 학문적 성격을 드러내기에는 불충분한 형태라고 보았다.[18] 무엇보다, 보고서는 교과 통합이 지리의 '학습 기준'을 손상시킬 가능성이 있다고 말했다.

교과를 통합하여 함께 도입하려는 시도는 학생으로 하여금 일반적인 패턴을 보거나 명확하고 기억할만한 교육 경험을 얻을 수 없게 한다.

지리학자는 지식이 통합적이라는 것을 알고 있지만, 학습할 목적을 위해 지식을 교과로 분리한 것에 대해서는 양해를 구하지 않았다. 예를 들어, 역사와 지리는 별개의 학문이며, 각각은 오늘날 교육받은 시민들의 지적 능력에 유일무이하게 기여하는 것으로 인식되고 있다. 이러한 기여는 서로 다르며, 각 교과의 내용과 특징적인 제시 방법이 보존되어야만 이루어질 수 있다.[19]

따라서 사회과의 통합주의적 관점은 전적으로 바람직하지 않는 방식이다. '결과는 레몬을 짤 때 정확히 나타나는 것이다. 주스는 없어지고, 쓸모없는 껍질과 섬유질만 남았다.'[20]

나. 지리학과 환경교과

1) 환경교과의 출현

환경교과 출현에 대한 지리학자들의 첫 반응은 1950년대에 나타났다. 당시 왕립지리학회는 사회과의 위협에 골몰하고 있었지만, 교과에 대한 보고서에는 환경교과의 위험성에 대해 더 집중하고 있었다. 비록 보고서는 "사회과"라는 이름으로 이 새로운 교과를 학교에서 점점 더 많이 가르치고 있다고 언급했지만, 전문대학에서의 환경교과 연구 증가에 초점을 맞추고 있었다. 보고서는 대학에서 환경교과는 지리학을 대체하고 있었고, "그 결과, 학교에서 지리학을 수료한 교사들 모두 '고급' 지리학을 수강하지 않았다"고 언급했다. '고급' 지리학을 수강한 교사의 수는 확실히 감소하였다." 더 나아가 보고서는 "예비교사들은 '환경교과' 과정의 특별한 목적을 오해할 수 있으며, 그것을 초등 또는 중등 현대 학교에 적합한 또 다른 '교과'로 간주할 수 있다"는 추가적인 위험을 드러내었다.[21]

사실 예비교사의 교과 적응이 어려울 것이라는 지리학자의 염려는 시기 상조였다. 실제로 1960년대 후반부터 환경교과가 발전하였고, 한동안 지리학자들은 'IDE'와 '인문' 등 사회학의 계승에 더 많은 관심을 가지고 있었다.[22] 1967년 마르샤는 지리학회의 학회장 연설에서 이러한 통합 작업에 대한 지리학자들의 일반적인 반응을 전형적으로 보여줬다. "우리 지리학자들은 지리를 학문적으로 존중받을 만한 분야로 만들었다. 그러나 이제 우리는 지리의 학문적 토대를 깎아내리도록 요청받고 있다."[23] 1년 후, 앨리스 가넷(Alice Garnett) 학회장은 지리학자의 반응을 비판했다.

> 우리는 우리 교과를 독특한 '연결교과'로서, 지식통합과 관련하여 교육과정의 핵심으로서 다뤄야 한다.
> 따라서 지리학자는 이러한 학제간 경향을 이끄는 데 관심을 표출해야 한다. 그런데 나는 때때로 그 반대의 경우가 있는 듯한 인상을 받는다.[24]

1969년 집행위원회는 IDE와 인문통합과정에 관한 대응에 대해 논의했다. 그러나 중등학교의 최근 통합교과 과정에 지리학이 누락되거나 제외되는 등 새로운 우려가 제기되었다. 회의록에는 '보고해야 할 구체적인 발견은 없음'이라고 적혀 있었지만, 구성원들이 주고받은 편지들은 학교, 대학, 대학교에서 환경교과가 성장함으로써 지리학에 위협이 된다는 것의 우려를 보여주고 있었다. 좀 더 깊이 생각해 볼 만한 문제도 있었다.[25] 일부 회원들은 이것을 논의하는 것은 환경교과의 타당성을 인정하거나 승인하는 것이나 마찬가지라고 생각했다.[26]

반세기 전부터 이루어진 통합의 '위협'에 대한 지리학자들의 대응과 더불어, 환경교과에 대한 대응은 더 큰 요인에 의해 복잡해졌다. 앞 장에서 우리는 '새로운 지리'에 대한 지리학자들 사이의 이견에 대해 다뤘다. 반대 의견의 상당수는 '지역적' 혹은 '현장연구'를 지향하는 이들로부터 나왔다. 지역지리와 현장연구 전통 간 밀접한 관계는 월드리지(S. W. Woldridge) 교수의 연구로부터 반영된 것이다. 그는 지리학 현장연구의 목적을 '지역 통합'이라고 주장했으며, 이것은 그의 부고 때 와이즈(M. J. Wise)가 쓴 〈지리학Geograchy〉에 기술되어 있다.[27] 후에 와이즈는 '무엇보다도, 지리는 지역지리학을 위한 것이어야 한다'고 지리와 환경교과와의 긴밀한 연계를 옹호했다.[28]

1966년 피셔(C. A. Fisher) 교수는 왕립지리학회 연구위원회에서 논문을 낭독했는데, 이후 그 논문은 '지역지리학은 어디로 향하고 있는가?'라는 제목으로 발간되었다. 피셔 교수는 지리학 연구가 지리적 기반을 소홀히 하는 희생을 감수하며 그 주변을 지나치게 확장하는 위험에 처해 있다고 주장했다.[29] 피셔 교수에게 '지리학의 전통적 핵심'은 '새로운' 체계적 지리학에 대항하는 지역지리학이지만, 그는 다음과 같이 언급했다. '현재 체계적 지리학은 엄청난 월계수 나무처럼 번성하지만, 지역지리학은 쇠퇴할 뿐만 아니라 시들고 가고 있는 것처럼 보인다.' 피셔 교수는 지역지리학의 쇠퇴에 '대학의 수업계획서에서 지역지리학의 중요도가 현저하게 감소했을 뿐만 아니라, 이 현상은 일선 학교에서도 두드러지게 나타나고 있다'고 덧붙였다. 그는 1970년 'O' 레벨의 지리에 지역지리학을 포함하지 않을 것이라는 남부대학교공동위원회의 발표에 주목했다.[30]

따라서 지역지리학의 지지자들은 점점 더 위협받고 있었고, 이들은 새로운 지리의 만연한 도전과 최근 환경교과로 대체된 통합이라는 전통적 도전에 직면해 있었다. 내부 위협은 환경학의 출현으로 대표되는 외부 위협보다 더 큰 것처럼 보였다. 1967년, 저명한 지역주의자인 브라이언(P. W. Bryan) 교수의 부고에는 다음과 같이 기록되어 있다. '죽기 1년 전, 그는 이미 병들어 있음에도 불구하고 레스터(Leicester) 대학교에서 열린 환경교과 콘퍼런스에 열의를 가지고 하루 종일 참석했다. 그는 아마도 이 용어가 지리학자로서 자신의 삶과 야망을 명확하게 표현했을 것이라고 느꼈을 것이다.'[31] 마찬가지로, 1970년 토마스(P. R. Thomas)는 〈지리학〉에서 다음과 같이 말했다.

> 대부분의 대학에서 지역지리학의 중요성이 감소하고, 일부 대학에서는 사실상 사라졌음에도 불구하고, 학교 수업계획서에 부분적이나마 지역지리학의 개념이 남아 있는 것은 그것이 환경주의적인 접근을 하고 있기 때문이다.[32]

그러나 지역지리학과 환경교과와의 동맹은 오래가지 못했다. 이것은 1970년 이후 '새로운 지리'에 대한 자극을 잃기 시작했고, 지리학이 전통적인 지리학 패턴에 점점 더 동화되었기 때문이다. 한 대학 강사는 '새로운 지리학자들은 덜 폭력적이었다. … 그들은 지역지리학을 몰아냈지만, 지역주의를 사실이 아닌… 일종의 정신 혹은 개념으로 받아들였다'고 느꼈다. 그는 동맹이 끝나게 된 더 결정적인 이유를 다음과 같이 언급했다. '지리학의 위기는 전통지리학자가 환경교과를 선호하도록 만들었다. … 그들은 자신이 가르치고 있는 것의 도피처를 원했다. … 그러나 환경의 위기와 이에 따른 환경교과의 급속한 성장이 오히려 이들을 능가해버렸다….'[33] 새 교과인 환경교과의 급속한 성장은 새롭고 체계적인 지리학과 지역·현장 중심의 지리학을 결합시키는 데 도움을 주었다. 지리학자들은 외부 도전에 반대함으로써 다시 한 번 결집하였다.

2) 1970~1975년 지리학자의 반응

농업 교사들이 만든 하트퍼드셔 시책에서, 환경교과는 새 학교 교과와 '학문적 교과'로 장려되었고, 이것은 1970년 오프리회의 때 절정에 달했다. 회의에서 지리학 대변인은 점점 더 커지는 우려에 대해 언급했는데, 예를 들어 더글라스(Douglas) 박사는 환경교과를 지리학과 '너무 중복되지 않는 방식'으로 정의하려고 애썼다.[34] 실제 지리학자들의 주장을 살펴보면, 하트롭은 30년 전, '지리학의 확장성'에 대해 비평한 노우드보고서를 연상시키는 방식으로 '지리학은 거의 모든 것으로 확장될 수 있다'고 논평했다.[35]

지리학자들이 이와 같이 반응한 이유는 1971년과 1972년 HM 조사관들에 의해 수행된 중등학교의 표본 조사를 통해 추론 가능하다.[36] 그들은 그래머스쿨에서 단지 하나(44개 중 하나)의 '통합교과' 과정이 지리학을 대체했음을 발견하였다. 일반 중등학교 104개 중 40개 학교가 지리학을 통합교과 과정으로 대체했고, 중등종합학교 59개 중 20개가 지리학을 통합교과 과정으로 대체했다.[37]

지리학자들은 하트퍼드셔 교사들이 환경교과를 'A' 레벨로 하고자 했을 때 큰 우려를 드러냈고, 이것은 그 당시 숀 카슨의 지리협회 연설에 잘 드러나 있다.

> 나는 환경교과에서 초청받아 연설을 하였다. '이 회의 의장과 내가 각각의 단체 의장이 되었을 때 정말 좋은 출발이었지만, 내가 강하게 느끼는 것에 대해 나는 중립적인 태도를 취할 수 없었다….' 그후 나는 지리가 신이 주신 것이 아니라 우리의 편리에 의해 재조직된 지식의 범주이며 그것이 다른 형태로 조직되지 않을 이유가 없다고 말했다. 환경교과 역시 다른 형태로 재조직될 수 있고, 여러분이 다른 전통에서 무엇인가를 배웠

다고 해서 다른 사람들이 당신을 따라 반복해야 할 이유가 없다고….

그의 연설이 끝난 후 '고함과 함께 무례한 말들이 터져 나왔고 의장은 그것을 거의 통제하지 않았다. 그들은 내가 지리를 파괴하기 위해 나갔다고 말했다. 나는 "의회 심문을 받는 것 같다"고 생각했던 것을 기억한다'.

환경교과에 대한 지리학자들의 공식적인 반응은 1973년 1월 니콜스(A. D. Nicholls)에 의한 지리협회의 연설에서 나타났다. 그의 연설은 '대부분 선생님들이 환경교과를 지리학과 연관해야 한다고 생각하는 것은 놀라운 일이 아니'라고 주장하면서 시작되었다. 그의 주장이 암시하듯, 그는 나중에 다음과 같이 말했다. '지리학이란 무엇인가, 라는 질문에 답하기 위해 지리학자들이 정의를 내렸듯이, 환경교과란 무엇인가, 라는 질문에 답할 수 있어야 한다.' 그리고 '새로운 지리'에 대한 주제에서 벗어난 비판도 했다. "이 세기 첫 10년 동안, 설립자들은 다양한 학문을 통해 '새로운' 지리를 만들었다. 그들이 선택한 학문은 환경교과의 훌륭한 목록이 될 것이다."[38] 대부분의 지리학자들이 니콜스의 견해에 동의했다. 한 교육대학 강사는 "초기 환경교과 회의에서 우리는 그들이 지리학이 몇 년 동안 한 것과 똑같은 일을 반복한다고 느꼈다"고 회상했다.[39] 토니 파이슨(Tony Fyson) 또한 "실제적인 차원에서, 환경을 다루는 새 교과는 전통적인 수업 방식이 이 교과에 접근하는 진정한 방법이라고 주장하는 많은 지리 교사들을 남겨 두었다"며 "학문적인 차원에서, 지리가 환경교과의 목적을 포함함으로써 발전할 수 있다고 주장하는 것이 가능해졌다"고 주장했다.[40]

니콜스의 두 번째 주장은 '교과'의 필요성에 초점을 두었다. 다시 그는 오랜 전통을 다뤘다. 1913년 언스테드(J. F. Unstead) 박사는 맥킨더의 통합교과 옹호론에 반대하며, '교과는 지식의 조직체이며 지리학에서는 사실들이 서로 연결되어 있다'고 말했다.[41] 언스테드의 주장은 학교 지리에 대한 우려가 있던 1960년대에 다시 사용되었다. "정밀한 주제와 유의미한 목적이라는 명확한 구조를 지니지 않는다면, 어떠한 교과도 학교 교육과정에 위치할 수 없다. 지리도 마찬가지다. 지리가 학교에서 살아남기 위해서는 목표를 명확하게 규정하고 구조를 엄밀하게 조직하는 학문적 접근을 반드시 취해야 한다."[42]

니콜스는 환경교과가 일반적으로 '어린 학생들'을 가르치는 데 유용하다는 것을 인정하며 시작했다. 그러나 그는 다음과 같이 주장했다. "폭넓고 깊이 있는 지식 습득이 요구됨에 따라 전문화의 필요성도 증가하고 있다. 교과가 분리되기 시작했고, 교과의 학문화에 대한 필요성도 대두된다. 이러한 학문화는 전문적인 학습과 이해를 위해 필요한 체계 혹은 기본 원칙이다."[43]

그 당시 지리학자들은 지리를 환경교과와 '관련되지 않은 사실'을 정리하고 교과를 통합하는 학문으로 널리 홍보하였다. "지리학은 환경교과의 핵심과 통합된 학문이기 때문에 더 큰 학문으로 조정하고 통일하는 데 그 어떤 구성체보다 더 잘 배치될 수 있다."[44] 이 진술에 포함된 암묵적 위계 관계는 다른 지리학자에 의해 명확해졌다. 비유하여 말하자면, 지리는 그 기초가 피라미드와 유사한데, 그 꼭지점은 대학에서 만들어진 날카롭고 지적인 학문이라는 것이다.[45] 한 대학교수는 이러한 견해에 동의했고, 학교 지리에 적용하여 다음과 같이 설명했다. "먼저 높은 수준의 이론 개발이 필요하고, 그 다음에는 학교에서 소화하기 쉬운 수준으로 그것을 변환해야 한다."[46]

니콜스의 세 번째 주장은 '교사 양성'을 위한 '실제적인 문제'였다. 이것은 청중이었던 많은 교사에게 가장 설득력이 있었다. 이 주장의 핵심은 다음과 같다.

환경교과나 환경교육을 그 자체로 교과로 인식한다면, 교과 시수의 일부는 새로운 옴니버스식 교과로 채워질 가능성이 있다. 시수에 대한 지속된 압박으로, 교장은 추가적인 교과가 들어갈 수 있는 새로운 공간을 찾을 것이고, 환경교과로 인한 수업 시수의 손실은 상당할 것이다. 경험상, 한 학과가 타 학과의 손실을 만회하기 위해 시수를 넘겨주는 것을 본 적이 없다.

니콜스는 실용성을 더 강조했다. "만약 구분되지 않는 옴니버스식 환경교과가 학교 교육과정에 들어온다면, 대학의 학과는 이를 감당한 적절한 교원을 어떻게 배출할 수 있을까?"[47]

니콜스가 회원이기도 한 지리협회의 환경교육상임위원회는 이러한 '갈등'에 대한 두려움의 본질을 명확히 한다. 그들은 "환경교과에 대한 우려는 팀에 지리적 교육을 받은 사람이 있어야 함을 더 중요하게 만들었다. 지리학자가 부족한 팀은 불리할 것이고, 지리학자가 있는 팀은 활동 범위가 넓을 것"이라고 주장했다.[48]

니콜스는 그의 연설에서 이 주제를 상당히 상세하게 다루었다. '학문의 자격을 갖춘 예비교원들은 그 교과에 관심이 있고, 그것이 중요하다고 생각하기 때문에 그 교과를 선택했다. 이들은 또한 그들의 가르침이 학생들의 '성장'에 반영되길 원한다.' 그가 말한 교과 전문성과 학생 성장의 관계는 다음과 같다.

교과에 대한 얕은 접근은 필연적으로 만족감을 떨어뜨리고, 교사와 학급 모두 지루하게 만든다. 교실의 모든 질문이 즉각적인 답을 요구하는 것은 아니지만, 교과에 대한 교사의 무지가 드러나면, 학생은 교사에 대한 신뢰를 잃고, 더 딱한 것은 교사 역시 자신에 대한 자신감을 잃어 혼돈에 빠진다는 것이다. 교사는 반드시 그가 맡은 교과를 알아야 한다.[49]

니콜스는 환경교과에 대한 교육부 조사 결과에 대해 토론하면서 '교과'의 위상과 전통 교과에 끌리는 학생 사이 관계에 대해 언급하였다. 네 가지 특징점이 있었다. (1)한 중등종합학교는 모든 1학년 학생들에게 환경교과를 가르쳤고, 그 이후에 교과를 구분하여 가르쳤다. (2)두 학교에서 환경교과를 배운 학생들은 1, 2, 3학년 학생 중 부진아들이었고, 평균이거나 유능한 학생들은 보통 교과를 배웠다. (3)두 학교는 4학년 졸업생에게만 환경교과를 제공했다. 이들은 시험을 치르지 않는 학생들이었다. 나머지는 일반 교과를 배우고 있었다. (4)한 학교는 타 교과에 대한 선택사항으로 'O' 레벨에 대한 유능한 5학년 학생들에게 환경교과를 제공했다. 니콜스는 이 연구 결과를 통해 다음과 같이 결론을 내렸다.

> 첫째, 평균 이상의 학생들은 보통 교과에 대처할 수 있는 것으로 보인다. 둘째, 환경교과는 더 쉽거나 덜 유능한 학생들에게 더 매력적으로 여겨질 수 있다. 셋째, 개별 교과가 성공적으로 가르치기 더 쉬울 수 있다. 냉소주의자들은 통합교과가 잠재적으로 소란스러운 수업에 더 성공적인 진정제 역할을 한다고 제안할 수 있다. 선생님으로서, 여러분도 똑같이 타당한 결론을 내릴 수 있다.[50]

마지막 문장은 그 메시지가 철학적, 논리적 결함이 있음에도 불구하고, 교사들의 실제적인 현실에 대한 인식에 초점을 둔다는 것을 확인시켜준다.

니콜스 주장의 마지막 입장은 지리를 통일된 학문으로 유지할 필요성이 있음에 초점을 두고 있다. 이전 총장은 대학교의 사회화 역할에 대해 언급했다. 지리학부는 '최소한 1등급 수준에서 교과의 핵심이 잊히거나 무시되지 않아야 하며, 졸업한 학부생이 인정받기 위해 그 핵심을 전문 분야 및 그것과 관련된 것과 종합적으로 다뤄야 한다'는 것이다.[51] 그는 대학의 지리학과 학교 지리의 공생 관계를 탐색하였다.

> 매년 천 명의 학생들이 우리 대학에서 지리학을 배우기 위해 대학 입시 준비 과정(식스폼)을 거쳐 입학한다. 대학 학과에서 우리 교과의 지위는 학교에 주입되는 주목할 만한 자극과 성취가 없다면 인식하기 어려울 것이다. 학문 탐구를 위한 예산 지급 또한 어려울 것이다.[52]

니콜스는 교과로서 지리가 갖춰야 할 것에 대해 비슷한 입장을 주장했다.

> 대학 입시는 미래에 대한 야망을 가지고 공부를 더 계속하여 대학에 가기를 원하는 청소년들에게 도전을 제공해야 한다. 좋게 말해서, 그들이 학생이 되는 것이다. 이들 중 일부는 지리학을 배우기 위해 대학에 갈 것이다. 이들은 지리에 대한 더 깊이 있는 지식을 갖길 원할 것이고, 강사, 독자, 교수들과 상호작용하며 이에 대해 이해하고 싶어 할 것이다. 우리는 최소한 학교에서 이 인식된 경로가 너무 확장되지 않게 하는 것이 현명할 것이다. 교과 경계에 마음이 끌리겠지만 확장한다고 해서 모두 가치 있는 것은 아니다. 만약 우리가 많은 교과에 대해 폭넓게 알지만 지식은 얕은 졸업생들을 대학에 제공한다면, 대학은 소수 교과에 정통한 학생보다 이들을 더 선호하겠는가?[53]

니콜스는 '인정된 경로'를 유지해야 할 필요가 있다'고 결론짓는다.

> 10년 전, 이 플랫폼에서, 커크 교수는 '현대 지리는 학자들에 의해 창조되었고, 다른 학문에 의해 교육받았으며, 그들 스스로 지리학적 질문을 하고, 공동체 안에서 문제를 다루었다'라고 말했다. 이것은 지리학자들이 비-지리학적 문제를 해결하기 위한 자신의 관심을 외부로 전환하는 과정을 통해 사라질 수 있다. 이 말은 오늘날 우리에게 예언적

이지 않을까? 지리 교사들이 비-지리적 문제를 해결하기 위해 환경 교사로 이직한다면 이 모든 것이 급속도로 재앙이 되지 않을까?[54]

니콜스의 결론은 지리학자들의 '기본방침'에 대한 명확한 진술이다. 사실상 그는 우리가 지리를 창조한 과정을 반복하지 않아야 한다고 말하고 있다.

3) 교과로서 환경교과를 위한 협상

하트퍼드셔에서 니콜스의 암시는 불명확했지만,[55] 니콜스에 이어 환경교과에 대한 지지의 목소리가 나왔다.

지역지리와 현장연구 전통을 전공한 지리학자 와이즈 교수는 앞서 언급한 지리학의 분열을 반영하여 다음과 같이 이야기했다. 그는 '우리는 때때로 "지리"와 "환경교과"가 동의어라고 생각하는 경향이 있다. 이 논문의 주제는 그 둘이 같지 않지만, 지리학은 필수적인 기여를 하고 있다는 것'이라고 했다.[56]

니콜스의 주장에 따르면, 이러한 주장이 왜 위험한 이단인지 알 수 있다. 이단의 정도는 본 논문 후반부에서 더 짙어졌는데, 그는 후반부에서 교과 중심 과정을, 학제간 공격에 적합한 환경교과를 중심으로 한 문제 혹은 개념 중심 과정으로 대체해야 한다고 점점 명확히 하고 있다. 그는 나중에 "분명히, 이 분야는 너무 넓어서 한 가지 또는 소수 학문 분야의 소유가 될 수 없다"고 강조했다.[57]

숀 카슨은 와이즈 교수가 '환경교과를 지지한다'고 여기며, 그 당시 런던 'A' 레벨을 위해 협상을 진행하는 지리학자들과 상의를 했다. 지리학자들에 대한 그의 응답은 지리학자들이 시험에 지리를 포함시키기 위해 주장하는 수많은 가정들을 강조했다. 특히 '모든 것이 지리다' 또는 "지리 일부는 거의 모든 것이 구성되도록 확장할 수 있다'고 주장하는 경향이 있다. 그는 이것이 사실상 '지리가 어떤 특별한 것도 아니라고 말하는 것'이라고 언급한다.[58]

1973년 3월 공인교육기관인 교육부 과정에서, 카슨은 자신의 전체 전략에 대해 옹호했다.

> 환경교육이 내가 설명한 문제의 연구로 이어지려면, 분명히 알아볼 수 있는 어떤 종류의 학문으로 존재해야 한다. 이러한 이유로 나는 기존의 교과 정의가 수업계획서를 조정하면서까지 문제를 해결하기 위해 충분해야 한다는 제안에 동의하지 않는다. 그것은 내 생각에 실용적인 제안은 아니다. 이 교육과정의 주요 교과는 지리이지만, 지리의 발전은 다른 방향으로 향하고 있다.[59]

후에 그는 이 마지막 포인트를 발전시켜 나갔다.

> 나는 지리학이 훨씬 더 많은 통계적 접근법과 패턴 개념을 도입했다고 생각했다. … 그들은 더 이상 지질학, 풍경, 밑에 있는 바위들을 다루지 않는다. 자, 이곳은 풍경을 이해하는 데 좋은 환경적 요소예요. 그래서 나는 지리학자들에게 '여러분은 더 이상 그렇게 하고 싶어 하지 않아요! 우리 사이에 기술 장벽이 생기는 것이 걱정되신다면, 풍경을 감상해 보세요'라고 말했다.[60]

사실 많은 지리 교사들이 계속해서 물리 및 지역지리를 가르쳤다는 점이 의심스럽지만, 카슨의 전략은 지리학자 사이 분열을 이용한 훌륭한 방법이었으며, 그의 계획이 받아들여진 열정을 설명하는 역할을 했다.

새 학문을 정의한 카슨의 전략에 대한 지리협회의 답변은 그러한 정의의 타당성에 반론을 제기하는 것이었다.

1974년 12월, 환경교육 상임위원회는 논문에서 다음과 같이 주장했다. "환경교과는 교실에서 단지 광범위한 학문 간 자료로 활용되면서 성장해 왔다. 이 방법은 새로운 교과의 경계를 만들지 못하고, 실질적인 자료 통합도 부족하다."[61] 이러한 방식으로, 지리와 환경이 후에 각각 독립적인 학문이 될 것이라는 것을 부인하는 전략에 따라, 학교협의회 내부 협상을 위해 선을 그었다.[62]

이후 1975년에, 학교위원회에 환경교과에 대한 한 논문이 배포되었다.

> 현재 G.C.E. 'A' 레벨에서 환경교과를 수강하는 학생들은 지리와 함께 수강할 수 없다. 교과 양립은 종종 불화의 원인이 되지만, 교과 구분에 대한 학자들의 불안이 부당하게 학생들의 진로에 방해가 되지 않도록 하는 것은 중요하다.[63]

이 경우, 지리학자들에 의해 추구된 지연 전술은 교과 재정의의 전통적인 노선에 따라 긍정적인 전략을 만들어냈다. 최근 환경지리학이라는 제목의 수업계획서가 다수 등장했고, 이 새로운 조합에 따라 '교사용 핸드북'이 새롭게 제작되었다. 환경지리학(Environmental Geography)이라는 명칭은 '학교 지리를 인간 거주지를 이해하기 위한 중심적 역할로 복권하려는 목표를 강조하기 위해 사용되었다. … 우리는 생태학과 함께 지리학이 환경 문제를 이해하는 데 중심적인 방법을 제공한다고 본다.'[64]

다. 결론

지리와 통합교과 사이의 역사적 관계는 교과 내에 일련의 하위 과목이 존재함을 말해준다. '통합교과'를 주장한 20세기 초 지리학자들, 특히 맥킨더는 '학문' 교과를 주장하는 사람들로부터 반대를 겪었다. 후에 언스테드는 지리를 '자연스럽게 타 분야와 맞물리는 지식조직체'로 보았고, 지리학회는 '자체 통일성을 갖춘 균형 있는 교과'로 특징지었다. 이렇게 시작된 과정에 대해 후에 마르샤는 "우리 지리학자들은 우리 교과를 최소한 학문적으로 존중받을 수 있는 학문으로 발전시켰다"라고 언급했다.

1967년, 마르샤가 글을 썼지만 새로운 분열이 기다리고 있었다. 가장 눈여겨볼 만한 것은 지역과 현장지리에 충실한 학자들과 새로운 지리를 발전시켜나가려는 학자들과의 투쟁이었다. 카슨은 이러한 분열을 이용하여 '환경교과'를 홍보하였고, 수많은 지리학자들(브라이언 교수, 와이즈 교수)의 지지를 받게 되었다.

그러나 장기적으로, 새로운 지리학은 이제 완전한 학문이라고 주장할 수 있는 그 교과 내에 주요한 위치를 확립했다. 지리를 정의하는 대학 학자들은 지리를 '대학에서 만들어진 날카롭고 지적인 학문이다'라는 구절로 묘사했다.

학문적 지위의 실제적인 현실은 니콜스의 연설에서 분명하게 드러났다. "평균 이상의 성취를 보이는 학생들이 보통 학문적인 교과를 배울 수 있는 것으로 간주되며" 현재 이 학생들에게 지리가 제공된다. 환경교과는 "학문적 소양이 부족한 학생들에게 더 쉽거나 매력적으로 받아들여질 수 있다". 그러나 환경 연구가 '자체적으로 학문 교과'로 받아들여질 경우, '환경교과에 대한 총 수업 시간의 손실'이 상당할 수 있다. 니콜스는 "내 경험상 학과들이, 특히 상위 수업에서 귀중한 수업 시간을 포기하는 것을 발견하지 못했다"라고 덧붙였다. 따라서 환경교과의 학문적 동등성이 인정된다면, 유능한 학생과 학과 재원에 대한 손실의 위협이 현실화된다. 지리의 미래에 대한 논쟁의 중심에 재원과 경력에 대한 위협을 놓음으로써, 암묵적 권고는 지적인 학문의 주장을 교과 사리사욕의 주장으로 예속시켰다.

라. 현장연구의 활성화와 생물학

1) 환경교과의 등장과 생물학

1950년대와 1960년대의 농업교과는 생물학자들에게 다소 능력이 부족한 이들이 생물학을 응용한 과정으로 비춰졌다. 교육 및 현장 생물학 연구그룹 보고서는 생물학자들이 농업교과에 거리를 두었음을 반영했다. "현재 다소 유동적인 상황이므로 농업교과를 비판적이고 현실적으로 평가하기란 쉽지 않았다."[65] 킬 콘퍼런스 이후에, 오프리에서 열린 하트퍼드셔 회의에서 일부 생물학자들이 새롭게 등장한 '환경교과'에 대해 좀 더 진지하게 고려하기 시작했다. 1960년대와 1970년대 초, 앞서 언급한 것처럼 과학 교육 분야에 급격한 변화와 재정의가 있었다. 불가피하게 이러한 개혁적 노력 중 일부는 농업교과와 환경교과의 영역과 겹쳤다.

이 시기 많은 위원회는 연구 논문을 통해 'O' 레벨과 'A' 레벨을 재검토하고 있었으며, 특히 '농업 생물학'과 같은 교과를 고려했다. 이러한 재검토는 농업교과 주창자들의 교과 재정립 노력과 동시에 일어났고, 때때로 두 움직임이 하나로 나타나기도 했다. 예를 들어, 1970년 6월 카슨은 하트퍼드셔 실무자 모임에서 폴 토팜에게 '런던 대학 평가위원회 생물학 자문 위원회의 일원으로 초청되었다'고 보고했다. '이 위원회는 "O" 레벨의 수업계획서를 제작하고 있는데, 우리는 이 수업계획서가 하트퍼드셔의 아이디어(옥스퍼드 지역위원회의 "O" 레벨처럼)와 유사할 것이라고 예상한다. 위원회는 "A" 레벨 가능성을 제기했고, 우리는 그들에게 수업계획서를 보냈다.'[66]

그러나 많은 저명한 생물학자들이 새로운 '환경' 발의에 참여하게 됨에 따라, 농업교과 교사와 생물학자들의 결합은 일방통행만으로 이루어지진 않았다. 실무자 모임은 환경교과를 'A' 레벨로 정의하기 위해 합동대학입학시험위원회(Joint Matriculation Board Examination Council)를 조직했고, 여기에 저명한 몇몇 생물학자들, 특히 하틀러(Hartley)식물연구소의 제닝스(D. H. Jennings) 교수를 포함시켰다. 실무자 모임은 다른 '과학 주창자', 강사, 교사들로 늘어났다. 이 집단이 마침내 자신들이 만든 수업계획서의 제목에 '환경과학'을 붙이는 것에 동의한 것은 놀랄 일도 아니다.[67]

존 프라이스(John Price)는 새로운 '환경교과' 수업계획서에 참여한 생물학자들이 여전히 그들의 모학문과 연계하는 방식을 취하고 있다고 증언했다. 프라이스는 환경교과에서 새로운 'O' 레벨에 관한 연합심사위원회의 수석검사관이 되었다. 위원회는 그가 작성한 연구물에 대해 논의하기 위해 콘퍼런스를 요청했고, 그곳에서 그는 다음과 같이 말했다.

> 생물학에 더 무게를 두어야 한다고 몇 차례나 언급되었다. 나는 환경교과가 인간의 생태학이고 어느 정도까지는 생물교과라고 주장함으로써 이것을 정당화할 수 있지만, 만약 여러분이 수업계획서를 본다면 사실 많은 부분이 생물학으로 묘사될 수 있다는 것을 발견할 수 있을 것이다. 그것은 농업이나 원예 기술이지만 여전히 생물학이라고 불린다.[68]

새로운 환경교과 강의에 참여한 생물학자들은 주로 생태학과 현장연구를 지지했다. 우리가 언급했듯이, 그 당시 생물학의 발전은 이러한 접근법에 적대적이었다. 다우즈웰(W. H. Dowdeswell)은 윌트셔의 농업교과와 환경교과 실무자 모임에 참여하였고, 현장생물학의 주요 옹호자인 페롯(D .E. Perrot) 박사는 국립환경교육협회의 팜플렛 제작에 참여하였다. 그러나 농업교과의 참여는 언제나 제한되어 있었고, 비록 그 교과가 취하고 있는 방향에 대한 근본적인 불일치가 있더라도 생물에 대한 '충성'은 항상 가장 중요했다.

이 최고의 충성심은 농업교과 교사들이 새롭게 부상하는 환경교과 분야를 지배하게 되었다는 것을 의미한다. 왜냐하면 생물학의 발전이 다른 분야를 주도하고 있었기 때문이다. 다우즈웰은 이를 매우 명확하게 파악하고 있었다.

> 물론, 농업교과는 항상 침체된 분야였고, 항상 약자였으며, 전반적으로 자격이 부족했고, 학교 직원들에 의해 항상 멸시당했다. … 환경교과에서 'O' 레벨과 'A' 레벨을 개발함으로써 그들은 마침내 학문적 책임을 성취할 기회를 얻었다.

그러나 농업교과와 생물학은 지위가 아닌 내용 측면에서 매우 밀접한 것으로 간주되었다. "농업교과는 내게 항상 생물학처럼 보였다. … 여러분이 정원을 가꾸고 재배를 한다는 점에서 생물학이 적용된다. 농업교과를 가르치러 다니는 내 제자들은 결국 항상 생물학을 가르쳤다."[69]

1960년대 높은 지위의 학교교과로서 생물학의 급격한 확장과 최종적인 확립은 농업교과와 환경교과라는 도전에 다소 방해를 받지 않고 교과로서 그 지위를 유지하였다. 유일한 예외는 생태학과 현장생물학의 전문가적인 발전이었다. 따라서 생물학에 대한 주요 도전은 엄격한 과학 실험실이 교과의 핵심이라는 주류로부터 교과는 어쨌든 수준을 낮춰야 한다는 현장요소로 전환하게 되었다. '현장연구' 통제를 위한 싸움에서, 생물학(및 지리) 현장연구 옹호자들은 그들 교과 내 소수 집단임에도 불구하고 현장연구에 지배적인 영향력을 유지할 수 있었다.[70]

2) 현장연구

전통적으로 농업교과 교사들은 교육자원으로서 농촌 환경을 이용하는 것을 선호했으며, 1946년부터는 현장연구위원회(처음에는 현장연구진흥위원회라고 불림)에 의해 촉진되었다. 위원회는 매우 더디게 발전했는데 1960년에는 잉글랜드와 웨일스에 6개 센터만 가지고 있었다(그 센터는 3개 지방 교육 당국에 의해 운영되는 농업교과센터와 함께 존재했다). 심지어 이 단계에서도 전통적인 학문이 센터의 강좌를 지배하는 것처럼 보였다. 그들은 "이 강좌는 주로 문법 학교에서 대학 입시를 준비하는 학생들, 생물학, 지리, 지질학 분야의 예비교사와 대학 학부생을 위해 설계되었다"고 말했다.[71]

1960년 '기존 상황, 교육시스템 내 결과 및 동향에 대한 데이터 부족과 이로 인한 바람직한 교육 목표 성취를 위한 현장교육 지도의 어려움을 극복하기 위해', 자연보호단체는 교육·현장생물학연구회를 설립했다.[72] 연구회의 설립은 학교 교육과정, 특히 생물학같이 전통적인 학문과의 긴밀한 연계를 통해 현장연구를 촉진하려는 움직임을 보였다.

1965년 연구회의 보고서는 '현장과학'이라는 제목이 보여주듯이, 과학교사가, 특히 생물학자가 현장연구를 사용하는 방법에 대해 정의하기 시작했다. 또한 이 시기에 너필드재단 과학교육(Nuffield Foundation Science Teaching) 프로젝트는 현장연구 기법을 활용하는 방법을 고려하고 있었다.[73] '1970년 농촌운동'이 후원한 1965년 교육콘퍼런스는 현장연구와 과학이 학교 교육과정에 밀접하게 연관되어 있음을 확인했다. 보우덴(Bowden)은 킬 콘퍼런스 기조연설에서 학교에서 농업교과는 과학 교사의 책무라고 가정했다. 그는 '지금 이 순간, 주지하다시피, 학교에서 과학을 조직하고 가르치는 모든 과정이 완전히 변했다'[74]며 교육과정 개혁의 가능성에 대해 언급했다.

> 물리학은 정식 교과이며, 이것을 가장 잘 가르치는 방식은 연구실이다. 그러나 이 방식은 생물학에 적용되지 않는다. 나는 아이들이 현장에 나가서 과학적인 방법이 무엇인지 스스로 깨달을 기회를 갖는 것이 중요하다고 생각한다.[75]

자연환경과 과학의 현장연구에 대한 유의성은 나중에 확인되었다. '아이들이 자연환경에서 할 수 있는 현장실험 종류의 발전은 과학의 미래에 있어 큰 장점이다.'[76] 유사하게 교육·현장생물학연구회의 '과학 총무'로 활동한 자연보호단체 프리처드 박사는 다음과 같이 주장했다. '환경교육은 과학적 학문과 단단히 연계되어야 한다. 이유는 자연과 인간의 힘이 섞여 발생하는 문제들은 과학을 사용하지 않고는 이해할 수도, 해석할 수도 없기 때문이다.'[77] 페롯 박사는 1964년 킬 대학에서 수행된 프로그램을 보고한 '현장생물학 교육에 관한 연구'에 관한 논문을 콘퍼런스에 제출했다.[78]

> 현장연구는 12~15세 학생들에게 다른 유형보다 사실 정보를 상기하는 데 더 좋은 자극을 주었다. 그러나 현장연구에 참여한 16세 학생이 기억력에서 가장 큰 성과를 보였다. … 현장연구에 관여한 학생들은 실험실에서 문제 해결과 다른 유형의 과제에 참여한 학생들보다 문제 해결 능력에서 큰 진보를 보였다.[78]

킬 콘퍼런스에 이어, 지리 교사들도 활동하기 시작했고, 지리협회는 현장연구상임위원회를 설립하였다. 1965년과 1966년에 위원회는 현장연구를 위한 시설 조사를 완료했으며, 1969년에는 지리학회에 의해 지역 현장연구센터 및 기타 종류의 센터를 대상으로 추가 조사를 완료했다. 지리학회의 관심은 지리학 교사들이 그들의 교과를 가르치기 위해 현장연구를 점점 더 많이 이용하고 있다는 것을 반영한 것이다.

현장연구의 촉진은 기본적으로 생물학과 지리학의 전통적인 학문과 연결되었고, 농업교과를 대화 밖에 두었다. 처음부터 카슨은 현장연구가 학문 분야로 인정된 교과와만 연관되어 있다고 항의했다. 교육·현장생물학 연구회에 대해 그는 '농업교과가 어느 학문적 수준에서든, 심지어 'O' 레벨에서도 학문으로 인정받지 못했기 때문에, 이 위원회는 농업교과에 대해 깊은 관심을 기울이지 않았다'고 했다.[80] 그래서 킬 콘퍼런스에서 그는 생물학자들의 명백한 헤게모니에 대해 두 번 항의했다. 그는 "모든 것으로 전망을 넓혀야 된다고 말했지만, 우리는 여전히 생물학의 좁은 맥락 안에서 이야기하고 있다"[81]며 "학교, 대학, 대학교에서 생물학자들의 접근 방식은 매우 좁고, 너무 엄격하게 과학적이며, 농업이나 다른 것을 불충분하게 다룬다"고 주장했다.[82]

카슨은 환경 현장연구에 대해 학제간 개념을 원했다. 킬에서 그는 "우리는 학문 사이 장벽을 허물어야 한다. 일반 중등학교에서 이것은 특히 중요하다"고 말했다.[83] 그는 이후의 글에서 이런 생각을 더 견고히 한다. '이 주제에 대해 다룰 때, 참석한 교육자들이 서로 다른 사례를 제시하는 데 집중한 나머지 그들이 함께 모여 합의할 시간이 없었다는 점이 유감이다.'[84] 또 다른 논문에서 카슨은 다음과 같이 썼다. '환경교과 설립을 위한 노력을 괴롭히는 주요 약점이 명백해졌다. 이것은 학교 교과에서 나타나는 교사들의 무능함이다. 이들은 환경 문제에 있어 학제간 특성을 인정하고, 그들의 이익을 대변하는 확고한 위치에서 벗어나는 데 무능하다.'[85]

생물학과 지리학이 현장연구에 있어 지배적이라는 것은 1965년에 실시한 조사에서도 살펴볼 수 있다. 현장연구위원회와 센터가 수행한 총 현장연구

중에서 120개가 지리교과 및 생물교과와 관련이 있었고, 53개는 '일반 환경교과', 40개는 농업, 원예 및 산림 분야와 관련이 있었다(이 수치와 이후의 수치는 '농업, 원예 및 임업' 아래 농업교과도 포함시킴으로써 문제를 혼동하지만, 몇몇 농업교과 교사들은 '일반 환경교과'에 참여했을 것이다). 이외 생물학과 지리학 14개, 일반 환경교과 6개,의 농업, 원예·임업 3개가 있었다. 1969년까지 증가된 센터의 수는 다음과 같다. 332개가 지리 및 생물학을, 167개가 일반 환경교과를, 123개가 농업, 원예·임업(농업교과 포함)을 다루고 있다. 현장연구위원회와 학교센터는 '전문화된 교과 처리에 중점을 두는 뚜렷한 패턴'을 보였다. 현장연구위원회는 18개의 지리학과 생물학, 5개의 일반 환경교과, 5개의 농업, 원예·임업(농업교과 포함)을 다루었다. 학교 센터 수치는 지리학과 생물학 32개, 일반 환경교과 14개, 농업, 원예·임업 13개였다.[86]

1965년과 1969년 조사 수치는 자연 환경의 현장연구를 사용한 생물학과 지리학이 주요 교과로 확립되었음을 분명히 보여준다. 이러한 상황에서, 농업교과가 고유하게 자연환경과 관련 있다는 주장은 급격히 신뢰를 잃었다. 카슨은 매우 걱정했고, 1968년 1월에 그 문제에 대해 국립협회의 사무총장인 리차드 모건(Richard Morgan)에게 편지를 썼다. 모건은 현장연구협회에 대해 다음과 같이 답변했다.

> 현장연구협회는 농업교과에 관심 있는 사람보다 더 광범위한 범위의 사람들을 대상으로 하고 있으며, 그들이 지지하는 모든 기능을 수행할 필요는 없다. 이 분야에서 그들을 우리 학문 영역에서 벗어나게 하는 것은 단지 우리에게 불명예스러운 이름만 가져다 줄 것이다. … 그러나 이것이 우리 자신의 분야에서 강한 목소리를 내는 것을 막지는 못한다. 하지만 나는 우리가 그들이 제공하려고 하는 서비스를 이미 제공했다고 저항하고 주장하는 것보다 협력이 더 효과적일 것이라고 생각한다. 왜냐하면 '그들이 우리보다 훨씬 더

넓은 범위의 환경적 관심을 충족시키고 있다'는 주장은 사실이 아니기 때문이다.

모건의 진술은 주로 생물학자와 지리학자들이 현장연구를 지배하고 있다는 것을 받아들이고 있다. 그의 논평은 기존 현장연구에 드러난 농업교과에 대한 카슨의 좌절을 묘사한다. 왜냐하면 '그들이 재정적으로나 다른 모든 면에서 우리보다 더 강해질 수밖에 없는 더 폭넓은 회원 자격을 얻었기 때문이다.'[87] 이러한 방식으로 농업교과는 다시 한 번 교육과정의 영역이 되는 데 좌절을 겪는다.

5. 결론

4장에서는 1960년대 현장생물학과 생태학을 대표하는 소집단과 실험실 기반의 엄격한 과학을 주장하는 소집단 사이 생물학 내 경쟁이 어떻게 후자가 지배하는 교과로 끝났는지 설명했다. 한동안 현장생물학자들은, 1960년대 방어적이던 지리학 소집단인 지역지리학자의 방식보다 환경교과와 관련을 맺으며 발전하였다. 그러나 생물학에서 이러한 연관성은 그리 강하지 않았다. 교과는 빠르게 확장되었고 높은 지위의 학교교과로서 최종 입지를 다졌다. 이 외에도 현장생물학자들은 현장연구 운동에서 강력한 위치를 확보했으며 지리학자들과 함께 대부분의 현장연구센터를 통제했다. 이 입장에서 이들은 농업교과를 우대할 이유가 거의 없었다.

따라서 생물학의 교과 성장에 있어 새로운 환경교과의 도전은 교과 내의 '현장연구' 집단을 통해 성공적으로 관리되었다. '엄격한 과학' 이미지를 지닌 주류 생물학과 학교와 대학교 내 급격하게 늘어나는 수많은 학과(이와 관련된 실험실)에서, 새로운 환경교과의 도전은 고려할 가치가 거의 없었다.

11. 환경교과의 교섭

가. 평가위원회와의 교섭

하트퍼드셔주의 특별조사위원회가 1970년 말부터 1971년 초까지 'A' 레벨의 최종 초안을 완성하는 동안, 오직 두 개의 평가위원회만이 적극적으로 참여하였다. 그 중 한 위원회인 '연합검사위원회(Associated Examining Board, AEB)'는 1967년 토팜(Topham)의 첫 번째 제출 이후 다양한 제안들을 면밀히 검토해왔다. 또 다른 위원회인 런던 대학교는 평가담당 한 명이 실무자회의에 참석할 수 있도록 허용했지만, 그 평가담당자는 '사적 자격'으로만 참석하고 있다고 강조했다.[1]

1971년 1월 AEB는 카슨이 제출한 특별조사위원회의 초안에 대해 두 가지 상세한 답변을 하였다. 위원회 사무총장이 작성한 첫 번째 답변에서는 '많은 동료에게 수업계획서 초안을 보여주었고 그것은 대체적으로 좋은 평가를 받았지만 수업계획서 섹션 2에 대해 반대 의견이 있었다'고 했다.[2] 사무총장은 '학교 내 섹션 2의 수업 방법에 대해 더 많이 알아야 할 필요가 있다'며 '이것도 평가와 관련된 문제의 일부이고, 평가하는 사람의 관점에서 제시된 많은 양의 현장연구가 가능한지 의심스럽다'고 덧붙였다. 섹션 2에 대한 불확실성은 서한의 뒷부분에서 증폭되었다. 사무총장은 두 가지 주요 문제를 인식했다. 첫 번째는 'A' 레벨 교과의 기준에 부합하는지 여부였다. 즉, '이 연구 결과가 이미 확립되어 있는 GCE 'A' 레벨의 평가 인증과정을 수강하는 학생들이 갖추어야 한다고 명시된 지적 수준과 동등하다고 말할 수 있는가?' 이 질문에 대해 사무총장은 '아마도 이 점을 분명히 하기 위해서는 더 자세한 정보가 필요할 것'이라고 덧붙였다.

두 번째 문제는 평가에 관한 것으로, 사무총장은 다음과 같이 말했다. '나는 이 문제가 저자들이 두려워하는 것처럼 그렇게 대단하다고 생각하지 않는다. 제안된 모든 평가 방법은 신뢰할 수 있는 결과를 도출할 수 있어야 한다. 이것은 학생들을 위해 필수적 사항이다.' 예를 들어 NFER(National Foundation for Educational Research, 국립교육연구재단)와 같이 '이 과제를 시작하기 전에 반드시 협의해야 하는 광범위한 체계적 질서'를 나열한 후, 사무총장은 '학교위원회가 관련 정보를 제공하거나 스스로 해당 사항들을 계획할 준비를 할 수 있다'고 생각했다.

다음 날 도착한 추가 서한[3]에서 위원회의 확고했던 낙관주의는 상당히 완화되어 있었다.

> 저는 오늘 당신의 수업계획서 초안에 대한 또 다른 의견을 받았습니다. 이 의견이 매우 상세하고, 비록 의견이 너무 늦게 제출되더라도 당신이 그것을 보고 싶어 하리라고 생각했습니다. 저자는 제게 보낸 사적인 편지에서 자신의 논평 중 일부에 공격적인 측면이 있다고 했습니다. 그렇지만 환경교과에 깊이 관여하고 있는 사람으로서 수업계획서 초안을 마련하는 단계에서는 여러분이 이 의견을 좋아할 것이라고 생각합니다.

그의 비망록은 하위섹션에 대한 상세한 비판으로 시작되었다. 뒤이어 나온 그의 좀 더 일반적인 논평에서 그는 '환경교과를 'A' 레벨 학생들이 기대하는 지적 발전을 촉진하는 적절한 매개체로 간주하는 것이 옳다'고 인정했다.

그러나 하트퍼드셔의 제안에 반대하는 이유로 그는 오프리(Offley)에서 처음 드러난 한 가지 요점을 설명했다.

나는 하트퍼드셔의 제안에 대해 그것이 환경교과를 위한 다른 수업계획서 시도처럼 일관성 있는 교육으로 볼 수 없다는 점에서 불만이다. 그 교과는 '학문'이어야 한다. 즉 그것의 평가 상승과 발전을 위해 질서 있는 사실과 개념의 일관된 체계여야 한다. 그리고 학생도 그렇게 인식할 수 있어야 한다. 학생은 자신이 어디론가 가고 있다고 느끼고, 그 과정이 끝날 때 무언가를 성취했다고 느껴야 한다. 이 코스는 다른 교과의 조각들을 모아 놓은 것이 아니라, 해당 학과의 혼란스러움이 추구하는 것이어야 한다. 그것은 지성의 발전을 지탱하는 자양분이 아니다.

그리고 그는 특별히 하트퍼드셔의 'A' 레벨의 연구를 위한 교과를 정의하기 위한 노력을 언급했다.

하트퍼드셔 콘퍼런스는 강좌의 중추적인 역할을 할 몇 가지 통일된 주제를 찾는 데 부분적으로 관심이 있었다. 그러므로 에너지 흐름과 토지 이용의 아이디어에 관심이 있었다. 하지만 내 생각에 환경교과의 적절한 중심 주제는 어떤 의미에서는 환경을 정의하는 유기체를 연구하는 것이다. 인간 환경에 대한 적절한 연구의 핵심은 인간 자신이다. 인간이 중심에 있는 것으로 지속적으로 비춰진다면 모든 것은 관련성이 있고 전체는 일관성이 있다. 이것은 상투적인 표현으로 보일 수 있지만, 만약 그것이 당연하게 여겨진다면 그것은 통합 기능을 가질 수 없고, 하트퍼드셔 수업계획서에서처럼 한 학문의 일관성과 근본을 제공할 수 없다.

이 비망록의 후반부에서 그는 교육과정 개발 작업에서 파생된 가장 최근의 간행물은 세부적인 교육목표에 대해 상당한 관심을 기울이고 있다고 언급했다. 환경교과 연구 과정에서 제안된 과정의 결과에 대한 명확한 진술은 수업계획서의 최종 버전을 평가위원회와 학교위원회에서 공식적으로 고려할 때 여러 문제들을 예방할 수 있다.

후자의 통찰은 놀랄 만큼 정확하다는 것을 증명하고 있다. 사실 1970년 6월까지만 해도, 카슨은 'A' 레벨을 받는 데 있어 주요 문제가 무엇인지 묻는 물음에 대해 '정보를 얻는 것이 매우 어려웠지만, 평가위원회와 학교위원회 사이에 항상 문제가 있다'고 언급했다.[4] 그 문제는 1971년 내내 계속되었다. 지난 3월, 카슨은 최종 하트퍼드셔 초안을 발송한 것에 대해 다음과 같이 통보받았다. '최근 몇 주 동안 간단한 협의가 이루어졌지만, 귀하의 수정 초안이 1월 초에 평가위원회에서 제공한 피드백 사항의 대부분을 충족하지 못한다는 것이 일반적인 의견입니다.'[5] 9월에 하트퍼드셔가 'A' 레벨을 구현하기 위해 실시한 평가위원회 토론에서, 평가위 사무총장이 '평가 방법이 적절하지 않다는 점에서 안을 곧바로 거절했다'고 지적했다.[6] 12월에 사무총장은 평가위원회 평가위원인 환경교육위원회의 멜로우즈(C. Mellowes)에게 다음과 같이 서한을 보냈다.

카슨이 교육위원회에 접수되지 못한 채 거절당한 우리의 'A' 레벨 수업계획서에 대해 말씀드린 것으로 알고 있습니다. 그리고 어떤 입장인지 알려주실 수 있는지 궁금합니다. 우리는 다른 위원회들과 함께 약간의 진전을 이루고 있지만, 많은 학교들은 여전히

위원회를 통해 협의하고 싶어 하며, 당신의 위원회에서도 그 수업계획서를 고려하기를 바랍니다.[7)]

멜로우즈는 '환경교과 'A' 레벨 심의에 대해 반대 의견을 이미 표명했다'고 대답했다.[8)] 하트퍼드셔의 제안을 막는 과정에서 위원회는 대부분의 평가위원회의 의견과 일치하는 것처럼 보였다. 다른 위원회들도 그 제안서에 비슷한 반대 의견으로 대응했다. 1970년 12월에 카슨이 접근한 다른 평가위원회의 수석보좌관은 오프리 이후 준비된 수업계획서의 첫 번째 안에 대해 다소 진지하게 썼다.[9)]

첫 번째 반응은 그 수업계획서의 요구 사항이 훌륭하다는 것이다. 평가 결과 기록과 관련하여 회의 보고서나 수업계획서 초안에는 어떤 제안도 제시되지 않았으나, 첫 페이지의 문제라는 제목 아래 제안된 시간 배당은 이 과정이 하나의 'A' 레벨 교과로 간주되도록 의도하였음을 시사한다.

그는 다음과 같이 생각했다.

이 경우 수업계획서에 포함된 많은 주제에 대한 접근법이 피상적일 수밖에 없다는 심각한 위험이 있을 수 있다. 초안에서 제시된 것처럼 깊이 있는 주제들을 다룰 경우, 수업계획서는 너무 과중하고 까다로운 것이 될 수 있다.

서한의 뒷부분에서 이 견해는 '수업계획서에 대해 주제로 접근하는 방식은 적합하다'는 진술에 맞춰 다음과 같이 설명되었다. '일관적이고 확인된 주제 없이 수업계획서를 고안하려 한다면, 그 교과는 교사와 학생 모두에

게 주제가 파편화될 심각한 위험이 존재할 것이다.'

수석보좌관의 두려움 중 일부는 중등종합학교의 확산과 함께 증가하고 있는 환경교과에 대한 개념과 관련이 있었다. 그는 'A' 레벨의 제안에 약간의 주의가 필요하다고 주장했다. 왜냐하면 '식스폼 학생이 그의 식스폼 교과의 일부에서 성취할 수 있는 것에 대해 너무 낙관적인 견해를 가지고 만들어졌기 때문'이다. 수석보좌관은 또 다시 '이러한 작업에 대한 외부 평가는 어렵고 비용이 많이 들며, 그러한 외부 평가의 신뢰성이 의심스러울 수 있다'고 말했다.

1971년 10월, 한 위원회는 수업계획서 제안을 거절했고 다른 위원회들의 제안 수락에 대한 것도 불안한 상태에서, 카슨은 어떤 위원회도 하트퍼드셔의 수업계획서를 받아들이지 않을까 염려하기 시작했다. 그 결과 새로운 시책을 취하였고 카슨은 GCE(General Certificate of Education, 교육자격검정시험) 조사기관의 보좌관들과 함께 문제를 제기했다. 그는 대부분 위원회가 새로운 수업계획서에 반대한다는 답변을 받았다.[10]

위원회의 반대는 런던위원회의 진행을 지연시켰다. GCE 사무총장 회의에 이어 런던위원회는 카슨에게 연락을 취했다. 서한의 원본은 추적할 수 없지만 카슨은 10월 21일 멜즈(C. L. Melles)에게 보낸 또 다른 서한에서 다음과 같이 섰다. '나는 런던 대학 평가위원회 사무총장으로부터 그의 위원회가 모든 사람들을 위해 'A' 레벨 평가 제공에 대한 제안을 받고 있다는 것을 알게 되었다는 연락을 받았다. 하지만 그는 그 제안에 다소 우려를 표명했다.[11] 이러한 우려에도 불구하고 런던위원회는 계속해서 하트퍼드셔를 면밀히 따랐으며, 12월에 카슨의 초청[12]으로 하트퍼드셔 학교들의 평가위원회 회의에 대표를 보냈다. 1월 멜즈는 런던위원회의 반응에 대해 희망이 있다.'[13]

나. 하트퍼드셔 상임위원회

상임위원회는 1971년 7월 브로드(S. T. broad)의 지지를 얻은 후 카슨이 처음 설립했다.

1971년 7월 27일, 하트퍼드셔의 교장들에게 이 아이디어를 회람[14]하여, 'A' 레벨의 환경교과 과정을 수강하려는 학교들이 상호 문제가 발생할 때 검토할 수 있도록 상임위원회를 설치하는 것이 적절할 것이라는 제안이 있었다. 학교 및 대학 총장을 대표하는 상임위원회는 수업계획서 진행 상황을 주시하기 위해 설립되었다. 1972년 상임위원회는 그해 3월에 학교위원회의 공식적인 인정을 받기를 원했다. 학교들이 강좌를 조직하는 9월 전에 시기를 맞추기 위해서다.[15]

상임위원회의 첫 회의는 9월 27일이었고 회의록[16]에는 카슨이 회원들에게 다음과 같은 내용을 상기시켰다고 기록되었다. '학교와 교사들이 이 기회를 제대로 잡지 못하거나 수업을 실행하지 않으면 수업계획서가 수용되도록 진행한 모든 연구 및 홍보는 아무 소용이 없다.' 12월 15일 런던위원회의 홉킨스가 참석한 두 번째 회의에서, 12월 20일 회의를 마련하였다는 것이 주목할 만하다.[17] 홉킨스는 '우리가 위원회를 서둘러 추진하고 있는 것은 아니'라고 말했다. 카슨은 런던 회의에서 수뇌들에게 다음과 같이 보고했다.[18]

> 수업계획서를 런던위원회 네 명의 고문이 검토하였고 그들의 논평에는 심각한 비판이 없었기에 곧 교과위원회를 설치할 수 있을 것이다. 이 위원회는 1월에 회의를 하고, 2월에 당신의 대표들과 회의를 하자고 요청할 것이다. 최종적으로 합의한 수업계획서는 3월 2일에 런던 대학 평의회에 제출하여 승인을 받을 것이다. 만약 그들이 승인한다면 그것을 5월에 학교 평의회에 전달할 것이고 1972년 6월에 결과가 나오기를 바란다.

카슨은 하트퍼드셔 학교에 미칠 영향을 다음과 같이 추측했다.

> 비록 지금 단계에서 명확하게 말할 수는 없지만, 우리가 1972년 9월부터 학생들에게 평가를 실시할 수 있을 것이라고 매우 낙관하고 있고, 그에 따라 당신의 계획을 세우는 데 충분한 자신감을 갖기를 바란다.

1월 19일, 새롭게 구성된 '환경교과 특별위원회'가 브라운 교수의 지도 아래 런던 가워 스트리트(Gower Street)에서 열렸다. 회의록에는 '하트퍼드셔 'A' 레벨 수업계획서를 논의하였고, 그것을 런던 GCE 수업계획서로 간주해야 한다는 일반적인 합의가 있었다'고 기록되었다. 수업계획서를 상세하게 검토한 후 주요하게 두 가지 주요 범주를 수정할 것을 제안했다. 첫째, 일부 섹션에서는 관련 교재와 함께 수업계획서 내용을 상당히 줄일 수 있다. 일부 사례에서 그러한 감축은 예시는 '기생충의 에너지 흐름에 대해 알려진 바가 없다. 이것은 수업계획서에서 삭제되어야 한다'와 같이 교과 전문가들이 제안하였다. 둘째, 특히 섹션 2와 섹션 3에서는 도시 상황을 더 많이 고려할 필요가 있었다. 섹션 2에는 다음과 같은 질문이 제시되었다. '교재의 전체 섹션에 대해서 도시 학교에 더 많은 지침을 제공할 수 있는가?' 섹션 3 '도시화는 더 앞서서 언급해야 한다'에서 '주석에는 영국에만 국한되지 않는 도시화가 포함되어야 한다.'[19]

2월 4일 임시위원회는 하트퍼드셔 상임위원회 공식 대표인 스미스(Smith)와 그웬런(Gwenlan), 생물학 교사인 로어드(Lord)를 만났다. 대표단은 하트퍼드셔 학교나 외부 어느 학교에서도 적용할 수 있는 환경교과의 유형 2 'A' 레벨 수업계획서로 상정할 것을 권고한다는 위원회의 의견에 동의한 것으로 보고되었다.[20]

이 단계에서 카슨은 'A' 레벨에 대한 정보를 요청한 사람들에게 안내문을 배포했다.[21] NFER 출판 이후 많은 교장들이 'A' 레벨을 선택할 수 있는지 여부를 묻는 글을 썼다.

이제 유형 2 수업계획서로 진행할 준비가 되었습니다. 이것은 누구에게나 배포하지는 않고 수강을 신청한 학교로 제한됩니다. 나는 지금까지 교섭 기관이었던 'A' 레벨의 환경교과와 관련한 상임위원회의 구성원이 이제 교장들을 포함하도록 확대될 수 있다는 런던위원회 환경교과 'A' 레벨 위원회의 의견에 동의했습니다. 이것은 영국의 어느 학교에서나 평가 응시를 위한 적절한 채널이 될 것입니다.
그러므로 저는 교장선생님들을 초대합니다. 개인적으로 또는 학교에서 대표를 파견하여 회의에 참석하는 것은 환영할 일이지만, 꼭 모든 대표가 회의에 참석하지 않아도 됩니다. 이 협의에서 모든 정보가 집약될 것입니다.

카슨은 하트퍼드셔 학교들에 다음 해에 'A' 레벨을 시작할 계획을 완료하라고 조언하고, 영국 전역의 학교들이 상임위원회로 참여하도록 격려하면서, 학교위원회에서 성공적인 결과를 기대하고 있었다. 사실 대학과의 협상은 5월 말까지 계속되었다. 5월 10일에는 학교위원회 지리교과위원회가, 5월 22일에는 과학 위원회가 수업계획서를 검토했다. 6월 7일 카슨은 상임위원회 멤버들을 순회했다.[22]

우리의 'A' 레벨 제출을 대표하여 런던위원회가 학교위원회에 내보낸 대표들은 아직까지 성과를 보이지 못하고 있고, 가을에 더 많은 논의가 진행될 것 같다.
유감스럽게도 이러한 상황에서 1975년 6월 이전, 다시 말해 1973년 9월에 강좌를 시작하는 학생들이 평가를 실시할 가능성은 거의 없어 보인다.

이것은 큰 문제이지만 현재로서는 방법이 없는 것 같다.

카슨은 좌절의 의미를 다음과 같이 보고했다.[23)]

우리는 학교위원회로부터 보류판정을 받았고 학교들이 1974년에 이 평가를 시행하는 것은 불가능해 보인다. 이것은 올 9월에 강좌를 개설하는 학교들이 대안을 찾고, 덜 까다로운 평가를 목표로 삼고 방향을 전환해야 한다는 것을 의미한다. 어제 열린 상임위회의에서 일부는 이렇게 의견을 모았고, 또 다른 위원들은 과정 수료 인증서만 있어도 'A' 레벨 수업계획서를 따를 수 있다고 생각했다.
이런 어려움에도 불구하고 올해에도 식스폼 과정을 시작하는 학교들에게 보조금을 줄 수 있기를 바란다.

다. 학교위원회와의 교섭

6월 21일 상임위원회는 처음으로 중단된 학교 교섭에 대한 보고를 받았다.[24)]

5월 10일, 토팜은 학교 지리위원회에 참석했다. 수업계획서를 상세히 논의하였으며, 특히 '엔트로피'[1] 섹션에 관한 질문이 제기되었다.
5월 27일 그는 과학 위원회에 참석했다. 이 위원회 24명 중 8명만 참여했는데, 그들 중 대부분은 물리학자인 것 같았고, 1명만 현직교사로 보였다. 그들은 수업계획서 첫 부분에 대해서만 살펴보고 다른 분야에 대해서는 아무 질문도 하지 않았다.

1. 엔트로피(entropy, S)는 물질의 열역학적 상태를 나타내는 물리량 중 하나로 시스템에서 에너지의 흐름을 설명할 때 이용되는 상태함수이다. 에너지 전환 과정에서 쓸모 없어지는 무언가를 발견하고 정의한 것이 엔트로피이며, 이후에 통계역학적으로 다시 정의되었다.(네이버 지식백과)

회의록에는 카슨이 5월 24일 '우리는 런던 대학으로부터 수업계획서가 어느 위원회로부터도 승인되지 않았다는 것을 통보받았다'고 덧붙였다. 지리과학 분과위원회의 의견은 후에 런던위원회에 보낸 서한에서 상세히 설명되었다.[25] '수업계획서가 너무 광범위하다. 많은 주제들을 피상적으로 다루고 있으며 환경교과의 중심적인 평가와는 무관하게 보인다.'

그 서한은 엔트로피의 사례로 수업계획서가 피상적이라는 것을 보여주고 있다. 회원들은 이것이 어려운 개념이며, 분리하여 연구해서는 안 된다고 느꼈다. '엔트로피를 이해하기 전에 엔탈피와 자유 에너지의 차이를 알아야 할 것이다.' 주체를 피상적으로 다룬다는 것은 각 과목 전문가들의 의견에 근거한 것이었다. '수업계획서에서 과학적 처리의 깊이는 'A' 레벨 물리학 또는 화학 수업계획서에서 유사한 주제와 비교할 수 없었다.' 학제간 수업계획서가 '단일 주제' 관점에서만 피상성으로 판단되는 경우, 그것은 사실상 자기 충족적일 뿐이다. 특정 주제의 무관함에 대한 비판도 마찬가지이다.

교과의 핵심 평가에서 완전히 배제된 것으로 보이는 수업계획서의 부분은 (1) 지질학에 관한 대부분의 연구, 예를 들어 지질의 기원 이론, 판구조론, 불안정성 (2) 이성질체로서의 인간, (3) 인간의 역사적 진화 등이다.

이러한 판단에 따라 이 서한은 5챕터 단락에서 선언한다(주석 32 참조).

만약 그러한 관련 없는 주제들을 제거한 수업계획서는 지리교과의 기존 수업계획서와 얼마나 가까운지 드러낼 것이다. 지리와 생물교과 모두에서 이 수업계획서가 많이 겹치는 것을 우려하였다. 예를 들어, 지리교과를 준비한 지원자는 많은 질문에 답하는 데 거의 어려움이 없을 것이라고 생각했다. 따라서 환경교과와 함께 'A' 레벨에서 제공되는 교과에 대해서는 약간의 제한이 있어야 한다는 제안이 나왔다.

두 가지 다른 비판이 지적되었다. 첫째, '식스폼 이용자들을 동기 부여할 수 있는 모든 것을 해보려는 노력으로 불가능한 일을 시도했다'는것이다. 이것과 어느 정도 연관이 있는 것은 '이 수업계획서가 반드시 대학에 진학하기 위해 학문적 'A' 레벨을 요구하는 학생을 목표로 하는 것이 아니라, 새로운 식스폼에 대한 지지를 위한 논의에서 제시된 관점'이었다.

한 참석자는 지리, 과학을 대표하는 두 분과위원회와의 회의를 회상하면서 '그것은 충분한 세력권을 주장하는 당연한 반응이었다. 나는 그것이 극단적으로 받아들여졌다고 생각한다'고 말했다.

그는 회의 당시 일반적인 '의견 풍토'에 대해 다음과 같이 말했다. '걱정되는 것은 우리의 수업계획서가 진행되고 있는 이 시점에 학교위원회가 통합적인 접근법과 수업계획서 유형을 요구하고 있다는 것이다. 이런 요구가 처음 등장했고 그들은 그것을 어떻게 관리해야 할지 몰랐다.' 그는 학교위원회가 하트퍼드셔 계획에 어떻게 반응했는지를 설명했다.

그들은 다른 영역에 관심을 두지 않고 오로지 자신들의 교과만 지향하는 지리학자들과 과학자들을 많이 모았다. 그것이 그들이 교육받은 방식이고 학문을 보는 방식이지만, 그들의 잘못은 아니다. 결론은 그들은 그것에 대해 논평할 적임자는 아니라는 것이다.

카슨은 엔트로피에 대한 과학 분과위원회의 입장에 특히 격분했다.

의장은 '열역학의 두 가지 법칙을 인용하지 않는 한 엔트로피를 언급할 수 없으며, 그 다음에는 뒷받침하는 실험을 해야 한다'고 말했다. 이건 두 가지 용어가 필요했을 것이고, 물리적인 면이 너무 많아서 전체 균형이 깨졌을 것이다. 우리는 이것에 대해 크게 논쟁을 벌였고, 대학으로 돌아갔다. 대학교의 과학 계열의 사람들은 '얼마나 우스꽝스러운가'라고 말했다.[26)]

아이버 굿슨: 그것에 대한 과학자들의 반응을 어떻게 설명할 수 있을까요?

숀 카슨: 내 생각에 그 과학자들은 가르치는 사람이 아니며 행동이 적절하지 않습니다. 과학에서 당신은 진술하지 않고, 실험 데이터에 근거한 결론에 도달합니다. 나는 그들이 원하는 답에 맞도록 실험을 한다고 말할 것입니다. 이게 과학적 방법입니다. 만약 당신이 그런 방법을 사용하지 않는다면 우리는 당신이 이런 말을 하지 않기를 바랍니다.

우리가 말한 요점은, 여러분이 물리학을 가르치는 것이 아니라, 특정한 과학적 정보를 사용하고 있다는 것입니다. 과학적 또는 생물학적 정보를 사용하고 싶을 때마다 구축하는 과정을 거칠 수는 없습니다.

아이버 굿슨: 이런 경우에 가르치기 위한 과학자가 필요하지 않을까요?

숀 카슨: 아니, 물리과학자는 필요 없다고 이미 말했잖아요. 자신감이 넘치는 지리학자나 생물학자가 그것을 가르칠 수 있습니다. 우린 이미 학교에서 통합과학을 가르치고 있어요.

지리 분과위원회와 함께 카슨은 '그들은 과학자들보다 더 많은 것을 반대한다'고 느꼈다.

사람들은 "'A' 레벨 지리교과 수업계획서에서 가르칠 수 없는 것은 없다"라고 말할 것이다. 우리는 '그렇지 않다'라고 말했고 그것이 얼마나 다른지 항목별로 나누었다. 어떤 사람들은 '지리학자가 이걸 가르치지 못해서 관리할 수 없게 될 것'이라는 어리석은 말을 할 것이다. 우리는 '가르칠 지리학자가 있다'고 말했다. 그들은 그것을 알고 싶어 하지 않았다. 그들은 계속해서 우리가 대학들에게 받아들여지지 않을 것이라고 말했다. 그래서 '최종적으로 그것을 준비하기 전까지는 어떤 대학들이 받아들일지는 모르지만, 사실 여기 콘퍼런스에서는 받아들일 것이라고 말한 사람들과 몇몇 지리학자들도 있다'고 말했다.

하트퍼드셔의 한 교사는 학교위원회의 거절에 대해 '우리는 화가 났다. 카슨은 언론 캠페인을 시작했고, 대학은 정말 혼란에 빠졌다. 이사회도 그랬다'고 즉각적인 반응을 보였다. 카슨은 자신의 반응을 상기했다. '처음에는 길을 잃었다. 하지만 난 매우 고집이 세서 학교위원회를 통과하기로 결심했다. 심지어 내 건강을 희생시키면서까지 말이다.' 카슨은 상임위원회 위원들에게 보낸 서한과 학교위원회로부터 받은 서한에 대해 논평했다. 그는 지리교과 분과위원회가 '관련 없는 교과'를 없애라고 권고한 것을 언급하며 '분명히 다른 모든 것을 제거한다면 지리만 남게 될 것이다. 그들의 제안은 그들이 우리가 무엇을 추구하는지 이해하지 못한다는 것을 분명히 보여준다'고 말했다.[27]

학교위원회에 대한 첫 번째 항의는 런던위원회에서 나왔다. 한 사무총장 보좌관은 카슨에게 '나는 이 사업의 더딘 진행에 매우 심란하고 그 과정을 재촉하기 위해 학교위원회와 자주 소통해 왔다'고 말했다.[28] 하트퍼드셔가 학교위원회에 보낸 서한에서는 이 거절에 대해 실망감을 나타내고 있었다.

1972년 9월에 24개 학교 중 12개 학교는 1974년 6월에 실시하게 될 평가를 위한 강좌를 시작할 계획이며, 당국은 이를 위한 예산지원을 아끼지 않고 있다. 120명의 관련 학생들이 결국 이 과정을 시작할 수 있을 것이라고 생각한다. 이미 교원 센터에서 일련의 교육과정 개발 워크숍을 마친 후, 중등학교에서 CSE 및 'O' 레벨의 환경교과 강좌를 운영하고 있으며, 우리는 CEE 레벨에서 평가를 위한 시범 환경교과를 실시할 계획이 있다. CSE위원회와 런던 대학교 시험과(London University Schools Examinations Department)는 모두 우리 학교의 요구를 반영하기 위해 환경교육 분야에서 활동하는 사람들로 구성한 환경교과 패널을 설립했다.[29]

그는 이 서한에 신속한 대응을 원하는 바람을 담아 '당신은 환경교과위원회를 구성할 수 있으며, 이 경우 우리는 경험이 풍부한 환경 운동가들이 지원할 수 있도록 도울 것'이라고 적었다. 이 서한을 보낸 지 일주일 후 상임위원회는 그들의 반응을 확인하기 위해 만남을 가졌다. 그들은 의장에게 학교위원회에 편지를 보내줄 것을 요청하기로 합의했다.[30]

그들에게 학제 간 위원회를 설립하기 위해서 수업계획서가 어떤 면에서 만족스럽지 못했는지 묻고, 우리의 최근 연구를 잘 뒷받침하는 출판물인 『성장과 대응Growth and Response』를 상기시키며, 이번 가을이나 다른 시기에 합의에 도달하기 위해서는 시급하게 추진해야 한다.

한 하트퍼드셔 고문이 회상했듯이, 대학 평가위원회의 반응은 하트퍼드셔의 반응과 비슷했다. 대학에서 수업계획서를 만드는 데 일조했던 사람들은 수업계획서가 되돌아온 것에 매우 분개했다. 학교위원회에 보낸 대학의 서한은 9월 12일 회의에서 상임위원회의 결론과 밀접하게 관련되었다. 카슨은 바버라 홉킨스(Barbara Hopkins)에게 보낸 서한에서 결론을 요약했다. 그는 수업계획서의 변화를 나열하는 것으로 시작했다.[31] '제목에 대한 일부 변경 외에도 위원회는 엔트로피에 대한 비판을 기꺼이 받아들이고 이를 생략하고 지리적 자료의 많은 부분을 생략했다. 우리는 또한 필요한 통계에 대한 세부사항을 포함시켰다.' (7월 13일자 학교위원회 서한에는 '통계상 더 많은 지침이 주어져야 한다고 생각되었다'라고 적혀 있었다.) 카슨은 '그들이 스티븐슨

(Stephenson)에게 보낸 학교위원회의 서한 5챕터[32]에 반대했고 우리는 수업 계획서 범위에서 원칙적으로 내용을 크게 변경하지 않았다고 보고해야 한다'고 언급했다. 바버라 홉킨스는 대학의 고문들, 카슨, 토팜과 몇 차례 회의 후에 학교위원회에 서한을 보냈다.[33] 서한에는 카슨이 열거한 변경 사항과 참고 사항이 반복되어 기재되었다.

> 5챕터 영역에 대한 지적에 깜짝 놀랐습니다. 수업계획서의 목적을 교과위원회가 잘못 이해한 것 같습니다. 그 수업계획서는 어떤 식스폼 이용자도 공부하기 어려운 것으로 여겨지고 있습니다. 5챕터의 마지막 문장에 기록된 견해는 학교위원회 연구자료 45, 16-19 '성장 및 대응', '교과 과정의 기초'의 취지와 일치하지 않는 것으로 생각됩니다.

추가로 환경교과 전문가를 포함하는 단일 학교위원회 대표 기관과 함께 수정한 수업계획서를 논의할 수 있도록 요청했다. 대학이 카슨, 토팜과 합의한 사항은 다음과 같다.

> 다른 런던 평가 수업계획서[34]와 중복될 가능성에 대해 자세히 논의하였다. 대학의 자문위원들은 약간 주저했지만, 수업계획서를 수강하는 학생들이 같은 평가에서 지리교과에 응시하도록 해서는 안 된다고 권고하기로 결정했다.

1973년 1월 17일, 대학 대표들은 학교위원회를 소집했다. 위원회는 런던대학 지리학과 교수이자, 환경문제연구소장 브라운(E. M. Brown) 교수, 인간환경학 교수이자 고고학연구소 딤블비(G. W. Dimbleby) 교수, 숀 카슨과 폴 토팜 교수로 구성되었다. 카슨은 회의 결과를 다음과 같이 메모로 보고했다.

위원회는 환경교과 분야에서 저명한 인사들과 모든 G.C.E. 평가위원회 및 과학 및 지리 위원회의 대표들로 구성됐다. 학교위원회의 의장은 사무총장인 시브슨(Sibson)이 맡았다. 우리는 한 시간 반 동안 토의를 하고나서야 마칠 수 있었다. 나는 위원회가 수업계획서를 거의 만장일치로 추천하는 것에 동의했다는 것을 이해한다. 앞으로 몇 주 안에 할 최종 승인을 위해 지리 및 과학 위원회로 보내져야 하지만, 이번에는 문제가 없을 것이라고 확신한다. 공식 승인을 받는 즉시, 학교들은 1973년 9월에 평가 과정을 구성하여 1975년 6월에 평가를 시작할 수 있을 것이다. 수업계획서에는 두 가지 제한이 있을 수 있는데, (1) 같은 평가에서 지리교과 평가를 치르지 않아야 하며, (2) 상임위원회의 학교로 국한되어 실시될 것이다.

이제 모든 것이 마무리되어 가고 있으며, 다음 일은 학교들이 교과 과정을 발전시키도록 장려하는 것이다.

1973년 2월 21일 학교위원회 환경교과 특별위원회는 서한을 통해 승인을 확정하였다.[35] 그 수업계획서는 5년 동안 실험적으로 실시할 예정이었다.

서한에 언급된 발언의 취지는 전년도에 과학 및 지리 분과위원회에서 받은 것과 현저하게 다르다. 예를 들어, '평가와 조정을 수행하는 방법에 대한 초기 단계의 운영방식은 가능한 복잡해야 한다'고 주장했다. 이전의 권고 사항들도 여러 사례에서 번복되었다. '통계학의 수학적 처리를 덜 강조해야 한다'며 '대신에 학생들은 데이터 기록에서 실험실적 접근방식을 사용하도록 권장해야 한다'고 하였다.

평가를 치르는 학교들은 이제 대학평가위원회에 의해 '컨소시엄'을 조직하였다. 1973년 7월 5일 학교위원회에 제출된 최종 학교 목록에는 하트퍼드셔에서 24개의 학교와 대학이 있었고, 다른 지역에도 16개의 대학이 있었다.[36] 이 학교들은 1973년 9월에 과정을 시작했다.

학교위원회와의 교섭에서 마지막 발언은 과학·지리분과위원회가 하였다. 사무총장은 2월 18일과 4월 11일에 수업계획서의 일반 가용성에 대해 질문하기 위해 서한을 작성했다. 4월 23일 제6차 식스폼 교육과정 및 평가 담당자는 다음과 같이 답장했다.[37]

> 저는 이 수업계획서의 일반적인 가용성에 대한 질문을 과학 및 지리 'A' 레벨 위원회에 제출했고, 알다시피 그들은 이 강좌가 일반적으로 이용 가능한지에 대해 가장 염려가 많았다.
> 그러나 최대한 도움이 되기 위해 개정된 형식의 수업계획서를 임시단체 회원들에게 배포하고, 그들이 어느 부분에서 부적절하다고 생각하는지에 중점을 두고 수업계획서를 평가해줄 것을 요청했다.
> 접수된 의견에 비추어, 지리교과 'A' 레벨 분과위원회 위원장은 개정된 수업계획서를 검토하고, 첨부된 논평을 작성했다.

여러 면에서 의장의 발언은 분과위원회의 이전 입장을 성찰하지 않고, 반복하는 것과 유사하다. 이는 '학생들이 지리교과와 함께 평가를 치를 수 없다는 사항을 승인했다'는 첫 번째 논평에서 분명히 드러난다. 그밖에 주요 평가는 또 있었다.

> 피상적인 논의로 이어질 수 있는 보장 범위와 수업계획서의 주요 목적과 직접적 관련이 없는 측면을 계속해서 포함하는 것에 대한 우려가 있었고, 그중 특정 부분을 줄이거나 생략하면 수업계획서의 주요 목표에 더 초점을 맞출 수 있다고 느꼈다.

마지막 요점은 다음과 같았다.

대학들이 학위과정 입학 자격으로 이 교과의 합격을 받아들일 준비가 되어 있다는 증거는 아직 없으며, 위원회의 승인을 얻기 위해서는 이런 취지의 진술 내용이 수업계획서의 서문이 될 필요가 있다.

숀 카슨의 학교위원회와의 교섭에 대한 기억은 다소 씁쓸할 수밖에 없다. 교섭 내용 중 그는 위원회 회의의 '구조'와 관련한 당혹스러운 요소들을 기억하는데, 이는 위협적으로 느껴졌다.

큰 방의 의장 바로 옆에, 당신은 일종의 탁상공론(desk situation)에 처해 있다. 그들은 이미 그것을 고려했을 것이다. 그리고 그들의 포인트는 당신에게 있었고, 그에 대해 당신은 답변할 수 있었다. 다른 사람들이 그들을 지원할 것이다. 이제 한 시간도 안 남았고, 그들은 예의 바르지만 적대적이다.

그는 다음과 같이 느꼈다.

학교위원회가 너무 많은 압력을 가했다. 뭐라고 할 수 있는가? 이것은 학교를 기반으로 한 작품이다. 학교와 교사들이 원했으나, 위원회에서는 전혀 그렇지 않았다. 이게 내 피부에 와 닿은 근본적인 이유이다. 교육과정 개발은 학교위원회가 해서는 안 되며, 학교에 부여되어야 한다. 나는 그들을 비난하지는 않지만 반대 방향으로 진행되어야 한다. 이것은 'A' 레벨에 도달하기 위해 영국 교육역사상 학교와 교사가 개발한 첫 번째 교육과정이다. 필요한 게 있다면, 학교위원회는 표준에 대해 알려주고, 내용과 기술이 부족한 부분에 대해 조언해 달라. 하지만 그들이 수업계획서를 작성하는 것은 옳지 않다.

카슨은 환경교과의 주도적인 옹호자에게 다음과 같은 서한을 보냈다.

문제는 엄청나지만, 대학들로부터 상당한 지지가 있었다. 그렇지만 하트퍼드셔 상임위원회는 학교들이 수업계획서를 수강할 수 있도록 최종 결정권을 가진 학교위원회의 반응을 달가워하지 않았다. 그들의 의견으로는, 학교위원회가 교과위원회로 조직되어 있다는 사실은 이들 위원회가 그들의 교과의 보존을 경계하며 지키려고 한다는 것을 의미한다. 환경교과위원회는 없지만, 상당한 압력 끝에 학교위원회가 임시 환경교과위원회를 설립하여 수업계획서를 검토했다. 안타깝게도 이 위원회는 같은 분야 간 교과 개발을 장려하기 보다는 방해하는 데 더 관심이 있는 다른 교과위원회의 위원장이나 대표들로 구성되어 있었다(이 위원회에 공동으로 채택된 환경주의자 한 명이 있었다). 그들의 원칙에 따르면, 학교위원회는 교사가 과반수로 구성되어야 한다. 하지만 이 위원회는 우리가 여러 번 요청했음에도 불구하고 교사를 포함시키지 않았으며 환경교과를 대표하는 사람도 전혀 없었다.[38]

라. 결론

하트퍼드셔 'A' 레벨의 교섭은 그 과정이 어떻게 학문적 교과 전통의 핵심 영역의 영향을 받는지를 분명히 보여준다. 평가위원회 대표의 논평은 오프리에서 제기된 '교과는 체계적인 사고방식을 요구하는 사실과 개념들이 일관적으로 조직되어 있어야 한다'는 논점을 강력히 반복하고 있다. 교육학 전통에 대한 철저한 포기를 통해 수업계획서 자체가 하나의 학문이 되어야 하고, 학생도 그렇게 인식할 수 있어야 한다는 내용이 성명서에 함축되어 있다.

학문적 교과 전통의 우위는 이념뿐만 아니라 하트퍼드셔 'A' 레벨이 권고되기 이전에 통과해야만 하는 조직 구조에 의해서도 확인되었다. 'A' 레벨은 'A' 레벨의 학제간 의도를 고의로 무시하거나 깊은 오해를 반영하여 논평한 전통적 교과위원회가 학교위원회에서 숙고했다. 따라서 과학분과위원회는 수업계획서에 있는 과학적 논의의 깊이가 'A' 레벨의 물리학 또는 화학 수업계획서에 있는 유사한 주제와 비교될 수 없다는 사실에 놀랐다. 학문적, 실용적, 교육적 의도를 결합한 학제간 수업계획서를 해당 위원회가 기존 학문의 학문적 내용 측면에서만 평가할 때, 그 결과는 자기만족에 불과하며 새로운 교과 내에서 기존 학문의 전통적인 학문적 내용을 복제하는 역할만을 하게 된다. 이것은 교과위원회의 2차 방어선도 불가피하게 만든다. 주요 학술 주제를 단일 교과의 범주로 다룰 수 있도록 관련 없는 주제를 제거해야 하기 때문에, 그 효과는 기존의 수업계획서에 얼마나 가까운 결과가 나올지 밝히는 것이다.

교과별 분과위원회의 비타협적인 태도가 학교위원회 내부의 당혹감과 런던 평가위원회 관계자들의 분노를 불러일으킨 것으로 보인다. 학교위원회는 교과위원회를 회피하기 위해 새로운 위원회를 구성함으로써 대응했고, 평가위원회는 두 명의 유명한 교수들을 파견하여 수업계획서를 논하는 것으로 대응했다. 심지어 그때까지도 교과위원회들은 명백한 저항으로 대응했고, 여전히 일반적으로 이용 가능한 수업계획서에 만족하지 못했다. 그 결과, 수업계획서는 상임위원회 소속 학교에서 5년간 실험으로 제한되었고 지리교과는 함께 다루어지지 않았다. 전통적인 학술 교과위원회의 지속적인 힘을 표현하는 이러한 조건들은 수업계획서가 많은 신입생을 얻지 못하도록 하기에 충분했다. 카슨의 교과위원회에 대한 판단은 그의 실망을 반영했다. 1974년에 그는 '학교위원회가 교과위원회에 조직되어 있다는 것은 이 위원회들이 그들의 교과의 존재를 배타적으로 보호한다는 것을 의미한다'고 썼다. 그가 생각하기에 이 위원회들은 '고시위원회'라고 불리던 '(구)학교위원회의 후예들'이다. 그는 이들을 '현상유지, 그들이 표준이라고 부르는 것과 그 밖의 모든 것'으로 보고, 대학 내 가장 보수적인 학계와 교원들 사이에서 불굴의 보수적 요소로 구성됐다고 느꼈다.

물론 카슨이 지나치게 관심을 끄는 보수적 요소뿐 아니라 중도의 교과 전문가들에게도 마찬가지였만, 교과위원회가 '교과를 경계심을 가지고 지킨다'는 판단은 기록으로 입증되는 것 같다. 새로운 'A' 레벨에 가해진 제한범위와 특히 그 1년의 지연은 그 진행 상황에 상당한 영향을 미쳤다. 실제로 'A' 레벨은 상임위원회와 관련된 소수의 학교에서만 채택되었고, 'A' 레벨은 오랜 농업교과의 'A' 레벨에 기초한다. 1972년에는 28개의 학교가 평가를 준비했고, 그중 19개 학교가 하트퍼드셔에 있었다. 1975년까지 평가를 준비하는 학교는 35개로 증가했고, 하트퍼드셔에 있는 학교는 모두 20개로 늘어났다. 하트퍼드셔에서만 지역 환경교과 부서장에게 직위를 제공하도록 권장했다.

1975년 이후 실시된 재정 긴축은 'A' 레벨을 가진 헌신적인 학교에도 악영향을 끼쳤다. 이것은 카슨이 최근 언급했듯이 하트퍼드셔의 거점에 영향을 미칠 것이다. '경제적 긴축은 핵심 교육과정에 대한 현재의 관심과 마찬가지로 'A' 레벨의 확산에 영향을 미칠 것이다. 이미 여러 학교들과 고등교육을 위한 전문대학들은 학생을 충분히 확보하지 못했고, 많은 학생의 중퇴가 이뤄졌다.'[39] 1979년 6월 평가위원회 통계를 보면 중학교에서 168명의 학생들이 평가를 치른 것으로 기록되어 있다.[40] 1979년 카슨은 은퇴했다. 하트퍼드셔와 NAEE의 주도적인 옹호자 없이 'A' 레벨은 분명히 매우 어려운 미래에 직면해 있다. 평가위원회와 학교위원회 차원에서 지속된 '필리버스터'는 누가 'A' 레벨을 받을 수 있는지에 대한 초기의 제한은 궁극적으로 환경교과의 열망을 차단했을 수 있다. 학교위원회는 1983년 보수당 내각에 의해 자체적으로 폐쇄하였다.[41]

Ⅳ. 결론

12. 결론

가. 연구 요약

연구를 요약함에 있어 서론에서 설정했던 가설로 돌아가 이야기해볼 것이다. 이 책은 첫째, 교과가 독립적으로 존재하는 것이 아니라 다양한 하위 집단이 '특정 시기에 공통의 이름으로 연합되는' 방식으로 구성된다는 가설을 뒷받침한다.

분명히 이 패턴은 지식중심의 교과보다는 실습중심 교과에서 가장 강하게 나타날 것이다. 예를 들어, 지리교과는 교과 개설 초기에 다른 분야의 전문가들이 가르쳤으며 지역색이 강한 편이었다. 이 책은 1960년대 후반과 1970년대 초반 환경교육 논쟁이 계속되는 동안 지리교과 내 하위 집단들이 '다른 방식으로 다른 목표를 추구하는' 것에 관심을 갖는다. 그래서 1970년에 피셔(Fisher) 교수는 '1959년에 나는 곧 57가지 지리학을 모두 볼 수 있을 것이라고 예상했는데 이제 거의 실현되었다'며 '전문 문헌으로 제시된 다양한 범주의 지리학을 수집한 것이 이미 전체 지리학의 절반을 훨씬 넘는다'고 말했다. 비슷한 시기에 지리학협회장은 지리학의 발전방향에 문제가 있다고 경고했다. 새로운 지리학은 '교과의 단편화로 이어지기 때문'이며, 그래서 궁극적으로 '교과가 얼마나 더 효과적으로 결합될 수 있는가에 대한 질문을 제기해야 했다'는 것이다. 월포드는 새로운 지리학에 내재된 위험요소를 언급하며 '교과 내 통합'이 '교과의 지속적인 존립을 위한 기본 요건'이라고 주장했다.

하위 집단과 그 안의 다양한 설명들이 확장되며 동시에 지리학이 분열되는 경향은 교과목 역사에서 반복되어 왔다(5장 및 10장 참조). 노우드보고서는 그러한 '지리의 확장성'에 대한 두려움을 담고 있다. 1943년 지리교과 설립 초기, 지리를 '선택적 관점에서 인간과 그의 환경을 연구하는 것'으로 간주하였으나, 이후 지리의 영역이 확장되는 과정에서 지리가 시민들을 물리적 환경의 한계에서 벗어나게 하는 세계 시민 교과가 되고 있다는 우려를 낳았다.

그 결과, '지리학이 심각하게 균형을 잃고, 지리학 간 통합은 포기되었다'. 이 문제점은 빠르게 제기되어 10년 후 가넷은 대부분의 학과가 전문가들이 주도하며 '초기에 나타났던 지리교과 간의 차이가 줄어들거나 없어졌다'고 주장했다.

분열된 하위 집단이 제어되고, 주기적으로 통합되는 과정에 대해서는 나중에 다룰 것이다. 그러나, '환경교육'을 둘러싼 분쟁 시기에는 몇몇 주요 하위 집단, 즉 지역지리학자, 현장 지리학자, 그리고 가장 빠르게 성장하는 하위 집단인 신세대 지리학자들이 환경교과에 적극적으로 관심을 가졌다. 처음 두 집단은 교과의 전통을 대표했고 학교 지리교사들 사이에서 큰 지지를 받았다. 후자의 집단은 주로 대학 내 새롭게 개발된 교과에서 파생되었다. 10장에서 언급했듯이, 각각 지역지리학자와 현장지리학자가 지도한 처음 두 하위 집단은 새로운 지리학자들보다 환경 시책에 더 크게 공감

했다. 환경 단체가 현장 및 지역지리학자들을 지원하고 조력했기 때문이다. 이에 브라이언 교수와 같은 저명한 지역지리학자들은 환경학 콘퍼런스를 개최하고, '지리학자로서 자신의 삶과 포부'를 밝혔다. 토마스(P. R. Thomas)는 지역 하위 집단의 생존을 위한 투쟁이라는 관점에서 환경적 접근을 전적으로 지지했고, 지리학 분야의 대학 강사는 지리 하위 집단의 새로운 위기가 '전통적인 (지역 및 현장) 지리학자들을 한동안 환경교과로 도피하게 만들었다'고 했다. 이러한 유혹은 모든 지리학자들의 학문적 지위에 대한 압도적인 열망 때문에 발생한 단기적인 현상으로 입증되었다. 새로운 지리가 이 최종적인 수용의 씨앗을 가지고 있었기 때문이다. 그리고 왕립지리학회, 지리협회, 지리대학원의 활동이 다시 한 번 하위 집단이 '섬세하게 결합'되어 새로운 '통합된 지리학'으로 변화하도록 안내하고 관리하는 데 도움이 되었기 때문이다.

환경교육 출현기에 지리학 하위 집단 사이에서 나타난 양상은 생물학에서도 일부 볼 수 있었다. 식물학, 동물학과 같은 다른 분야 전문가들이 다양한 모델과 그룹화를 통해 그 분야의 전문지식을 담아 교수하였다. 1960년대 생물학의 주요 하위 집단으로 발전한 집단은 새로운 환경 접근법과 같은 생태학과 현장 생물학을 다루는 사람들이었다. 한동안 이 하위 집단은 킬 콘퍼런스와 같이 이 버전의 생물학이 환경 인식을 촉진하는 것으로 보고 지지하는 세력으로 인해 상당한 탄력을 받았다.

현장생물학과 함께 실험실에 기반을 둔 '자연과학' 생물학은 점점 더 많은 지지를 얻었다. 특히 1950년대 크릭(Crick)과 왓슨(Watson)의 연구로 출현한 분자생물학은 생물학 분야에 또 다른 자극을 주었다.

1960년대 새로운 대학들이 개교하고 너필드 프로젝트가 시행된 후, 당시 우세했던 '자연과학' 생물학은 새로 설립된 연구소와 학과에 자리를 잡으며 생물학 분야에서 주도권을 다지게 되었다.

'자연과학' 집단이 생물학 분야에 주도권을 잡으면서, 한동안 생태학과 현장생물학(Field Biology) 하위 집단은 환경교과와 함께 방어적인 입장을 취했다. 지리학과 마찬가지로 하위 집단과 관련된 많은 교수들이 국립환경교육협회가 후원하는 행사나 출판물에 등장했다. 현장생물학은 비록 생물학 내에서 방어적인 하위 집단에 불과했지만 '환경 로비'가 탄력을 받으면서 급성장한 현장연구 운동에서 (현장 지리학자들과 함께) 지배적인 위치를 확보했다. 현장생물학은 주류 생물학 싸움에서는 자연과학에 패했지만, 보상이라도 하듯 현장연구의 영역에서 중요한 새로운 '영역'을 개발했다. 현장연구에서 이러한 주도적인 역할을 확보함으로써 현장생물학은 환경교과를 촉진하는 농업교과 집단과 더 이상 연합할 필요성이 없어진 것이다.

지리학과 생물학 모두에서 하위 집단은 종종 학교 또는 대학의 진로와 관련이 있는지의 여부에 따라 매우 다른 정도의 지지를 받았다. 때때로 이것은 시차적 효과를 반영하기도 했는데, 새로운 졸업생이 교수직을 맡게 되면서 새로운 모델의 교과목이 천천히 학교로 들어가게 되었기 때문이다. 예를 들어 지역지리와 새로운 지리 사이의 경쟁에서 이러한 경우도 있었다. 대학에 새로운 지리가 잘 자리 잡은 지 오랜 시간이 지났지만, 대다수의 학교 교사들은 새로운 지리를 도입하기보다는 지역지리를 고수했다.

농업교과에서는 학교나 대학의 진로와 관련한 지원 여부가 중요하지 않았는데, 이는 대학에서 이 과목을 가르치지 않았기 때문이다. 따라서 농업교과 하위 집단은 학교 내의 특정 교과에 집중하였다. 환경학이 시작된 시기에는 대학에 일부 연고가 있는 새로운 시험과목에 농업교과를 신속히 연관시키려는 집단과 보다 '실용적인' 제자를 모집하여 전통적인 농업교과를 유지하고자 하는 집단이 있었다. 8장에 기록된 교과명과 새로운 교과를 둘러싼 논쟁은 본질적으로 이 두 하위 집단 간의 싸움이었고 농업교과를 시험제도 안으로 안착시키고자 했던 집단의 압도적인 승리로 끝났다.

이 책에서 살펴본 두 번째 가설은 학교 교과에서 인식된 세 가지 주요한 전통 즉, 학문적, 실용적, 교육학적 전통과 관련이 있다. 학교 교과의 발달 흐름은 실용적, 교육학적 교과 모델 추구에서 대학 수준의 학문적 교과 모델 추구로 빠르게 전환되었다.

앞서 학교 교과의 특징에 대해 살펴봤듯이, 새로운 지리학의 대표 하위 집단인 '자연과학' 생물학과 평가 가능한 환경교과들이 1970년대 초까지 이 교과의 주요 추진자가 되었다. 이 결과를 뒷받침하는 과정과 근거는 상세한 이해를 필요로 하며, 각 교과에서 내세우는 교과의 대안적 정의에 대한 논쟁이 당시 최고조에 달했음을 알 수 있다.

'대학 수준의' 학문으로 승격되어 교과로 자리매김하는 방식은 지리학과 생물학에도 적용되었다. 일단 대학 수준의 학문적 토대가 갖춰진 교과로 승격되면, 교과는 '현장의 전문 학자들의 판단과 경험'에 따라 주제가 결정되고 내용에 상당 부분 영향을 받는다. 이런 방식으로 정립되는 교과들은, 해당 분야의 전문 학자들인 대학교수들이 교과를 정의하고 정당성을 지속시킬 수 있었다.

대학 교과로 수용되는 전략은 지리학에서 일찍이 인정을 받았다. 1903년 맥킨더의 4개 포인트 계획은 대학 교과로 수용되는 것을 목표로 하는 뚜렷한 전략을 담고 있다. 이 전략의 핵심인 첫 번째 포인트는 '지리학자를 양성할 수 있는 대학교 지리학부' 설립이었다. 과목의 정체성을 완전히 통제하기 위해, 지리교과의 교수나 평가 개발은 대학에서 지리를 전공하고 졸업한 교사들의 손에 맡겨져야 했다. 대학과 학교 사이의 조정은 지리학협회가 맡았다. 1893년에 설립된 이 협회는 지리학의 진흥에 중추적 역할을 하였는데, 지리는 교과 설립 초기에 학교별 특색을 담은 개별 모델들만 이 있었고 몇몇 대학에서만 시험적으로 개설됐었기 때문이다.

지리교과가 학교에서 성장하며 교과로 입지를 다지면서 〈지오그라피 Geography〉에 정기적인 논평이 실리게 되었다. 지리학협회장은 이에 대해 '고무적인 교과 지도의 결실'이며, 이로 인해 '대학에서 우리 교과를 개설해야 한다는 강한 요구가 현저하게 증가했다'고 말했다. 그 결과 대학 과목으로 인정받게 되었고, 이에 따라 연구비용이 예산으로 책정되었다. 후자의 요점은 교육시스템 안에서 학문적 지위와 자원 사이의 직접적인 연관성을 보여준다. 지리학 과목 설립 초기에 주요했던 실용적 전통과 교육학적 전통을 누르고 '학문적' 전통이 승리한 것은 이런 맥락에서 어느 정도 이해할 수 있을 것이다.

맥킨더의 1903년 성명서 발표 이후 체계적인 단계를 거쳐 지리학은 마침내 대학 교과로 자리 잡았고 이후 하급학교에는 광범위한 물질적 지원이 이루어졌다. 1954년 허니본은 '마침내 지리학은 대학에서 주요 학과로 확고히 자리를 굳혔고, 잘 교육받고 졸업한 지리전공자들은 상업, 산업, 지적 직업 분야에서 환영받고 있다'고 공언했다. 지리학 전공자들이 졸업 후에 주요 직업군으로 취업된다는 것은 결국 지리학이 가장 유능한 학생들을 교육하는 위치에 있다는 것을 의미했고, 따라서 대학의 충분한 재정 지원을 받으며 숙련된 전문가들로 교수진이 꾸려진다는 것이었다.

1967년까지 마르샤는 지리가 마침내 '중등학교에서 고급과목으로 인정받는 과목이 되었다'고 언급했다. 그러나 그는 논쟁이 완전히 끝난 것은 아니며, 지리교과가 여전히 '비교적 하급 선택교과'로 여겨지는 반갑지 않은 사례도 있다고 하였다. 지리 과목은 새롭게 정립되면서 마침내 대학 수준의 교과로 인정되고 A 레벨 교과로 완전히 자리 잡았으며 이에 걸맞게 자원과 재정 지원이 뒤따랐다.

생물학의 발전과정은 지리학과 달랐다. 생물학은 이미 식물학과 동물학 형태로 연관되고 잘 확립된 대학 기반이 있었기 때문이다. 생물학은 영향력 있는 과학 로비활동을 통해 이미 혜택을 받았기 때문에 '바닥부터 시작해야 하는' 지리학과는 시작점이 달랐다. 생물학의 과제는 잘 확립된 (그리고 결과적으로 자원이 풍부한) 과학 교육과정에 포함시킬 사례를 제시하는 데 있었다. 이 과제는 과학석사협회에서 전반적으로 다루었는데, 해당 협회는 1930년대 이후 생물학을 장려하는 주도적인 역할을 해오고 있다. 1936년 생물학 수업계획서 홍보를 위해 유력한 생물학 분과위원회를 구성하였고, 협회의 〈스쿨 사이언스 리뷰School Science Review〉에 실린 많은 글들은 생물학이 유능한 학생을 위한 시험 교과로 승인된 것을 주제로 다루었다. 이 문제는 1960년 교육부에서 가장 비중 있게 다루었다. '고급생물학이 주를 이루는 곳은 안타깝게도 교육의 장이 아닌 직업훈련장이 되었다.' '교육의 장'으로 보일 필요가 있다는 것은 이 교과의 추진자들이 실용주의에서 벗어나 학문 중심 방식으로 옮겨갈 필요가 있다는 것을 의미했고, 그래야만 비로소 '대학 교과' 개설을 보증할 만큼의 충분한 학생 수와 자원을 요구할 수 있는 A 레벨 과목이 될 수 있었다. 결과적으로 생물학은 '그 자체로 종합적 교과'로 간주되어야 한다는 것이다.

생물학을 '대학수준의 교과'로 승격시키는 마지막 단계에서 강조했던 점은 이 교과가 '실험실과 장비'가 필요한 자연과학 분야라는 것이다. 급속히 증가하는 대학들에 자연과학 생물학이 널리 소개되었고, 그 결과 대학수준의 교과로 기반을 확립하였다. 마찬가지로 너필드 학교 생물학 프로젝트(Nuffield Biology Project for Schools)는 '장비 및 실험실 지원 측면에서의 개혁'에 중점을 두었다. 새로운 세대의 학생들은 대학에서 자연과학으로 생물학을 공부하고 졸업하게 되었으며, 이제 생물학은 필요한 조건을 다 갖춘 대학 수준의 'O' 레벨 과 'A' 레벨 교과가 되는 것이 확실해졌다.

생물학이나 지리학과 달리 농업교과는 실용성과 교육학적 가치를 강조하면서 수 세대 동안 낮은 지위로 섬처럼 남아 있었다. 벤 데이비드와 콜린스에 의하면, 학문적 특성을 강조하는 방향으로 교육시스템이 재정비되면서 농촌학은 교과 생존 문제에 직면하고 나서야 비로소 지적·직업적 특징을 갖추는 방향으로 전환을 모색하게 되었다. 이러한 학문적 특성을 강조하는 경향은 다음 인용문에서 분명하게 볼 수 있다. '대학 교과로서 연구 영역에 대한 명확한 정의가 결여된 경우 지방 당국은 시설 지원에 종종 어려움을 겪는다. 그것은 현재 농업교과에서 A 레벨의 과정이 존재하지 않는 이유 중 하나였다.' 1968년 학교위원회 실무자회는 '대학 교과 수준의 학문적 정립이 필요하다'는 광범위한 암시를 통해 이를 확인했다.

농업교과는 대학에 기반이 없어 다른 학과에서 임의로 선발한 전문가들이 참여하였으며, 하트퍼드셔 전략은 중등학교 교사들로 구성하여 'A' 레벨 수업계획서를 개발하게 되었다. 기존의 농업 수업계획서를 변경 개발하는 것에 대해 '학생들의 요구에 맞춘' 것이며, '다른 강좌의 요구 조건을 충족시키지 않아도 된다'고 했지만, 해당 교사들은 실제로는 실리적 관점에서 개인적 이익에 따른 것이었다고 시인했다. 환경교과가 가장 유능한 학생들이 이수하는 교과임을 증명해야 한 것으로 보인다. 이를 발판으로, 환경교과에 전문지식과 재정적 지원이 더해진다면 교수율이 상승하는 등 모두에게 유익해질 것이다. 마찬가지로, 또 다른 주도적인 옹호자는 교과가 발전할 수 있는 유일한 방법은 바로 평가를 실시하는 것이고 주장했다. 평가는 절대적인 필수요소이며 그 외에는 달리 다른 교과와 대등해질 수 있는 길이 없다는 것이다. 또 다른 점은 종합학교 체제가 도입되고 있다는 것이다. 이 제도가 도입된다면, 피프스폼과 식스폼 담당 교사가 아니라고 교사들이 홀대받는 일은 없을 것이다. 그래서 교사들이 목표로 삼을 수 있는 'A' 레벨 교과가 필요했다. 생존 문제는 늘 중요하게 작용했다. '여러분이 학교 밖에서 모색하는 해결 방법이 이미 학교 안에 있다고 생각한다. 그것은 농업교과 교사가 떠나는 몇몇 학교에서 이미 확인됐다. 학교는 농업 교사를 새로 구하지 않았으며, 교과 평가 수립에 참여했던 인력이 그 자리에 들어왔다.' 생존에 관한 문제가 아닐지라도, 대학 수준의 'A' 레벨 교과로 발전시켜야 하는 이유는 그렇지 않으면 '돈과 지위, 우수한 학생들을 얻을 수 없기 때문'이었다.

환경교과에서 'A' 레벨은 이러한 농업교과 교사들의 열망과 노력을 규정하는 요소들을 인정하는 것이다. 이후 꾸준히 거부되었던 것은 환경 연구가 교과 과정상의 한 영역으로 그치지 않고, 그 자체로 하나의 학문 분야라고 주장할 수 있다는 것이다. 이러한 주장은 대학 학문 정립 여부로 가장 잘 입증할 수 있으며, 학문적 교과로 받아들여질 수 있는 대학 기반이 없는 상태에서는 거부되었다. 카슨이 오프리에서 언급했듯이, '대학이 이 교과를 'A' 레벨로 받아들이도록 설득할 수 있는 어떤 결과물을 가지고 있는가?'라는 질문을 받기 때문에 새로 대학 교과를 개설하도록 요청하는 입장에서는 종종 대답이 불가한 상황에 놓이게 된다. 대학은 '우리에게 먼저 성공적인 학생 사례를 보여주면 답을 해주겠다'고 한다. 닭이 먼저인가 달걀이 먼저인가의 상황이다!

이 책에서 세 번째 가설은 교과 간 관계에 학문적 위치가 어떤 역할을 하는지 연구하기 위해 학교 교과가 어떤 양상으로 개발되었는지에 관한 것이다. 두 번째 가설과 더불어, 우리는 입지가 다져진 교과들이 자신의 학문적 지위를 방어하기 위해 새로운 교과 경쟁자들의 학문적 위치를 부정하고, 특히 신규 'A' 레벨 평가 교과로 승인되는 것에 부정적으로 대응하는 것을 보았다.

환경교과를 'A' 레벨 교과로 만들려는 노력은, 지리학자들의 경우 가설보다 강하게, 생물학자들의 경우 가설보다 비교적 온화하게 진행되었다. 지리교과를 학문적으로 확립시킨 지리학의 창시자인 맥킨더는 이렇게 이해했다. 지질학자들이 지리학을 반대하는 것은 지질학자들이 갖고 있는 두려움, 즉 새로운 교과가 기존 지질학 '수업을 잠식'할 수 있다는 불편한 감정 때문이라고 여겼으며, '과학자들 또한 인간이므로 그런 생각들은 존중되어야 한다'고 했다. 같은 맥락에서 지리학자들은 환경교과보다 수십 년 앞서 통합된 사회교과를 강력히 반대했었다. 지리학자들은 '새로운 교과의 등장'이 그들 교과의 영속성과 지위를 위협하는 것으로 보았다.

환경교과가 성장하는 과정에서 지리학자들의 대응도 이와 유사했다. 지리학협회 집행위원회의 논의는 환경교과에 대한 지적 또는 인식론적 주장과 거의 관련이 없다. '환경교과의 성장이 지리교과에 어떤 위협이 되는지'에 초점을 맞춰 토론이 이루어진 것이다. 실제 환경교과 교사들과 함께하는 간담회가 제안되었을 때, '일부 지리학 구성원들은 그런 자리를 만드는 것은 오히려 환경교과의 타당성을 인정하는 것과 같다'고 말했다. 카슨은 지리학회와의 대담에 관해 이렇게 회상한다. '환경교과가 지리학의 넓고 변화하는 주제 영역에 조금이라도 인접해 있다면 지리학자들은 환경교과가 지리교과의 학문적 지위에 새로운 경쟁자가 되지 않는지 확인하는 경향이 있었다. 이러한 반응은 학문적 대화가 아닌 영역 방어를 위한 것이었다.' 대화보다는 방어를 위한 가장 노골적인 청원은 1973년 지리학협회 회장단 연설에서 나왔다. 니콜스는 '실제 교사'들이 토로하는 '실제 현실'에 대해 강조하며 '각 학교에서는 한정된 수업시수 안에서 고급 교과의 시수를 확보하기 위해 힘쓰고 있으며, 부족한 시수를 보충하기 위해 환경교과의 시수를 감소시킬 수 있다'고 말했다. 지리 교사가 느끼는 이러한 실질적 두려움 외에도, 환경교과는 지리 교사들의 감정적 반응을 불러일으켰는데, 환경교과가 지리학의 영역에 근접해 있다는 두려움이 지리학의 정체성에 대한 위기감을 조장했기 때문이다. 니콜스는 지식인으로서의 위엄을 지키기보다는 영역 방어에 더 치중했다고 솔직하게 밝혔다.

커크 교수는 10년 전부터 거의 오늘날까지 이 플랫폼에서 현대 지리학은 다른 학과에서 교육받은 학자들이 설립하였고, 스스로 지리교과의 본질에 대한 질문을 갖고, 문제를 공유하며 지리학 내부로 나아가고 있다고 말했다. 반대의 경우라면, 즉, 대학에서 양성한 지리학자들이 교과에 대한 관심을 파편화하여 지리 영역 바깥쪽으로 눈을 돌렸다면 지리교과는 소멸되었을 수도 있다고 말했다. 이것이 오늘 우리에게 제시하는 것은 무엇일까? 만약 지리교과 교사들이 비지리적 문제에 대한 해결책을 찾는 환경교과 교사가 되기 위해 지리 영역 밖으로 이동해 갔다면 지리학의 운명은 순식간에 비참하게 종결되지 않았을까?

생물학자들은 환경교과의 출현에 대해 지리학자들만큼의 강한 두려움을 갖지는 않았다. 생물학 분야 중 현장생물학 분야만이 위협을 받았으며, 이들은 현장연구 영역을 확장하는 방식으로 위협에 대책을 세웠다. 그러나 학교위원회 교섭과정에서 많은 생물학자들이 참여한 과학분과위원회는 환경교과의 'A' 레벨 승인에 반대하는 지리학자들과 힘을 합쳤다. 두 분과위원회 모두에서 환경학 수업계획서가 지리학 수업계획서나 생물학 수업계획서와 상당 부분 중첩되고 있다고 우려했다. '이 중복되었다는 영역은 지리학이나 생물학과는 '관련 없는 주제'로 분류하여 제거하라는 권고를 받은 부분이다. 해당 영역이 '관련 없는 주제'로 분류되어 제거될 것으로 예상되면, 결과적으로 환경교과의 수업계획서가 기존 지리교과의 수업계획서와 얼마나 밀접하게 맞닿아 있는지를 보여줄 것'이기에 이런 우려 표명은 자충수를 둔 셈이었다.

카슨의 인용에 따르면 'A' 레벨 과목 승인 결과 발표 후 지리분과위원회는 논평을 통해 '각각의 교과 분과위원회들은 자신들의 교과를 보존하기 위해 안간힘을 썼다'고 밝혔다. 그들은 자신들의 영역을 지킨 것에 상당히 만족해하며 '학생들이 지리학과 함께 별개의 과목으로 이 시험을 치를 수 없다는 것에 찬성했다'. 마지막으로 '아직 대학이 이 과목의 합격을 학위과정 입학 자격으로 받아들일 준비가 되어 있지 않다'고 덧붙였다. 환경교과는 5년간 상임위원 학교들(the Standing Panel schools)에 한하여 실시되도록 제한되었다. 이는 환경교과의 광범위한 채택을 가로막는 실질적으로 엄청난 걸림돌이 되었다. 변화의 모멘텀이 강했던 초기에 이러한 장애물이 새로운 교과에 직면하도록 함으로써, 새로운 교과의 등장을 반대했던 이들은 학교 교육과정에서 새로운 교과가 설립될 가능성을 효과적으로 제거하였다.

이 책은 세 교과 집단들의 수립 과정과 갈등에 대해 다루었다. 교과 내에서 하위 집단들의 일련의 갈등 과정을 보여주고 있으며, 세 가지 주요 '전통'이 있음을 보여준다. 실리적 이익을 추구하여 궁극적으로 대학 교과로 발전시킨 하위 집단이 해당 교과를 지배하게 되었다. 이는 자원, 재정, '학부' 영역과 필요에 대한 인식의 흐름이 특히 '유능한' 학생들을 수용할 수 있는 '학문적 학과'와 연결됐기 때문이다. 우리는 어떤 교과를 학문적 분야로 승격시키기 위해 교과 협회와 대학 학자 집단이 조직화되는 과정을 보았다. 일단 대학 내에 학문적 기강이 확립되면, 그 학문적 전통은 대학 학자들의 기득권에 단단히 결부되어 이루어졌다. 그 후 대학은 해당 교과의 교사 양성에 관여하고, 학교위원회의 과목 분과위원회나 평가위원회에서 영향력을 행사하며, 또는 해당 학위 과정에 적합한 A 레벨 과목을 결정하는 역할을 했다.

학교 교사를 대표하는 교과공동체와 협회는 대학의 이런 지배적인 역할을 수용하게 된다. 그 이유는 교과가 'O' 레벨과 'A' 레벨 학생들을 위한 학문의 지위를 유지하고 이에 따른 자원 지원을 받는 것이 교사의 존립과 연관되어 있기 때문이다.

환경교과를 장려하기 위한 논쟁에서 우리는 농업교과를 대학 교과화하려는 시도가 좌절되는 것을 보았다. 농업교과가 대학에서 환경교과의 학문으로 정립될 가능성이 전혀 없는 가운데, 하트퍼드셔 지지자들은 학교 수준에서 '학문'을 정의하도록 강요받았다. 이것은 새로운 교과의 반대론자들이 그것의 가치를 어리고 성취도가 낮은 학생들까지도 폭넓게 인정하면서도, 그것이 어떤 의미에서든 '학문'으로 여겨질 수 있다는 것을 일관되게 부정하게 했다. 대부분의 학교 교과 그룹과 대학 지리학자들 생물학자들은 니콜스가 지리학협회에서 한 발제로 요약되는 교과 방어 입장에 적극적으로 동참했다. 따라서 유능한 학생을 확보하고 교과 영역을 지키고자 하는 노력으로 해당 교과의 학자와 교사는 자원과 직업 전망 측면에서 계속 이익을 얻을 수 있도록 보장되었다.

나. 논의: 학교 교육과정의 복잡한 특징들

이 책에서 수행한 연구를 요약하며, 먼저, '영(M. F. D. Young)' 등이 '지식과 통제(Knowledge and Control)'[1]에서 주장된 바와 같이, 제어 패턴이 강력한 상위 그룹에 의한 '지배'에서 유래한 것인지에 대해 검토하는 것이 중요하다. 지배적인 집단의 역할은 20세기 초 학문적 전통이 승리하는 사례에서 가장 분명하게 드러날 것이다. 이 승리는 영향력 있는 1904년 규정과 가장 중요한 1917년 '중등학교 수료증' 제도를 도입하며 구현되었다. 그러나 교육과정 패턴(및 관련 재정 및 자원 관련)을 한 번 확립하면 훨씬 더 복잡한 방법과 광범위한 기관이 이를 유지하고 옹호하였다. 따라서 초기에 높은 지위의 지식을 갖는 것으로 당시 우세한 이익 집단의 가치를 반영했다고 볼 수 있다. 그러나 높은 지위의 교육과정을 적극적으로 옹호하는 것이 지배적인 이익집단이라고 가정하는 것은 전혀 다른 문제이다. 지배와 구조, 메커니즘과 조정을 구별하는 것이 유용할 것이다.

본 연구는 교과 발전과정과 'A' 레벨 평가 가능한 지식을 둘러싼 갈등에 초점을 맞추면서 학교 교과 집단이 수행하는 중심 역할을 분명히 보여준다. 이 기관들 중 가장 강력한 기관은 학문적 전통을 내세우는 학교 교과 집단들이다. 지리학과 생물학에서는 성공했지만 환경교과에서 성공하지 못한 이 집단들은 대학에 기반을 둔 학문 분야의 창설을 요구했다.

대학에서 이미 기반을 마련해 '학문적 전통'이 있던 하위 집단들은(선점권에 대한 방어가 용이했던) 20세기 초부터 물려받은 교육, 재정 및 자원 구조의 유산을 지키기 위해 이러한 방식으로 행동한다. 이러한 유산은 유능한 학생과 학업 평가와 연결되어 결과적으로 자원이 되기 때문에, 교과의 학업적 위상을 주장하는 사람들은 높은 학점과 밝은 직업적 전망을 극대화하여 제시하였다.

그 증거는 지배 세력에 의한 지배가 하위 집단에 의한 간절한 항복만큼 많지 않다는 것을 보여준다. 교사들이 우세한 기관에서 사회활동을 하는 것에 기인해 이런 양상이 나타난다기보다는 교사들이 직장인으로서 실리적인 이익을 추구하는 것에 더 큰 요인이 있었다. '교사의 현실 세계를 이해하라'고 촉구하는 사회학자들은 실제 이해가 부족했던 것으로 보인다. 그들은 높은 지위의 지식이 학교 교과 지지자와 지원자를 더 많이 얻기 위해서는 교육과정을 다듬는 방법보다는 재정 지원과 잘 연결하고 관련 업무 및 직업 전망에 대한 연결고리를 찾는 것이 더 효과적이었다는 것을 잘 알아야 했다. 본 연구는 우리가 이런 선점에 대한 초기의 관념을 (교육과정) 발전 방향으로 바꿔, 하위 집단이 활발하게 활동할 수 있는 장이 만들어져야 한다고 주장한다.

만약 대학들이 선점권을 행사해 복잡한 과정을 제대로 특징짓지 못하는 경우, 학교 교과의 '학문적' 하위 집단이 대학 학자들의 교과 정의와 방향에 대한 통제를 증가시키기 위한 전략을 세우게 되었다. 그 후 이 갈등은 대학과 다른 학과 집단 그리고 다른 교과 전통, 특히 학교 내부의 요구를 표현하는 교육적이고 실용적인 것 사이의 연계에 초점을 맞추고 있다. 이 계속되는 교과 간 경쟁에서 학문적 전통이 모든 패를 쥐고 있다. 리드(Reid)는 학교 내 갈등을 이렇게 이야기했다.

> 주요 갈등은 대학의 요구와 학교 내부에서 비롯된 압력 사이에서 발생한다. 학교는 대학의 압력에 저항하기 어려운 구조를 가지고 있으며 대학의 요구에 대해 정당성을 허용해 왔고, 따라서 연계된 권위 구조가 발전하였다. 반면에 이와는 대조적으로 학교는 내부의 요구를 다루기에 훨씬 더 좋은 위치에 있으며, 대학의 요구에 상충되는 내부 압력을 억제시킬 수 있는 다양한 수단을 가지고 있다.[2)]

학교 교육과정의 학문적, 교육학적, 실용주의적 전통은 중등종합학교 체제로 변환하기 이전 교육시스템의 영향으로 비롯된 것이었다. 그러나 이러한 전통의 지속과 학문적 전통이 지배하는 양상은 교육과정의 기본 구조가 중등종합학교 시스템으로 재편성되는 과정에서도 유지되었다. 삼원학교체제와 같이 종합학교 체제에서도 유능한 학생이 수강하는 대학입학 과목이 가장 높은 지위와 자원을 얻었다. 대학입학 교과, 대학입학 평가, 능력 있는 학생들이라는 3중 연합은 종합학교가 이전의 학교 시스템과 유사한 교육과정 편성 패턴을 제공한다는 것을 확인해 준다.

모든 학생들을 수용해야 하는 교사들이 특정한 종류 학생과 특정 종류의 교육적 성공에 집중하게 하는 것은 해당 교과에서 대학입학 시험을 진흥하는 과정에서 나타난 것으로, 이는 농업교과 교사들이 언급한 것과 같은 딜레마를 제기한다. 또다시 학업성취도가 낮고 원하지도 않는 학생들이 부풀려진 시험 결과에 종속되는 것을 볼 수 있다. 이에 본 결론은 다음과 같이 선택 사항을 요약한다.

> 진정한 교육이란 졸업하며 모두가 받게 되는 종잇조각에 있지 않다. 교사로서 우리가 이것을 인정할 수 있을까? 이것에 대한 우리의 견해를 강하게 표현함으로써 우리의 존재를 위태롭게 할 수 있을까? 'A' 레벨 교과 승인이라는 첫 단계를 이룬 후 잠시 멈춘 동안, 우리는 국가의 친절한 시선을 받을 만한 가치가 있다는 것을 증명하기 위해 모든 학생들이 평가에 의존해야 하는가?[3)]

교육과정 차별화의 심층 구조는 역사적으로 다른 교육 부문, 다른 사회계층 클라이언트 영역 및 목적으로 삼는 직업, 서로 다른 지위 계층과 연결되어 있다. 차별화된 교육과정과 사회 구조는 매우 확고한 토대 위에서 잘 어울린다. 중등종합학교로의 재편성은 이러한 토대 위에서 명시된 이상과 모순되는 선행 구조를 모두 수용하며 이루어졌다.

다. 제언

구체적인 결론과 복잡한 특징에 대한 논의 외에도 본 연구는 초기 단계의 이론적 틀을 제시하고 있으며 다른 연구에 유용한 출발점을 제공한다고 볼 수 있다. 후속 연구에서는 초점과 분석을 확장함으로써 본 연구에 포함된 일부 광범위한 추론의 일반화가 가능한지 실험할 수 있을 것으로 본다.

향후 후속 연구를 고려하여 현 연구의 한계점을 재검토해 볼 필요가 있을 것이다. 첫째, 본 연구는 세 교과의 발달 과정과 한 교과의 평가 수업계획서의 세부적인 조정에 초점을 맞추었다. 따라서 향후 홍보 전략과 '수사학', 교육과정 내용과 교육 실습의 '실재'와의 세부적인 연관성을 더 자세히 밝히는 연구가 필요하다. 교육 제도 내에는 각기 다른 자율성를 가진 여러 단계가 있다. 학문적 전통이 학교 교과를 촉진하는 데 가장 일반적으로 사용되는 것을 보았지만, 이 촉진 활동이 평가 교과 범위 내에서, 또는 관련 평가 문제 논문과 학교 교실 내에서 얼마나 교육과정 내용의 놓치기 쉬운 '작은 활자'에 영향을 미치는지에 대한 상세한 연구가 필요하다. 직접적 연관성은 없겠으나 평가 수업계획서와 시험지를 결부시켜 연구해 볼 필요가 있을 것이다. 무엇보다도, 본 연구를 지속하기 위해서는, 이러한 복잡한 각축장과 교육과정 절충 정도가 얼마나 관련되는지에 대한 자세한 조사가 이루어져야 한다. 농업교과를 통해 알 수 있듯이 사실상 홍보수사학이 환경교과 'A' 레벨의 수업계획서 '실재'에 크게 영향을 미쳤다는 것을 알고 있다.

또한 이러한 수사학에서 개념적 현실로의 전환 과정은 교과공동체 안팎에 있는 집단들이 심도 있게 논의하였다는 것을 알 수 있다.

둘째, 본 연구는 세 교과의 발전과정 중 특정 기간으로 한정하였다. 바로 학문적 정립이 우선시되던 시기였다. 지리학과 생물학의 경우, 광범위한 수용 후에 그 양상이 변화되었는지 조사하지 않았으며, 농업교과와 환경교과의 경우 이것이 가설적 문제로 남아 있다. 확실히 교과들이 학문적 확립을 추구하고 성취하는 시기(관련된 지위와 자원을 이용해)가 교과 내에서의 단결에 특히 관심을 갖고 수용하는 시기라고 할 수 있다. 그럼에도 불구하고 앞서 연구했던 교과 간의 비교는 중요한 차이점을 시사한다. 예를 들어, 지리학의 발전에 대한 설명은, 그 과정에 극심하고 지속적인 정체성 문제가 있었다는 것을 보여준다. 이런 상황에 맞춰 대학의 지리학자들과 학교 지리 교사들은 지리학협회를 조직하고 이를 통해 확고한 동맹을 형성하였다. 그러나 생물학의 경우는 지리학자들이 보여준 정도의 편집증적인 모습이나 새로운 경쟁자들 앞에서 보여준 강한 동맹의식을 보이지는 않았다. 따라서 학문적 자신감이 더 높은 교과들이라 할지라도 이 책에서 언급했던 냉혹하게 세력을 보호하는 방식으로 행동하지 않을 가능성이 있다.

다른 교과들을 고려했을 때, 고전의 하락세에도 불구하고 강력한 이익집단을 대표하는 '대학 수준의' 교과에 대한 흥미로운 연구를 제공할 것으로 본다. 이것은 역설적일 수 있다. 즉 비록 교과들이 '대학 교과'가 되기 위해 그들의 실용주의적 기원에서 교과를 발전시켜야 하겠으나, 교과가 살아남기 위해서는 '직업과 관련된' 교과로 공식적인 인정을 받아야 했다. 마찬가지로 일단 '대학 교과'로 승인되면, 그들은 학습자들에게 교육학적인 수준에서 계속 어필해야 한다. 따라서 대학 교과로 승인된 후의 시대에는 이런 문제들이 과학과 너필드 프로젝트의 경우처럼 많은 관심을 받게 되곤 한다.

일부 교과들은 환경교과 옹호자들의 지지를 얻기 위해 대학의 승인절차를 따랐지만 여전히 중등학교 교육과정에 완전히 진입하는 데는 장벽에 부딪혔다. 예를 들어, 정치학, 경제학, 심리학은 대학에서 학문 분야로 발전했고 'A' 레벨 과목으로 널리 받아들여졌지만 여전히 중등학교의 일반 교과 과정에서는 거의 찾아볼 수 없다. 이것은 다시 학교 교과 집단에 자신의 영역을 보호하려는 세력이 존재함을 보여주는 것일 수 있다.

따라서 교육과정 통제와 '영역적' 반응의 특정 측면은 복잡하고 일반화되기 어려워 보이지만, 다른 문제는 덜 그렇다. 교과공동체의 전반적 특성과 교과를 정의 및 승격하는 것에 대한 방향성은 명확히 파악할 수 있다. 교과 하위 집단(및 교과 버전)은 교육학 및 효용과 같은 문제뿐만 아니라 지적 가치에도 초점을 맞출 수 있다. 그러나 장기적으로 볼 때 성공적으로 대학 교과로 승격될 가능성이 높은 교과의 하위 집단과 모델은 해당 교과 학자와 교사들의 실리적 이해관계와 가장 조화를 이룬다는 것이다.

교과의 학문적 지위와 자원 사이의 연관성을 고려할 때, 교과들은 (대학에 족적이 있는) 학문적 전통을 통해 자신을 가장 잘 홍보할 수 있다.

학문적, 실용적, 교육학적 전통에 대한 차별화된 지위의 유산은 교육 조직에 삼원학교체제를 만들었다. 교육과정 변화와 관련하여, 이러한 삼원학교체제의 위계질서는 각기 다른 범주의 교과들 사이에서뿐 아니라 동일 교과 내의 지식 분야 간에도 서로의 동등함을 인정하며 존중하는 방식으로 재현되었다. 후자의 단계에서는, '교육으로 간주되는 것'에 대한 면밀한 연구가 필요하다. 예를 들어, 실용적인 교육과정을 되살리는 방법으로 공예와 기술을 가르치는 것에 대한 많은 논쟁은 이 점을 간과하고 있다. 위에서 언급된 패턴을 고려할 때, 기술 교과가 높은 지위(대학)를 승인받는다고 할지라도 학문적이고 이론적인 교과가 '교육으로 간주'될 것이며, 따라서 더 실용적인 교육목표를 추구하는 데는 제한적일 것이라는 모순이 생긴다. 학문적, 실용적, 교육학적 전통 여부에 따른 과목의 지위 차별화는 교과 간, 각 교과의 내부에 모두 만연해 있었다. 교육과정 개혁은 이 두 단계의 차별화를 모두 다룰 필요가 있다.

앞서 밝힌 세 교과 교육과정의 차별화된 지위와 재정과 자원과의 깊은 연관성은 이미 수행된 여러 연구를 통해서도 확인할 수 있다.

영국 중등학교 제도에서 교과의 위상에 대한 연구는 제도 존속 기간 내내 '학문적 전통 지속성'을 강조하며 끝맺는다.[4] 핸슨의 미술 교육 연구와 도드(Dodd)의 기술 연구도 비슷한 근거를 제시한다.[5] 크라우더 리포트(Crowther Report)는 그들이 '학문'과 관련된 방식으로 학생들의 지적 호기심을 파괴하지 않는 실용적인 교과들을 통해 '지식으로의 대안적 경로'가 어떻게 존재하는지 보여주었다. 도드는 '전통'을 기준으로 실용 교과를 정의하는 것이 문제라고 보았다. 논의만으로는 불충분하며 관계 시설을 보유한 기관(대학, 시험 위원회, 고용주, 사회 전반)의 합법화가 필요하다고 지적한다.[6]

지금까지 살펴본 바와 같이, 기존 및 실제로 전망 있는 교과 그룹과 함께 합법화된 기관들은 학교 교과가 높은 지위를 부여받으려면 '학문적 교과'로 인정받는 것이 필요하다는 믿음에서 기득권을 공유하고 있다. '실용적 효용'을 회피하려는 압도적 필요성 때문에 학문의 전통이 심각하게 위협받는 경우는 거의 없었다. 도드가 지적한 주제는 1904년 규정이 제정되었을 때와 마찬가지로 일반적이었다. 한 현대인은 학교 교육과정이 '학문 문화를 만드는 문학적 교육에 종속되었고 실용적 효용성은 없는, 지역 당국에 구미에 맞는 수업들에 종속되어 있었다'고 지적했다.[7]

학문적 전통의 지배는 교육과 더 넓은 사회 내 주요 기득권 집단들이 확실히 지지한다. 그러나 '실용적 효용'의 주장에서 벗어나기 위한 학문적 교과의 필요성은 우리가 현재 직면하고 있는 경제적인 불경기의 변화에 대한 저항할 수 없는 압력으로 이어질 수도 있다.

본 연구는 학교 교과가 '실용주의'나 '관련' 지식으로부터 점진적으로 멀어지는 경향이 있음을 분명히 보여준다. 중등학교 교육과정에서 높은 지위로 인정받는 교과들이 실제 직장이나 학습자의 일상 세계와는 단절된 추상적 이론적 지식으로 남아 있다. 앞서 살펴봤듯이 이것은 우연이 아니다. 학문 분야에서 높은 지위를 달성하는 대가는 개인과 산업 및 상업 세계와의 실질적인 연결과 관련성을 포기하는 것이다. 이러한 높은 지위의 학문적 교과에는 더 나은 자격을 갖춘 교사, 더 많은 식스폼 과목 비율, 그리고 가장 유능하다고 여겨지는 학생들 등 우리 교육시스템의 주요 자원이 주어진다. 학교 교육과정에서 재정 지원은 주로 학문 분야로 발전시킨 교과들에 투자된다. 즉 교육과정을 정치적 관점에서 본다면, 높은 지위의 교과와 전공과목이 되는 과정은 교육에 대한 대부분의 돈이 실용성과 사회적 관련성과는 거리가 먼 교과에 투자되도록 하는 것이다. 단, 경기가 하락할 때는 그러한 교육과정 협상과 투자의 패턴이 완성되기 어려웠다.

경기 하락만이 원인은 아니다. 일반대중교육을 위한 공식으로써, 이 시스템은 유사하게 정반대의 방향으로 가기도 한다. 레이튼은 학문적 전통이라는 것이 대부분 학생들에게는 환영받지 못한다는 것에 주목했다. 헤밍스(J. Hemmings)도 '반교육적 활동'이라고 말하며 '학문의 환상'에 반대해왔다.[8] 실제로 그 학문적 과목이 많은 학생에게, 특히 노동계급의 학생들에게는 매우 부적절하다는 많은 증거가 있다. 예를 들어 윗킨(B. W. Witkin)은 노동자 계층 학생들이 일상생활과 관련 있는 수업을 선호하고 선택한다는 것을 보여주었다.[9] 교사들은 '학생들을 위해 고안된 유형 3 CSE 수업계획서를 통해 우리는 '중하위권' 학생들에게는 일상생활과의 관련성과 실용성이 학생들이 교과를 선택하는 우선 기준임을 알 수 있다'며 끊임없이 이 견해를 확인한다. 학교 교사들은 수업에 관한 관심뿐 아니라 자신의 직업상 경력에도 관심을 갖게 된다. 때로는 직업적 성공에 관한 관심이 수업에 관한 관심보다 우위에 있을 수도 있다. 이 경우 교사에게는 직업적 성공의 관문이 제공될 수 있으나 그의 학생들에게는 고통스러운 시간이 될 것이다.

요약하자면, 학교 교육과정의 정치적 접근과 학문적 전통의 우세는 우리 사회에 만연한 오래된 모순, 즉 우세한 집단의 이익이 우선 추구되는 모습을 보여준다. 학문적 교과 교육과정은 소수의 엘리트 교육에는 적용이 원활하지만 대다수 사람에게는 실망감을 안겨줄 뿐이었다. 이에 따라 관리자와 근로자의 필수 비율이 유지된다. 그러나 관리자뿐만 아니라 근로자에게도 지급해야 할 대가가 높다. 학문적 교육과정은 실용적인 목적과 산업 및 기술력을 포기한다. 교육시스템에서 성공하기 위해서는 미래의 관리자들에게 이러한 포기에 대해 사전에 안내해주어야 한다. 대부분 학생의 진로 희망 우선순위는 당연히 전문직으로 상당수가 높은 지위를 갖는 학자를 희망하며, 극소수의 학생들만이 기술이나 공학 기술 분야를 희망한다. 최근한 보고서는 서독과 프랑스 관리자들은 상당수가 기술 분야 전공자라는 사실에 주목한 후, 영국에서는 '우리 졸업생 중 너무 적은 수가 산업 분야에 종사하고 있고, 관련 없는 교육을 받고 있다'고 논평했다.[10]

학문적 교육과정을 고려했을 때 관리자로의 성공과 산업 문맹의 병행은 피할 수 없는 당연한 결과이기도 하다. 학문적 교육과정은 성공적인 소수에게 산업 문맹을, 대다수에게는 고통을 선사한다. 경제위기와 사회갈등 위기에 처한 나라에서 얼마나 더 오래 그러한 교육적 처방이 적합하다고 여겨질지는 두고 볼 일이다.

1982년 9월 15일, 나와 아내, 아들은 평소와는 다른 일정을 시작했다. 우리는 2주 일정으로 웨스트 컨트리(West Country)에 계신 부모님께 내려가고 있었다. 공식적으로는 아들의 네 번째 생일과 나의 39세 생일을 부모님과 함께 보내기 위한 것이었지만, 특별한 이유가 하나 더 있었다. 그것은 내가 쓴 책의 초기 인쇄본을 부모님께 보여드리기 위한 방문이라는 점이다.

나는 그날 늦은 시간에 아버지께서 책을 손에 들고 넘기시는 것을 보았다. 아버지께서는 '우리 중 한 명'이 책을 쓴 것에 대해 몇 마디 말씀하셨지만 주된 감정은 자부심을 넘어선 큰 의구심이었다. 이러한 반응을 이야기하기 전에 먼저 나의 가족 얘기를 해야 할 것 같다.

시작에 앞서, 먼저 우리 가족의 전통을 밝힌다. 배리 하인스(Barry Hines)는 『케스KES』라는 베스트셀러를 저술하였고 이것은 영화로 제작되었다. 배리는 교직에 뛰어든 노동자 계층이었다. 그러나 그는 책을 쓰기 위해 잉글랜드 북부에 있는 집으로 돌아왔고, 그는 위층 침실에 앉아 어머니가 정원 울타리 너머로 말하는 것을 들었다.

이웃: 배리가 집으로 돌아왔군요.

엄마: 네, 좋아요.

이웃: 무슨 일을 하는 거죠?

엄마: (자랑과 방어하는 마음이 뒤섞여) 일을 하는 것은 아니고 책을 쓰고 있어요.

[잠시 멈춤]

이웃: 오, 교육을 받고 있다니, 안됐군요.

내가 가진 배경에서 이것은 강한 울림을 줬다. 나의 할아버지인 제임스 굿슨(James Goodson)은 자녀 12명(11명의 딸과 막내아들인 내 아버지)을 두었다. (아버지가 태어났을 때 할머니는 46세셨고, 산파에게 '우리는 매우 지속성 있는 가족'이라고 선언했던 것이 가훈이 되었다.) 할아버지는 자녀들의 출생증명서에 '실직자'로 기록되어 있고, 때로는 '선로공'이나 '수확을 돕는 일꾼'과 같이 '피고용인'으로 기록되어 있다.

할아버지는 읽거나 쓰는 법을 배운 적이 없었고, 우리 할머니도 마찬가지였다. 할머니는 98년 내내 가족의 중심이었으며 강하고 지적으로도 왕성한 분이셨다. 할머니의 생활력과 활기가 없었다면, 우리 가족은 지속성은 고사하고 회복력도 훨씬 떨어졌을 것이다. 내 어머니 릴리(Lily)도 마찬가지였는데, 지식수준이 높았지만 중등학교 입학시험을 치른 후 15세 때 가족을 부양하기 위해 억지로 기술학교를 떠나야 했다.

그때 가족의 전통에 첫 번째로 대항했던 행동은 아버지가 할아버지께 가스정비사 견습생 계약서를 보여드렸던 일이었다. 열세 살의 어린 나이였던 아버지는 견습생으로 '리딩 가스 회사(Reading Gas Company)'에 취직했다. 고용계약서를 할아버지께 드렸을 때, 할아버지는 하단에 'X'라고 서명하셨다. 그래서 아버지가 대신 서명하려고 했던 칸에 누군가가 할아버지의 이름을 연필로 써줬고, 아버지는 매우 떨리는 손으로 그것을 따라 적었다. 아버지는 평생 글을 쓰시는 데 어려움을 겪으셨다. 그러나 떨리는 손으로 서명했던 열세 살의 가스정비공은 향후 51년간 같은 직장에서 일하며 헌신하셨다. 분명히 글을 쓰는 것이 항상 믿을 만한 행동은 아니었다.

나에게도 문제가 있었다. 나는 학교에 다니면서 책을 읽지 못하는 몇 안 되는 학생 중 한 명이었고, 일곱 살에 학교를 옮겼을 때 비로소 외국 예술 교육을 배우기 시작했다. 그 후 나는 읽고 쓰는 것을 즐겼다. 그러나 그것은 나의 가족과 지역사회의 경험과는 어긋나 있었다. 그것은 근본적으로 단편적이며 특이한 표시, 편협함, 일탈의 가면과도 같았다(하지만 무언의 희망과 포부를 불러일으키기도 했다). 읽고 쓰는 것은 어떤 의미에서 내 출생의 권리와는 정반대였다.

1982년 9월에 나온 내 책을 보시며 아버지는 가족의 배경을 이야기하셨다. 그가 자라온 배경에 비하면 아버지는 참으로 관대한 반응을 보이신 것이다.

나는 그날 아버지의 반응을 직접 목격할 수 있었던 것에 감사한다. 그로부터 3주 후에 아버지는 돌아가셨지만, 10년이 지난 지금도 나는 여전히 반짝이면서 유머러스하고 호전적이셨던 아버지의 눈빛이 그립다. 그리고 이 책에 대한 아버지의 의구심도 여전히 공유한다.

1992년 12월

아이버 굿슨

『학교교과와 교육과정 변화School Subjects and Curriculum Change』는 1975~1979년에 서식스(Sussex) 대학교에서 수행한 학술 연구로부터 시작했다. 그러나 이 작업의 출발점은 두 종합학교에서 가르치던 시절 나의 경험으로 거슬러 올라간다.

1960년대 후반과 1970년대 초반까지는 학교교육이 매력적인 시기였다. 내가 가르친 새로운 교과들은 토론, 혁신, 논쟁으로 활기를 띠었다. 비록 나는 대학을 다녔지만 내내 노동자 계급 공동체와 매우 가깝게 지냈다. 내 친구들, 관심사, 가치관이 거기에 있었다. 내가 새로운 학교에 부임했을 때, 나는 다소 별난 사람이었다. '노동자 계급 학생'이기도 하고 '교사'이기도 했다(오히려 후자의 역할을 아직 사회화하지 못하고 있었다). 이런 이중적인 상태로 인해 나는 학교교육의 본질을 고민할 수 있었다.

왜냐하면 내가 근무한 학교는 종합학교 교육의 스펙트럼에서 봐도 급진적인 위치에 있었기 때문이다. 그들은 거의 혁명적이었는데, 유니폼, 처벌, 제재, 강제, 팀 경기, 집회 등이 없었다(심지어 한 학교에서는 교장도 없었다). 요컨대 이러한 학교에서는 소외와 적대감으로 자주 비난을 받는 일반적인 학교 교육의 억압적인 면이 거의 없었다. 노동자 계층이 주를 이루는 학생들과 중산층 교사 사이의 관계는 상당히 우호적이며 관계도 깊었다. 학교의 조직 구조는 노동자 성인 교육의 전통 요소인 학생의 '교과 선택', 학생의 '자율성'을 강조했다.

그러나 이렇게 전도유망하게 시작했지만, 배움에 대한 전망은 여전히 심각한 문제로 남아 있었다. 지역사회 연구, 도시 연구, 과학과 자기주도학습 등 새로운 교육과정들을 개발했지만, 이런 내용은 'A' 레벨 평가 내용이 아니었다. 유형 3의 'O' 레벨 평가의 경우도 '비용 효율성'을 이유로 결국 종결되는 경우가 많았다. 평가를 위한 교육과정은 대체로 틀에 박힌 형태였고, 이렇게 보면 그래머스쿨에서 나의 학교교육 경험을 상기시켜 주었다.

다양한 호기심, 배우고자 하는 욕망, 모든 유망한 관계들은 '전통적인' 학교교과에서 다루기 힘든 형식과 내용이어서 충돌하는 부분이 있었다.

나는 그 당시(1970년)를 다음과 같이 적었다.

> 학교에서 성공과 실패의 난제를 푸는 열쇠는 선행해서 배운 교육과정과 학생들의 문화적 자산, 학교교과 간의 갈등에 있다. 사실 학교교육 내용은 삶에서 기회 분배를 결정하는 데 영향을 미치는 내용으로 정하려고 적극적이었다.

나는 많은 교사가 나아갈 길은 배운 지식을 실제로 '재구성'하는 방법만이 유일하다고 주장하게 되었다. 이것은 나의 첫 번째 학교인 카운트스소프(Countesthorpe)에서만 통찰할 수 있는 것은 아니었다. 예를 들어 데이비드 호킨스(David Hawkins)는 포럼(1975년 가을)에서 다음과 같이 주장했다.

> 학교는 많은 종류의 교과로 구성되어 있기 때문에 보다 자기 주도적이고 유연한 업무 스타일로 바뀌는 것은 결코 쉽지 않다. 이런 상황에서 우리는 오히려 이전의 양극으로 되돌아갈 가능성이 높다. 한 당사자에 따르면 형식적 과정의 전통은 대부분 경직화되어 가는 과정에서 교과의 경우 지루하고 비효율적이며 피상적이다. 자료를 기반으로 하는 학습을 옹호하는 교과들은 엄격함과 학문을 모두 폄하하는 것으로 보인다. 내가 바라

는 것은 이 오래된 이슈는 묻어두고 그 대신 교육과정이나 수업계획서에서 언급하는 내용을 대상으로 범위를 넓히고 재구성하고 확장해서 문제를 해결할 수 있도록 하는 것이다. 그래야만 더 다양하게 접근할 수 있고, 성장하는 마음에 호소하며 학교 환경의 본질에 더 잘 맞물릴 수 있을 것이다.

이것이 교사로서 우리 중 일부가 가지고 있는 견해라면, 노동자 계층 학생이 한 경험 증거는 다르다. 알버트 헌트(Albart Hunt)는 교사 자신이 특정 교과에 깊이 관여하고 있기 때문에 그 교과가 다른 모든 사람들에게 가치 있고 흥미로울 것이라고 생각하는 '교사'의 전제를 비난한다. 그래서 교과가 '교육의 중심'에 놓이고, 그 교과를 살리지 못하는 것은 곧 교사로서도 실패를 경험하는 것이 된다. 그러나 학생으로서 헌트의 주장을 보면, 아무 경험도 못하는 이유는 교과 때문이다.

사실상 나의 공식적인 학교교육 경험이 나와 관련이 있었던 적이 없었다. 나는 감정, 신념, 아이디어와 사람들에 대한 헌신, 이 중 어느 것도 내 작업과는 관련이 없는 것 같았다. 모든 것이 나를 위해 단편적으로 존재했다.

헌트의 설명은 내가 학생으로서 학교를 경험했던 것과 같다. 이제 나는 헌트와 비슷한 배경의 아이들과 마주하면서 그것을 더 명확하게 느낀다.

교과가 중요하다는 점을 감안할 때, 왜 그렇게 명석하고 호기심이 많은 학생들이 학교를 그만두었는지, 교과가 어디서 왔고 왜 교과인지에 대해 점점 더 집중하게 되었다. 더 나아가 새로운 교과, 많은 학생에게 동기를 부여해주는 교과일수록 학생들의 수업 '실제' 또는 '평가' 교과로 받아들여지지 않는다는 사실에 흥미가 높아졌다.

나는 몇 가지 해답을 찾을 기회가 있었다. 1975년 나는 서식스에서 환경교육을 위한 조사 연구에 참여했고, 그 연구가 이 책으로 이어졌다.

1986년 11월 웨스턴온타리오대학교 교육학 교수

아이버 굿슨

이리동산초등학교 교사들(이하 '우리')이 '학교교과(school subject)'에 관심을 갖기 시작한 것은 2018년 가을이었다. 우리는 교육과정 실행의 주체인 교사와 학교가 교과를 생성할 수 있는 공간이 될 수 있고, 되어야 한다는 생각 속에서 다양한 연구와 실천을 시도하였다. 아이버 굿슨(Ivor Goodson)의 『학교교과와 교육과정 변화School Subject and Curriculum Change』는 이 과정에서 읽게 된 책으로, 우리 학교에 재직하고 있는 8명의 교사들이 학교교과에 대한 이해를 넓히기 위해 번역을 시작하였다. 번역 과정에서 학교교과에 대한 전문성을 갖고 있는 연구자 3명이 결합하여 총 11명이 번역에 참여하였다.

단위학교에서 교사들이 모여 번역 작업을 한다는 것은 쉬운 일이 아니었다. 수업이 끝난 후 틈틈이 모여 번역 작업을 한 것에 더하여, 책이 쓰인 시기의 영국의 시대적 상황과 교육제도까지 알아봐야 했다. 영국의 교육제도에 대한 이해가 부족하고 번역이 서툴러서 두 명의 교육과정 전공 초등교사와 교수 한 명에게 검토를 받기도 했다. 그럼에도 번역 결과물의 정확성과 가독성에 대한 걱정이 앞서 번역서를 내는 것이 다소 망설여졌다.

그러나 학교교과가 어떻게 생성되고 발전되었는지에 대한 이해를 도울 수 있는 책이 거의 없는 상황에서, 우리가 번역한 책이 학교교과에 대한 교사들의 이해를 도울 수 있기를 바라며 용기를 내 책으로 출판해야 한다는 생각에 이르렀다.

2022년 현재 발표된 교육부 총론 주요사항에 의하면 2022 개정 교육과정은 초등학교의 선택과목 개설을 권장하고 '학교자율시간'을 신설하는 등 학교 차원의 다양한 교육과정 생성을 지원할 예정이다. 전라북도교육청 또한 '학교교과목'이라는 이름으로 교사와 학교의 교육과정 생성 권한을 보장하고 있다. 그 외 경기도교육청의 '학교자율과정', 경북교육청의 '학생생성교육과정', 충청남도교육청의 '학교자율특색과정' 등 다수 시·도교육청에서 학교교과과 비슷한 교육과정 생성을 지원하고 있는 상황이다. 이렇듯 교육의 흐름은 교사와 단위학교의 교육과정 생성을 보장하고 확장하는 방향으로 가고 있다.

지금은 바야흐로 학교교육과정 다양화, 자율화의 흐름이 주가 되는 시대로 나아가고 있다. 이제 교사들은 주어지는 교과, 과목을 단순히 전달하는 '전달자'에만 머무르지 않고, 자신들이 학생에 적합한 '교과목'을 개발할 수 있는 '개발자'가 되어야 한다는 생각을 갖기 시작했다. 따라서 교사들의 이러한 생각을 발전시키고, '교과'와 '과목'을 바라보는 관점을 정립하는 데 도움이 되는 연구물, 저서, 역서 등이 필요하다.

우리는 이 책이 학교교과에 대한 관점 정립, 교사교육과정 생성의 필요성 등을 깨닫고 튼튼히 할 수 있는 철학적 토대가 될 수 있을 것으로 보았다. 번역이 서툴러 다소 가독성이 부족하더라도 아이버 굿슨이 연구한 학교교과목의 생성과 발전 과정을 이해함으로써 우리의 교과목을 돌아보고 미래를 상상하는 데 도움이 될 것으로 믿는다. 이 책을 통해 학교교과에 대한 생각을 유연하게 가질 수 있는 기회가 되길 바란다.

2022년 8월

| 찾아보기 |

D

E

F

G

H

O

P

Q

R

S

T

| 주석과 참고문헌 |

서문

1) Tickle, L.(1988). Backward glance, 〈The Times Higher Educational Supplement〉 12월 16일자.

2) GOODSON, I. F.(1988). The making of Curriculum: Collected Essays. London and Philadelphia: Falmer Press.

3) ibid., p. ix

4) EDWARDS, G. (1992) ′A strategy for the curriculum: A response′, Journal of Curriculum studies, 24, 5, September-October, pp. 466-67.

제3판 서문

1) Paul Willis(1977). Learning to Labour. London: Gower.

2) Peter McLaren(1988). Culture or canon? Critical pedagogy and the politics of literacy, Harvard Educational Review, 58(2) pp.213-34.

3) Stuart Hall(1988). The hard road to renewal. London and New York: Verso, p.7 Peter McLaren(1989). Life in school. New York: Longman Inc.,를 보자

4) Colin Lankshear and Peter Mclaren(Eds.)(in press) Critical literacy: Politics, praxis, and postmodernity, Albany, New York: Suny Press.

5) Henry A Giroux(1988). Schooling and the Struggle for public life. Mineapolis, Minnesoti. See also Peter McLaren(1986) Schooling as a rutual performance. London and New York: Routledge .

6) Henry A. Girouz and Peter McLaren(in press) Leon Goblub's radical pessimism: Towards a critical pedagogy of repressenta-tion. Exposure.

7) Scott Lash(1990). Sociology of post-modernism. London and New York: Routledge.

8) Scott Lash(1990). Sociology of post-modernism. London and New York: Routledge. p.244,

9) Scott Lash(1990). Sociology of post-modernism. London and New York: Routledge.

10) Paul Willis(1990). Common culture. Boulder, Colorade: Westview Press.

11) Henry A. Giroux and Peter McLaren (1991). Radical pedagogy as cultural ploitics, In Donald MOrton and Mas'ud Savarzadeh(Eds.) Theory/Pedagogy/politics. Urbana and Chicago: University of Illinois Press, pp.152-186.

12) Roger Kimball(1991). Tenured Radicals. The New Criterion, 9, p.4-13. 혹은 Diane Ravitch(1990). Multiculturalism. The American Scholar, 59, pp.337-354.를 보라.

13) Allan bloom(1987). The closing of the American mind. New You가: Simon and Shuster.

14) Henry Louis Gates, Jr.(1990). The master's pieces: On canon formation and the Afro-American tradition. The South Atlantic Quarterly, 89, 1, p.103.

15) Denise K. Magner(May 1, 1991) Push for diversity in traditional departments raises questions about the future of ethnic studies. The Chronicle of Higher Education. pp.all, A13.

1부. 학문적 교과 되기: 학교교육과정의 사회적 역사에 대한 사례연구

1. 서론

1) As in M.F.D. YOUNG(Ed.), Knowledge and Control(London, Collier Macmillan, 1971).

2) P.M. HIRST, ′The logical and psychological aspects of teaching a subject′, in R.S. PETERS(Ed.), The Concept of Education(London, Routledge and Kegan Paul, 1967), p. 44.

3) Schools Council Working Paper No. 12, The Educational Implications of Social and Economic Change(HMSO, 1967).

4) P.M. HIRST and R.S. PETERS, The Logic of Education(London, Routledge and Kegan Paul, 1970), p. 63-4.
5) P.M. PHENIX, The Realms of Meaning (McGraw-Hill, 1964), p.317.
6) M.F.D. YOUNG, 1971, op.cit., p.23.
7) F. MUSGROVE, "The contribution of sociology to the study of curriculum′ in J.F. KERR (Ed.), Changing the Curriculum(University of London Press, 1968).
8) B. BERNSTEIN, On the classification and training of educational knowledge′, in M.F.D. YOUNG (Ed.), op.cit., p.47.
9) M.F.D. YOUNG, 1971, op.cit., p.31.
10) Ibid., p.34.
11) Ibid., p . 22.
12) Ibid., p.36.
13) Ibid., p.40.
14) P.BOURDIEU, 'Systems of education and systems of thought', o p. cit. YOUNG(Ed.), 1971.
15) P.BOURDIEU and J.C. PASSERON, Reproduction in Education, Society and Culture(London. Sage 1977).
16) M.F.D. YOUNG, 'Curriculum change: Limits and possibilities', in M. YOUNG and G. WHITTY (Eds.), Society, State and Schooling(Falmer Press, 1977), pp.248-9.
17) B. BERNSTEIN, 'Sociology and the sociology of education', a brief account, in T.J. Rex,(Ed.) Approaches to Sociology(Routledge and Kegan Paul, 1974), p.156.
18) R. WILKINSON, The Prefects(London, Oxford University Press, 1964).
19) M. WEBER, Essays in Sociology, translated and edited by M. CERTZ and C.W MILLS(London, Routledge and Kegan Paul, 1952).
20) M.F.D. YOUNG, Knowledge and Control, p.30.
21) F. CAMPBELL, 'Latin and the elite tradition in education', in MUSGRAVE, P.W. Sociology, History and Education(London, Methuen, 1970), pp.249-64.
22) G.E. DAVIE, The Democratic Intellect (Edinburgh, Edinburgh University Press, 1961).
23) S. ROTHBLATT, The Revolution of the Dons(London, Faber and Faber, 1969).
24) Ibid., pp.256-7.
25) D. HANSON, 'The development of a Professional Association of Art Teachers', Studies in Design Education 3, 2, 1971.
26) J. EGGLETON, Developments in Design Education(London, Open Books, 1971).
27) T. DODD, Design and Technology in the School Curriculum(Hodder and Stoughton, London, 1978).
28) R. WILLIAMS, The Long Revolution (Harmondsworth, Penguin, 1961), p.172.
29) J. EGGLETON, The Sociology of the School Curriculum(London, Routledge and Kegan Paul, 1977). and Kegan Paul, 1955), p.5.
30) O. BANKS, Parity and Prestige in English Secondary Education(London, Routledge)
31) TUC, Education and Democracy(London, TUC 1937).
32) O. BANKS, op.cit., p.248.
33) D. LAYTON, 'Science as general education', Trends in Education, January 1972.
34) T. BEN-DAVID and R. COLLINS, 'Social factors in the origins of a new science: The case of psychology', American Sociological Review, August 1966, 31. 4.

2. 영국 교육 체제의 성장: 교육과정과 시험 유형의 변화

1) R. WILLIAMS, The Long Revolution (Harmondsworth, Penguin, 1961), pp.156-7.
2) Report of the Royal Commission known as the Schools Inquiry Commission(the Taunton Report), 1968, Ch. 7, p.587.

3) S. ROTHBLATT, The Revolution of the Dons(London, Faber and Faber, 1968).
4) R. WILLIAMS, The Long Revolution, p.158.
5) J. RYDER and H. SILVER, Modern English Society, History and Structure 1850-1970(London, Methuen, 1970), p.97.
6) D.V. GLASS, 'Education and social change in modern England', in R. HOOPER(Ed.), The Curriculum Context, Design and Development(Edinburgh, Oliver and Boyd, 1971), p.25.
7) RYDER and SILVER, Modern English Society, p.98.
8) R. WILLIAMS, The Long Revolution, pp.159-60.
9) 'Joint Matriculation Board Calendar'(Manchester, 1918), pp.41-2.
10) W.A. REID, The University and the Sixth Form Curriculum (London, Macmillan, 1972), p.88.
11) A.D. EDWARDS, The Changing Sixth Form (London, Routledge and Kegan Paul), p.34.
12) GLASS, in R. HOOPER(Ed.), pp.28-29.
13) C. LACEY, Hightown Grammar (Manchester University Press, 1970), p.15.
14) 1bid., p.21.
15) THE NORWOOD REPORT, Curriculum and Examinations in Secondary Schools, Report of the Committee of the Secondary School Examinations Council appointed by the President of the Board of Education in 1941(London, HMSO, 1943), p.2.
16) Ibid., p.3.
17) Ibid., p.4.
18) GLASS, in R. HOOPER(Ed.), p.35
19) K. GIBBERD, No Place Like School (London, Michael Joseph, 1962), p.103.
20) Ibid., p.102.
21) J. PARTRIDGE, Life in a Secondary Modern School(Harmondsworth, Penguin, 1968), p.68.
22) NATIONAL FOUNDATION FOR EDUCATIONAL RESEARCH, Local Authorities Practices in the Allocation of Pupils to Secondary Schools(Slough, NFER, 1964).
23) D. RUBINSTEIN and R. SIMON, The Evolution of the Comprehensive School 1926-1972(London, Routledge and Kegan Paul, 1973), p.108.
24) Ibid., pp.110-12. The figures are completed by a 2 per cent reduction in separate 'technical schools'.
25) B. MACDONALD and R. Walker, Changing the Curriculum(London, Open Books, 1976), p.32.
26) Interview with ROBERT MORRIS, 26.7.78.
27) RUBINSTEIN and SIMON, Comprehensive School 1926-1972, p.123.
28) J. Kerr, 'The problem of curriculum reform', op.cit., R. HOOPER(Ed.), p.180.
29) M. SHIPMAN, 'Curriculum for inequality', op.cit., R. HOOPER(Ed.) 1976, pp.101-2.
30) Ibid., p.104.
31) Speech by JAMES CALLACHAN, Prime Minister 18 October 1976, Ruskin College.
32) A. HOPKINS, The School Debate (Harmondsworth, Penguin, 1978), p.139.

3. 학문적 '교과'와 교육과정 변화

1) R. BUCHER and A. STRAUSS 'Professions process', in M. HAMMERSLEY and P.Woods (Eds.), The Process of Schooling (London, Routledge and Kegan Paul, 1976), p.19.
2) W.A.L. BLYTH, English Primary Education, A Sociological Description, Vol. 2 (London, Routledge and Kegan Paul, 1965), p.30 and pp.124-5.
3) J. EGCLESTON, The Sociology of the School Curriculum (London, Routledge and Kegan Paul, 1978), p.25.
4) R. WILLIAMS, The Long Revolution, 1961, p.163.
5) D. LAYTON, Science for the People (London, George Allen and Unwin, 1973).
6) I. Goodson, 'Why Britain needs to change its image of the educated man', The Times 14 February 1978.

7) J. HEMMING, The Teaching of Social Studies in Secondary Schools(London, Longmans, 1949). Quoted in D. GLEESON and G. Whitty, Developments in Social Studies Teaching (London, Open Books, 1976), p.5.
8) UNIVERSITY OF LONDON, GOLDSMITHS COLLEGE, The Raising of the School Leaving Age, Second Pilot Course for Experienced Teachers(Autumn Term, 1965), p. 4.
9) Ibid., p.5.
10) THE SCHOOLS COUNCIL/NUFFIELD FOUNDATION The Humanities Porject: An Introduction (London, heinemann, 1972), p.1.
11) SHIPMAN, in R. HOOPER (Ed.), 1970.
12) The NORWOOD REPORT, Curriculum and Examinations in Secondary Schools, Report of the Committee of the Secondary School Examinations Council Appointed by the President of the Board of Education in 1941(London, HMSO, 1943), p. 61.
13) S. BALL, 'Processes of Comprehensive Schooling: A Case Study'(unpublished Ph.D., Sussex University, 1978).
14) Interview with ROBERT MORRIS, 26.7.78.
15) See, p.29.
16) NORWOOD REPORT, p.61.
17) E.M. BYRNE, Planning and Educational Inequality(Slough, NFER, 1974), p.29.
18) Ibid., p.311.
19) S.J. BALL, Beachside Comprehensive (Cambridge University Press, 1981), p.16.
20) Ibid., p.18
21) Ibid., p.21.
22) 1bid., pp.35-6.
23) Ibid., p.138.
24) Ibid., p.140.
25) Ibid., p.143.
26) Ibid., pp.152-3.
27) D. WARWICK, 'Ideologies, integration and conflicts of meaning', in M. FLUDE and J. AHIER(Eds.) Educability, Schools and Ideology(London, Croom Helm, 1976), p.101.
28) F. STEVENS, The Living Tradition: The Social and Educational Assumptions of the Grammar School(London, Hutchinson, 3rd Ed. 1972), pp.117-18.
29) W.A. REID, Universities and Sixth Form, p.61.
30) Ibid., p.49.
31) Ibid., p.50.
32) Schools Council Working Paper No. 24, Rural Studies in Secondary Schools(London, Evans/Methuen Education, 1969).

2부. 학교교과: 내부 진화의 양상
4. 생물교과 역사의 관점

1) D. LAYTON, Science for the People(London, George Allen and Unwin, 1973), p.21.
2) C.W. TRACEY, 'Biology: Its struggle for recognition in English schools during the period 1900-60', School Science Review, Vol. XCIII, No. 150, March 1962, p. 429.
3) Ibid., p.430.
4) E. W. JENKINS, From Armstrong to Nuffield Studies in Twentieth Century Science Education(London, John Murray, 1979), p.116.
5) TRACEY, op.cit., p. 429.
6) M. WARING, unpublished paper on 'History of Biology', 1980, p.7.
7) TRACEY, op.cit., p.429. The low status of biology is testified to in J. HUXLEY, 'Biology in schools', School Science Review Vol. 4, No. 13, 1972, pp.5-11.
8) TRACEY, op.cit., p.424.
9) Ibid.
10) JENKINS, op.cit., p.119.
11) Ibid., p.121.
12) Ibid., p.123.
13) TRACEY, op.cit., p.423.
14) The NORWOOD REPORT, Report of

the Committee of the Secondary School Examination Council appointed by the President of the Board of Education in 1941, Curriculum and Examinations in Secondary Schools(London, HMSO, 1943), p.112.
15) WARING, op.cit.
16) Ibid., pp.11-12.
17) JENKINS, op.cit., p.134.
18) TRACEY, op.cit., p.426.
19) J.A. PETCH, Fifty Years of Examining, the Joint Matriculation Board, 1903-53(London, 1953), p.84.
20) TRACEY, op.cit., p.425.
21) M.P.RAMMAGE, 'Educational Biology', School Science Review, Vol. 23, No. 91(1943), pp.312-19.
22) M.L. JOHNSON, 'Biology and training in observation', School Science Review, Vol. 24, No. 92, 1942, pp.56-8.
23) M.L. JOHNSON, 'Biology and training in scientific method', School Science Review, Vol. 29, No. 108(1948), pp.139-47.
24) F.S. RUSSELL, 'What is Biology?', School Science Review, Vol. 28, No. 104, 1946, pp.69-79.
25) WARING, op.cit., p.12.
26) MINISTRY OF EDUCATION, Science in Secondary Schools, Ministry of Education Pamphlet No. 38(London, HMSO, 1960).
27) STUDY GROUP ON EDUCATION AND FIELD BIOLOGY, Science Out of Doors(Longmans, 1963), p.196.
28) Ibid., p.197.
29) Interview, 24.10.77.
30) JENKINS op.cit., pp.139-40.
31) Ibid., pp.146-7.
32) Ibid., p.148.
33) Ibid., p.147.
34) STUDY GROUP, op.cit., p.vi.
35) Ibid., p.5.
36) Ibid.
37) Ibid., p.7.
38) British Association for Advancement of Science Report, 1953.
39) STUDY GROUP, op.cit., p.55.
40) Ibid., p.185.
41) Ibid., p.27.
42) Ibid., p. viii.
43) Ibid., p.10.
44) Interview, 24.10.77.
45) Ibid.
46) See M. WARING, 'Biological science: Integration or fragmentation', History of Education Society Conference Papers, December 1978, p.57.
47) M. WARING, op.cit., p.20.
48) K.F. DYER, 'Crisis in Biology: An examination of the deficiencies in the current expansion of Biological Education', Journal of Biological Education, 1967, 1, 2, p.112.
49) M. WARING, op.cit., p.51.
50) A.B. GROBMAN, The Changing Classroom: The Role of the Biological Sciences Curriculum Study(New York, Doubleday, 1969), p.64.
51) Ibid., p.65.
52) JENKINS op.cit., p.153.
53) Interview with biology teacher, 15.3.77.
54) Interview 24.10.77.
55) Interview 26.10.76.
56) JENKINS op.cit., 155. The number of 'A' level entrants is noted in JENKINS, p.156, for 1961 and 1971.
57) Interview, 15.3.77.
58) M. Waring, op.cit., p.49.
59) J.A. BAKER, Comment Journal of Biological Education, 9(1975), p.59. Quoted Ibid. WARING.
60) M. WARING, op.cit., p.149.

5. 지리교과 역사의 관점

1) D. GREGORY, Ideology, Science and Human Geography (London, Hutchinson, 1978), p.21.

2) G.S. ROBERTSON, 'Political Geography and the Empire', Geographical Journal, 16, pp.447-57, Quoted ibid. GREGORY, p.18.
3) R. PEET, Radical Geography: Alternative Viewpoints on Contemporary Social Issues (London, Methuen, 1974), p.10.
4) GREGORY, op.cit., p.20.
5) GREGORY, op.cit., p.17.
6) A. VON HUMBOLDT, Cosmos(London, 1849).
7) K. RITTER, Alloemeine Erdkunde (Berlin, 1862).
8) E.A. WRIGLEY, 'Changes in the Philosophy of Geography', in R. CHORLEY and p.3. P.HAGGETT, (Eds.), Frontiers in Geographical Teaching (London, Methuen, 1967), p.3.
9) Ibid., p.4.
10) Ibid.
11) J. BRUNHES, La Geographie Humaine(Paris, 1925)
12) WRICLET, op.cit., p.6.
13) T.G. ROOPER, 'On methods of teaching geography', Geographical Teacher, 1 (1901).
14) H.J. MACKINDER, 'On the scope and methods of geography' Proceedings of the Royal Geographical Society, Vol. IX (1887).
15) R.J.W. SELLECK, The New Education: The English Background 1870-1914 (Melbourne, Pitman, 1968), p.34.
16) ROOPER, 1901, loc. cit.
17) E.G.A. HOLMES, What Is and What Might Be (London, Constable, 1912), p.107.
18) C. BIRD, 'Limitations and possibilities of geographical teaching in day schools', Geographical Teacher, 1(1901).
19) Ibid. inside cover of Geography.
20) A. GARNETT, 'Teaching geography: Some reflections', Geography, 54, November 1969, p.367.
21) For example of inclusion see Joint Matriculation Board Calendar, 1918. As a subsidiary subject see Oxtord Delegacy on Local Examinations Regulations, 1925.
22) H.J. MACKINDER, 'Report of the discussion on geographical education at the British Association meeting, September 1903'. Geographical Teacher, 2, 1903, pp.95-101.
23) GARNETT, op.cit., p.387.
24) W. CAREY MACLEAN, 'The correlation of instruction in physics and geography', Geographical Teacher, 5, 1913.
25) COUNCIL OF GEOGRAPHICAL ASSOCIATION, 'The Position of Geography', Geographical Teacher, 10, 1919.
26) Ibid.
27) Ibid.
28) D. W ALKER, 'The well-rounded geographers', Times Educational Supplement, (28.11.1975), p.6.
29) GARNETT, op.cit., p.388.
30) N.J. GRAVES, Geography in Education (London, Heinemann, 1975), p.28.
31) Ibid.
32) MACKINDER, 1913, lot cit.
33) GARNETT, op.cit., pp.387-8.
34) R.C. HONEYBONE, 'Balance in geography and education', Geography, 34, 184, 1954.
35) GARNETT, op.cit., p.388.
36) COUNCIL of GEOGRAPHICAL ASSOCIATION (1919).
37) BOARD OF EDUCATION, Report of the Consultative Committee: The Education of the Adolescent (Hadow Report) (London, HMSO, 1927).
38) ROYAL GEOGRAPHICAL SOCIETY, Geography and 'Social Studies' in Schools, Education Committee memorandum (1950).
39) NORWOOD REPORT, 1943, pp.101-2.
40) HONEYBONE, 1954, loc. cit.
41) T. DAVID, 'Against geography', in J. BALE, N. GRAVES, and R. W ALFORD, Perspective in Geographical Education (Edinburgh, 1973).
42) Ibid., DAVID.

43) W ALKER, o p. cit.
44) GARNETT. o p. cit., p 368.
45) HONEYBONE, 1954, loc. cit.
46) E.C. MARCHANT, 'Some responsibilities of the teacher of geography', Geography, 3, 1968, p. 133.
47) S.M. JONES, 'The challenge of change in geography teaching', Geography(Nov. 1976), p.197.
48) HONEYBONE, 1954, loc cit.
49) M.J. WISE, 'An early 19th century experiment in the teaching of geography', Geography, 33 (1948), p.20.
50) J. SCOTT KELTIE, 'Geographical education: Report to the Council of the Royal Geographical Society', Royal Geographical Society Supplementary Papers, 1 (1882-5), p.451.
51) GEOGRAPHICAL ASSOCIATION PRIMARY SCHOOLS COMMITTEE, Suggestions for the Teach- ing of Local Geography (n.d.).
52) G.J. CONS and C. FLETCHER, Actuality in School: An Experiment in Social Education (London, Methuen, 1938), pp.1-2.
53) Ibid., p.7. Quoting from the report of an address on the senior school and its curriculum by H.M. Spink, Director of Education for Northumberland.
54) J.F. ARCHER and T.H. DALTON Fieldwork in Geography (London, Batsford, 1968), p.14.
55) K.S. WHEELER, 'The outlook tower: Birthplace of environmental education', Bulletin of the Society for Environmental Education, 2, 2, 1970, p.26.
56) A. Guxie, Landscape in Hutory and Other Essays (London, 1905), p.296.
57) C. BOARD in CHORLET and HACGETT (Eds.), Frontiers in Geographical Teaching: p.187.
58) S.W. WOOLDRIDGE and W.G. EAST, The Spirit and Purpose of Geography (London, Hutchinson, 2nd ed. 1958), p.16.
59) S.W. WOOLDRIDGE, 'The Spirit and significance of fieldwork', Address at the Annual Meeting of the Council for the Promotion of Field Studies (1948), p.4.
60) BOARD, op.cit., p.186.
61) Interview, Sheffield Institute of Education, 30.6.76.
62) DEPARTMENT OF EDUCATION AND SCIENCE 'School geography in the changing riculum', Education Survey 19, (London, HMSO, 1974), p.15.
63) Interview Sheffield 30.6.76., op.cit.
64) ARCHER and DALTON, op.cit., pp.14-15.
65) J. EVERSON, 'Some aspects of teaching geography through fieldwork', Geography, 54, Part 1, January 1969, p.64.
66) Education Survey 19, op.cit., p.15.
67) C. BOARD, op.cit., p. 187.
68) J. EVERSON, 'Fieldwork in school geography', in R. WALFORD, (Ed.), New Directions in Geography Teaching (London, Longmans, 1973). p.107.
69) Education Survey No. 19, p. 17.
70) lbid., p. 18.
71) S.M. JONES, p. 203.
72) EVERSON, op.cit., p. 111.
73) Education Survey No. 19, op.cit., pp.16-17.
74) EVERSON, op.cit., p.111.
75) Education Survey No. 19, op.cit., p.16.
76) WRICLEY, op.cit., p.13.
77) CHORLEY and HACCETT, op.cit., 'Frontier Movements and the Geographical Tradition', p.377.
78) E.W. GILBERT, 'The idea of the region', Geography, 45(i), 1961.
79) D. GOWING', A fresh look at objectives', in R. WALFORD (Ed.), New Directions in Geography Teaching (London, Longmans, 1973), p.153.
80) A. HORTON (5.1.77). Interview.
81) R. WALFORD, 'Models, simulations and games', WALFORD, op.cit., p.95.

82) R. J. CHORLEY and P.HAGGETT, Models in Geography (London, Methuen, 1967).
83) O. SLAYMAKER, 'Review of Chorley and Haggett: Frontiers in geographical teaching', Geographical Journal, 134, Part 2, September 1960.
84) P.R.C., 'Review of Chorley and Haggett: Frontiers in geographical teaching', Geography, 53, Part 4, November 1968.
85) GARNETT, op.cit., pp.388-9.
86) Ibid., p.389.
87) Ibid., p.395.
88) C.A. FISHER, 'The Compleat Geographer', Inaugural Lecture, University of Sheffield (1959), p. 6.
89) C.A. FISHER, 'Whither regional geography?' Geography, 55, Part 4, November 1970, pp.373-4.
90) Ibid., p.374.
91) To distinguish it from the 'new geography' current at the turn of the century.
92) FISHER, op.cit., p. 388.
93) P.HORE, 'A teacher looks at the new geography', W ALFORD, op.cit., p.132.
94) P. R. THOMAS, 'Education and the new geography', Geography, 55, Part 3, July 1970, p.27.
95) HORTON, op.cit., Interview.
96) Interview, 14.12.76, Scraptoft College, Leicester.
97) R. COOKE and J.M. JOHNSON, Trends in Geography (London, 1969).
98) WALFORD in WALFORD (Ed.), op.cit., p.97.
99) Ibid., p.2.
100) Ibid., p. 3.
101) D. Walker, 'Teaching the new Oxford and Cambridge Board Advanced Level syllabus,' Geography, 54, Part 4, November 1969, p.438.
102) THOMAS, op.cit., p. 275.
103) Ibid., pp.274-5.
104) Walker, op.cit., p. 439.
105) Society and the Young School Leaver, Working Paper No. 11 (HMSO, 1967), p.3.
106) ELLIS, op.cit., Interview, Sheffield Institute of Education, 30.6.76.
107) GOWING, op.cit., pp.152-3.
108) MARCHANT, op.cit., p.134.
109) P.R. Gould, 'The new geography', BALE, GRAVES and WALFORD, op.cit., pp.35-6.
110) OXFORD and CAMBRIDGE SCHOOLS EXAMINATION BOARD, New Syllabus for Advanced Level Geography(1969).
111) JONES, op.cit., pp.197-8.
112) SCHOOLS COUNCIL, A New Professionalism for a Changing Geography (London, December 1973), p.3.
113) WALKER, op.cit., p.6.
114) Interview, Department of Geography, Leicester University, 14.12.76.
115) S.W. WOOLDRIDGE, The Geographer as Scientist (London, 1956).
116) B.P.FITZGERALD, 'Scientific method, quantitative techniques and the teaching of geography', WALFORD (Ed.), op.cit., p.85.
117) M.H. Yeates, An Introduction to Quantitative Analysis in Economic Geography (New York, McGraw Hill, 1968), p.1.
118) GARNETT, op.cit., p391.
119) S. JONES, op.cit., p.203.
120) R. PEET, Radical Geography (London, Methuen, 1978).
121) G.R. BUTTERFIELD, 'The scientific method in geography' in R. LEE (Ed.), Change and Tradition: Geography's New Frontiers (Queen Mary College, London, 1977), p.13.
122) D. HARVEY, Social Justice and the City (London, Arnold, 1973), p.128.

6. 농업교과 역사의 관점

1) S. HARTLIB,'Essay on advancement of husbandry learning'(1651), quoted in I.W. ADAMSON, Pioneers of Modern Education 1600-1700'(Cambridge University Press, 1951), pp.130-1.

2) W.H. HUDSPETH, 'The History of the Teaching of Biological Subjects including Nature Study in English Schools since 1600' (M. Ed. thesis, University of Durham, 1962), pp.69-70.
3) The Poor Law Act was passed in 1834.
4) CARSON, MEd., 1967, p.14.
5) Minutes of the Committee in Council on Education 1842-43, BOARD of EDUCATION, pp.545-6, quoted CARSON, op.cit., p.15.
6) T.H. HUXLEY,'A liberal education and where to find it', in his Collected Essays, Vo!. III(London, Macmillan, 1905), pp.123-35.
7) M. ARNOLD, Reports on Elementary Schools 1852-1882(London, Macmillan, 1889). 191.
8) HUXLEY, op.cit., pp.123-5.
9) ARNOLD op.cit., p.191.
10) BOARD of EDUCATION, Report of the Royal Commission on Secondary Education(HMSO, 1895), p.284.
11) R.J.W. SELLECK, The New Education, (Pitman, 1968), p.128.
12) Second Report of the Royal Commissioners on Technical Instruction(London, HMSO, 1884), Vol. 1, p.537, quoted SELLECK op.cit., pp.128-9.
13) SELLECK,op.cit., p.129.
14) HUDSPETH, History of Biological Subjects, p.224.
15) BOARD of EDUCATION, The Curriculum of the Rural School, Circular 435, April 1900, quoted SELLECK, op.cit., p.129.
16) BOARD of EDUCATION Memorandum on the Principles and Methods of Rural Education 1911, p.7.
17) BOARD of EDUCATION, Report for 1904-1939(London, HMSO, 1939).
18) BOARD of EDUCATION, Report for 1910-1911(London, HMSO, 1911).
19) SELLECK, op.cit., p.150.
20) F. WARE, Educational Reform(London, Methuen, 1900), p.62.
21) British Parliamentary Debates, Fourth Series, 1906, Vol. CLVI, col. 1562.
22) British Parliamentary Debates, Fourth Series, 1902, Vol. CVII, col. 935.
23) BOARD of EDUCATION, Public Elementary Schools and the Supply of Food in Wartime(London, HMSO, 1916), p.12.
24) BOARD of EDUCATION, Suggestions for the Consideration of Teachers and Others Concerned in the Work of Public Elementary Schools - The Teaching of Gardening, Circular 1293(London, HMSO, 1922)
25) BOARD of EDUCATION, Report of the Committee on the Position of Natural Science in the Educational System of Great Britain(London, HMSO, 1918), pp.60-61.
26) BOARD of EDUCATION, Rural Education, Circular 1365, 28 May 1925(London, HMSO), and Rural Education: Adaptation of Instruction to the Needs of Rural Areas, Educational Pamphlets, No. 46 (London, HMSO, 1926), p.6.
27) H.W. GUNTON and C.W. HAWKES, School Gardening and Handwork(Pitman, London, 1922).
28) HERTFORDSHIRECOUNTYCOUNCIL,Suggested Syllabus for Rural Education for Older Children of Both Sexes in Public Elementary Schools, No. 1467, C.P.222, 1926-1927.
29) HERTFORDSHIRECOUNTYCOUNCILHM's Inspectors' Report upon the Working of the Rural Education Syllabus in Public Elementary Schools, No. 1581, C.P.19, 1929-1930, p.1.
30) Ibid., p.4.
31) HERTFORDSHIRE SYLLABUS, 1926, p.2.
32) ASHWELL'S 'Important place in education', Hertfordshire Express, 18 October 1933.
33) CARSON, MEd., op.cit., p.37.
34) Dr. M.K. ASHBY The Country School

(Oxford University Press, 1929), p.171.
35) BOARD of EDUCATION Education and the Countryside, Pamphlet No. 38(London, HMSO, 1934), p.5.
36) Ibid., p.10.
37) NORWOOD REPORT, p.108.
38) S. CARSONand R. COLTON,The Teaching of Rural Studies(London, Edward Arnold, 1962), p.3.
39) Schools Council Working Paper 24, Rural Studies in Secondary Schools(London, EvansfMethuen Education, 1969), p.5.
40) A.B. ALLEN,Rural Education(London, Allman and Son, 1950), p.16.
41) Report of the Central Advisory Council for Education (England) School and Life(London, HMSO, 1947), p.35.
42) Journal of the Kent Association of Teachers of Gardening and Rural Science, April 1953, pp.4-6.
43) CARSON, MEd., p.48.
44) Journal of the Kent Teachers Rural Studies Association, No. 17, May 1961, p.3.
45) M. PRITCHARD, 'The rural science teacher in the school society', Journal of the Hertfordshire Association of Gardening and Rural Subjects, No. 2, September 1957, p.4.
46) Schools Council Working Paper 24, p.5.
47) PRITCHARD, op.cit.,, p.5.
48) Report on Rural Subjects and Gardening in Secondary Schools in Hertfordshire, 1957(mimeo).
49) Ibid., p.5.
50) Ibid.
51) The Kent Association of Teachers of Gardening and Rural Science Journal, No. 4, 1954. Also appeared in Rural Science News, Vo!. 1O,No. 1, January 1957.
52) CARSON, MEd., thesis, p.25.
53) Ibid., p.53.
54) Kent Association of Teachers of Gardening and Rural Science Journal, No. 10, September 1957, p.7.
55) Kent Journal, No. 13, March 1959, p.1.
56) Kent Journal, No. 7, February 1956, p.22.
57) Kent Journal, No. 12, September 1958, p.1.
58) S. CARSON, 'The National Rural Studies Association', Journal of the Hertfordshire; Association of Teachers of Gardening and Rural Subjects, No. 8, October 1960, p.21.
59) National Rural Studies Association Journal, 1961, p.5.
60) Rural Studies: A Survey of Facilities (London, Pergamon, 1963), p.33.
61) Ibid., p.32.
62) Ibid., p.33.
63) Ibid.
64) W. A. DOVE, 'Report on the North Hertfordshire Certificate of Education in Rural Science', Journal of Hertfordshire Association of Teachers of Gardening and Rural Subjects, No. 5, April 1959, pp.40-41.
65) L. C. COMBER,HMI with responsibility for rural education.
66) 'The Certificate of Secondary Education', Hertfordshire Teachers' Rural Studies Association Journal, October, 1963.
67) The Certificate of Secondary Education Experimental Examination-Rural Studies Draft Report, 1966(not published by Schools Council).
68) Ibid.
69) Ibid.
70) P.L. QUANT, 'Rural studies and the Newsom child', Hertfordshire Rural Studies Association Journal, April 1967, p.12.
71) S. CARSON and R. COLTON, op.cit., p.4.
72) M. PRITCHARD letter to A. J. PRINCE, 7 October 1966.
73) R. MORGAN letter to M. PRITCHARD, 8 October 1966.

3부. 교과들 간의 관계: 교과 영역 갈등

7. 1960~1975 환경교육 도입 배경

1) M. NICHOLSON, The Environmental

Revolution(Harmondsworth, Penguin 1972), p.17.
2) M. PARLETT, The Wellesley Milieu (Oxford, 1975), mimeo.
3) K. BEAL, The Background to Environmental Education in Environmental Studies in the All Ability School, Report of a Conference of Secondary Heads and Teachers held at Offley Place, Hertfordshire, 28th November 2nd December, 1971, p.34.
4) International Union for Conservation of Nature and Natural Resources, Commission on Education: Report on Objectives, Actions, Organisation and Structures Working Programme, August 1971(IUCN, 1971).
5) BEAL REPORT, o p. cit., p.34.
6) A letter to Europeans from the Council of Europe, December 1970.
7) International Union for Conservation of Nature and Natural Resources, Final Report, International Working Meeting on Environmental Education in the School Curriculum, September 1970, USA(IUCN, 1970).
8) International Union for Conservation of Nature and Natural Resources, Final Report, European Working Conference on Environmental Conservation Education, Supplementary Paper, No. 34, Switzerland 1972(IUCN), p.1.
9) Ibid., p.2.
10) Ibid., p.4.
11) Ibid.
12) Final Report of European Working Conference, 1972, p.6.
13) Ibid.
14) New Challenge for the United Nations, UN Office of Publi. Information, 1971(quoted in Project Environment Report, No. 2, January 1972)
15) Twenty One Years of Conservation (London, Nature Conservancy, 1970)
16) NATURAL ENVIRONMENT RESEARCH COUNCIL, Report 1965-66(London HMSO, 1967)
17) CONSERVATION SOCIETY, Philosophy, Aims and Proposed Action(London The Conservation Society, 1970).
18) G. MARTIN and K. WHEELER(Eds.), Insights into Environmental Education(Edinburgh, Oliver and Boyd, 1975), pp.7-8.
19) J. LONGLAND, 'Education and the Environment', a talk reproduced in transcript by permission of the Association of Agriculture, 78 Buckingham Gate, London SW1(n.d.).
20) 'The Countryside in 1970, Proceedings of the Conference on Education', University of Keele, Staffordshire, 26-28 March 1965(London, Nature Conservancy, 1965), p.5.
21) Ibid., p.33.
22) Ibid., p.34.
23) 'Countryside in 1970, Proceedings of the Third Conference, October 1970'(London, Royal Society of Arts, 1970).
24) The Protection of the Environment(London, HMSO, 1970). 1971).
25) Proceedings of the Third Conference, 1970, op.cit.
26) Royal Commission on Environmental Pollution, First Report(London, HMSO, 1971.).
27) Proceedings 1965, op.cit., p.10.
28) G. CHRISTIAN, 'Education for the environment', Quarterly, Review, April 1966; G. CHRISTIAN, Tomorrow's Countryside(London, Murray, 1966).
29) A.E.B. Circular to Schools, June 1967.
30) G.C. MARTIN and K. WHEELER(Ed.), Insights into Environmental Education(London, 1965), p.8. Council for Environmental Constitution.
31) I.F. ROLLS, 'Environmental studies: A new synthesis', Education for Teaching, Spring 1969, p.21.
32) Society for Environmental Education

Bulletin, Vol. 1, No. 1, Autumn 1968, p.3.
33) B. BARRET, 'The society in retrospect', SEE, Vol. VIII, No. 2, 1976.
34) S. CARSON, 'The changing climate', NRSA Journal 1963, pp.14-15.

8. 농업교과의 재정의: 환경교과의 기원

1) S.M. CARSON The Changing Climate, 1963, P.14.
2) NRSA Journal, 1966, pp.31-2.
3) See, for instance, reports in the Journal of the Kent Association of Teachers of Rural Science, No. 12, September 1958, p.3.
4) NRSA Jouranl, 1966, p.36.
5) 'NRSA Policy Committee Report to Council', 17.6.67.
6) George Wing to Sean Carson, 12.11.75.
7) Interview with Gordon Battey, a Hertfordshire teacher, 8.11.75.
8) BEN-DAVID and COLLINS, op.cit., p.45.
9) National Rural Studies Association Annual General Meeting Report, 6 September 1969, REsolution 2.
10) Ibid, Chairman's Report(W.T. BROCK of Hertfordshire).
11) Kent Association of Theachers of Gardening and Rural Science, No. 6, June 1955, p.22.
12) G.A. PERRY 'What's in a name?', NRSA Journal, 1964-5, pp.33-37.
13) S.M. Carson 'Rural studies: The case for the name', NRSA Journal 1964-5, pp.32-7.
14) Ibid.
15) S. CARSON, MED., p.76.
16) Ibid., p.269.
17) NRSA Council Minutes, 10.2.68.
18) Ibid.
19) Ibid.
20) Ibid.
21) NRSA Policy Committee Circular, 8.3.68.
22) NRSA Policy Committee Minutes, 16.3.68.
23) NRSA Policy Committee Minutes, 25.5.68.
24) Schools Council Working Paper 24, Rural Studies in Secondary Schools, London, 1969, p.6.
25) Ibid., p.7.
26) Letter from West Riding Rural Studies Association to R. MORGAN, 14 November 1968.
27) NRSA Policy Committee Minutes, 29.11.69.
28) NRSA Minutes of AGM, 6.9.69.
29) P.NEAL 'The National Association', Journal of the N.R. and E.S. Association, 1971.
30) S. CARSON, MEd., p.135.
31) Ibid., p.61.
32) Working Paper No. 24, p.19.
33) W.E. MARSDEN, 'Environmental studies courses in colleges of education', Jorunal of Curriculum Studies, Vol. No. 2, 1971.
34) A. PATERSON 'Main courses in Evnironment education in college', Mimeo, 1972.
35) Ibid.
36) Ibid.
37) Ibid.
38) Ibid.
39) Rural Studies, A Survey of Facilities 1963, P.36.
40) S. CARSoN and D. ALEXANDER 'Analysis of some colleges of education syllabuses of courses in rural studies', NRSA Policy Committee Research Sub-Committee, June 1968.
41) 'Report of the Working Party of the RES Section of the ATCDE', 1970, p.15.
42) Ibid., p.22.
43) M MYLECHREEST, 'Whither rural studies?', School Science Review, December 1975, Vol. 57, No. 199, pp.276-84.
44) S. CARSON (Ed.), NFER, 1971, p.7-8.
45) NRSA File Minutes of Meeting on 11.2.67.
46) CARSON, MEd., p.369.
47) NRSA Journal, 1968, p.38.
48) 'Rural studies in schools', Trends in Educaion, October, London, DES, 1967, p.1.
49) Ibid., pp.30-31.
50) NRSA Journal, 1968, p.38.

51) Ibid., p.45.
52) Ibid., p.46.
53) P.L. QUANT, 1967, p.12.
54) Working Paper 24, p.4.
55) Ibid., p.15.
56) Ibid., p.5.
57) Ibid., p.12.
58) Ibid., p.3.
59) Interview with NAEE Executive committee member, Leeds conference, 30.8.75.

9. 환경교과의 'A' 레벨 수업계획서 구성

1) Speaking of these courses a group of HMIS felt they could 'justifiably claim' 'A' level status, Trends in Education, October 1967, op.cit., p.30.
2) George Wing letter to Sean Carson, 27.11.67.
3) Internal memo, Shephalbury School.
4) Rural Studies 'A' level: First Draft, Shephalbury County Secondary School.
5) Letter, 27.7.67, personal file.
6) Letter, 6.2.67, personal file.
7) Letter, 20.7.67, personal file.
8) Ibid.
9) Rural Studies 'A' level, Second Draft, Shephalbury County Secondary School.
10) CARSON, MEd., op.cit., p.369.
11) Letter, August 1967.
12) Ibid.
13) Ibid.
14) Letter, 20.11.67.
15) Letter, 26.7.68.
16) Letter, 18.2.69.
17) Letter, 4.11.69.
18) Letter, 12.1.70.
19) S. Carson to P.D. Neale, Secretary to the Board, 23.2.70.
20) S. Carson to S.T. Broad, Internal memo, 3.6.70.
21) S. CARSON(Ed.), Environmental Studies, The Construction of an 'A' level Syllabus(Slough, NFER, 1971), p.6.
22) A level Environmental Studies, Report on a Conference held in Hertfordshire on 23rd-25th October 1970(Hertfordshire County Council, mimeo), 1970, p.12.
23) Ibid., p.54.
24) Ibid., p.3.
25) Ibid., p.4.
26) Ibid., p.8.
27) Ibid., p.11.
28) Ibid., p.3.
29) Ibid., p.14.
30) Ibid., p.15.
31) Ibid., p.16.
32) Ibid., p.56.
33) OFFLEY REPORT, p.55.
34) Ibid., p.29.
35) Ibid., p.50.
36) Ibid., p.9.
37) Course E282, Unit 2, p.7(section written by G. ESLAND).
38) OFFLEY REPORT, p.13.
39) Ibid.
40) Ibid., p.15.
41) Ibid., p.29.
42) Ibid., p.17.
43) Ibid., p.29.
44) Ibid., p.40.
45) Ibid., p.31.
46) Ibid., p.32.
47) Ibid., p.l1.
48) Ibid., p.30.
49) Hertfordshire 'A' level file.
50) CARSON, Op.cit., pp.76-7.

10. 지리와 생물에 대한 변호

1) R.C. HONEYBONE 'Balance in geography and education', Geography 34, 184(1954), p.70.
2) M. WILLIAMS(Ed.) Geography and the Integrated Curriculum, London, Heinemann, 1976, p.8.
3) Ibid.
4) W. KIRK 'Problems of geography', Geography, 48, p.357.

5) WILLIAMS, op.cit., p.8.
6) Ibid.
7) H.J. MACKINDER 'The teaching of geography and history as a combined subject', The Geographical Teacher, 7(1913).
8) H.K. MACKINDER 1913 in M. WILLIAMS (Ed.) 1976, pp.5-6.
9) Ibad., p.10.
10) J. UNSTEAD, Discussion of MacKinder paper, The Geographical Teacher, 7(1913).
11) Council of the Geographical Association 1919 in M. WILLIAMS(Ed.) 1976, pp.15-16.
12) Ibid., p.18.
13) W.M. CAREY 'The correlation of instruction in physics and geography', The Geographical Teacher 5(1913).
14) F.C. HAPPILD Citizens in the Making London, Christophers 1935, p.67.
15) MINISTRY of EDUCATION, 1949, in M. WILLIAMS(Ed.) 1976, pp.62-63.
16) Royal Geographic Society 1950 in M. WILLIAMS(Ed.) 1976, p.81.
17) Ibid., p.10.
18) Ibid., p.81.
19) Ibid., p.82.
20) Ibid., pp.80-81.
21) ROYAL GEOGRAPHICAL SOCIETY(1950).
22) C.B.G. BULL, 'I.D.E.: A geography teacher' s assessment', first printed in Geography 53(1968), pp.381-6, reprinted BALE, GRAVES and WALFORD, op.cit., p.259.
23) E.O. MARCHANT, op.cit., p.139.
24) A. GARNETT, 'Teaching geography: Some reflections', Geography, Vol. 54. 4 November 1969, p.396.
25) Geographical Association Notes of Meeting of Chairmen of Section/Standing Committee (28.9.70).
26) Ibid., p.2.
27) S.W. WOOLDRIDGE and G.E. HUNTCHINGS London's Countryside, Geographical Field Work for Students and Teachers of Geography(London, Methuen, 1957), p.xi.
28) M.J. WISE 'Obituary: Prof. S.W. Wooldridge', Geography, Vol. XLVIII, Part 3, July 1963, p.330.
29) C.A. FISHER, Whither Regional Geography?, 1970, p.374.
30) Ibid., pp.375-6.
31) R. MILLWARD, 'Obituary: Patrick Walter Bryan', Geography Vol. 54, Part 1, January 1969, p.93.
32) P.R. THOMAS, Education and the New Geography, pp.274-5.
33) Interview, 14.12.76.
34) Offley transcript, p.29.
35) Ibid., p.27.
36) Department of Education and Science, Education Survey 19, School Geography in the Changing Curriculum(London, HMSO, 1974).
37) Ibid., p.6.
38) A.D. NICHOLLS, 'Environmental studies in schools', Geography, Vol. 58, Part 3, July 1973, p.197.
39) Interview, 14.12.76.
40) C. WARD and A. FYSON, Streetwork The Exploding School(London, Routledge and Kegan Paul, 1973), p.106.
41) Geographical Teacher, 1913.
42) N.V. SCARFE, 'Depth and breadth in school geography', Journal of Geography, Vol. XXIV, No. 4, April 1965.
43) NICHOLLS, op.cit., p.200.
44) I. THOMAS, 'Rural studies and environmental studies', SEE, Vol. 2, No. 1, Autumn 1969.
45) K.S. WHEELER 'Review of D.G. Watts' Environmental Studies(London, Routledge and Kegan Paul, 1969), Journal ofCurriculum Studies, Vol. 3, No. 1, May 1971, p.87.
46) Interview, Leicester University, 14.12.76.
47) NICHOLLS, op.cit., p.200.
48) 'Environmental Studies: A Discussion Paper for teachers and lecturers prepared by the Environmental Education Standing Committee of the Geographical Association', draft edition(January 1972).

49) NICHOLLS, op.cit., pp.200-1.
50) Ibid., pp.204-5.
51) GARNETT, op.cit p.389.
52) Ibid., p.387.
53) NICHOLLS, op.cit., p.201.
54) Ibid., p.206.
55) Ibid., p.198.
56) M.J. WISE, 'Environmental studies: Geographical objectives', Geography, Vol. 58, Part 4, November 1973, p.293.
57) Ibid., p.296.
58) S. CARSON, Review of 'Streetwork', Environmental Education(Summer 1974), pp.56-7.
59) S. CARSON, ATO/DES Course, Paper No. 2, Environmental Education: Design for the Future (March 1973).
60) CARSON interview.
61) 'The Role of Geography in Environmental Education. A discussion paper presented by the Standing Committee for Environmental Education to the Geographical Association Executive'(December 1974), pp.1-2.
62) CARSON, memo to BROAD(16.3.73).
63) University of London GCE 'A' level Environmental Studies, Paper presented to Schools Council Working Party on Environmental Education.
64) K. Wheeler and B. WAITES(Eds.), Environmental Geography: A Handbook for Teachers (London, Hart-Davis Educational, 1976), p.9.
65) Science Out of Doors, p. viii.
66) S. CARSON at Hertfordshire Working Party, Hertfordshire File, 3.6.70.
67) 'Joint Matriculation Board Proposals for the Introduction of a Syllabus in Environmental Science(Advanced)', (mimeo, n.d.).
68) 'Associated Examining Board Environmental Studies: Report of a Conference' 23, October 1971, p.46.
69) DOWDESWELL interview, 24.10.77.
70) Study Group on Education and Field Biology, Science Out of Doors(London, 1963), pp.94-5.
71) Ibid., p.83.
72) A. HERBERT, P.M. OSWALD and C.A. SURKES, 'Centres for Field Studies in England and Wales, the Results of a Questionnaire Survey in 1969', Field Studies, Vol. 3, No. 4, 1972, p.658.
73) Proceedings of the Conference on Education, 'The Countryside in 1970', Keele, 1965 (London, Nature Conservancy, 1965), p.20.
74) Ibid., p.7.
75) Ibid., p.8.
76) Ibid.
77) Ibid., p.11.
78) Ibid., p.20.
79) Ibid.
80) CARSON MEd., op.cit., p.61.
81) Proceedings of the Conference on Education, op.cit., 1965.
82) Ibid., p.16.
83) Ibid., p.22.
84) S. CARSON, NRSA Journal 1964-5, p.33.
85) W.P.FENWICK, 'Education and environment', The Ecologist, August 1972, p.8.
86) HERBERT, OSWALD and SURKES, Centres for Field Studies, p.676.
87) Letter from R. MORGAN to s. CARSON, 19.1.68. 68.

11. 환경교과의 교섭

1) Hopkins to Carson, 4.1.71.
2) Letter to S. Carson, 7.1.71.
3) Letter to S. Carson, 9.1.71.
4) Memo 5048 SMC.BC/RS/01/2, S. Carson to S.T. Broad, 17.12.70.
5) Letter to S. Carson, 26.3.71.
6) Minutes of the meeting of the Standing Panel held at Offley Place on Monday 17 September, Hertfordshire File 07/2.7.
7) S. T. Broad to C.L. Mellowes, 13.12.71.
8) C.L. Mellowes to S.T. Broad, 4.1.72.
9) Letter to S.T. Broad, 14.12.70.

10) W.G. Bott to S. Carson, 15.11.71.
11) S. Carson to C.L. Mellowes, 21.10.71.
12) S. Carson to Miss B. Hopkins, 25.11.71.
13) C.L. Mellowes to C.T. Broad, 4.1.72.
14) S. Carson to all Heads, 27.7.71, Hertfordshire File SMC. BC/RW/01/2.
15) S. Carson to Heads, undated, Hertfordshire File SMC. BC/RW/07/2.7.
16) Minutes of Standing Panel, Hertfordshire File 07.27, 27.8.71.
17) Minutes of Standing Panel, Hertfordshire File 07.2.7, 13.12.71.
18) S. Carson to all Heads, 3.1.72, Hertfordshire File SMC. BC/RW/07.2.7.
19) University of London School Examinations Department Ad Hoc Committee in Environmental Studies, Notes from first meeting on 19 January 1972.
20) Report to Standing Papel, Hertfordshire File, 8.2.72.
21) S. Carson to past applicants, undated, Hertfordshire File SMC.BC/RW/07.2.7.
22) S. Carson to Standing Panel, 7.6.72, Hertfordshire File, SMC.BC/CCR.
23) S. Carson to S.T. Broad(and Mr. Carter and Mr. Barr), 20.6.72, Hertfordshire File SMC.BC/MMD/07.2.7.
24) Members of Standing Panel, 21.6.72, Hertfordshire File, SMC.BC/MMD/07.2.7.
25) Letter, 13.7.72, Schools Council, Sr/L/G/191.
26) Interview, 30.10.75.
27) S. Carson to members of Standing Panel, 21.7.72, Hertfordshire File, SMC.BC/DP/07/27.
28) E.B. Champkin to s. Carson, 10.7.72.
29) S.T. Broad to R. Sibson, 14.6.72, Hertfordshire File, B/SMC.BC/CCK/07.2.2.
30) Minutes of Standing Panel, 19.6.72, Hertfordshire File, SMC.BC/MMD/07.2.7.
31) S. Carson to B. Hopkins, undated, Hertfordshire File, SMC.BC/CAS/07.2.
32) Schools Council letter to Mr. Stephanson, 13.7.72.
33) B. Hopkins to F.T. Naylor, University of London Examinations Department, 2.11.72, 21.2.73, GC/BMA/PC.
34) Letter Schools Council, 21.2.73, SS/L/G/191.
35) Letter Schools Council, 21.2.73, SS/L/G/191.
36) Appendix 2, List of Consortia submitted to Schools Council by London University 5 July 1973.
37) Schools Council, 23.4.74, SC/72) 225(322/0/SS/1/G/191.
38) Letter, 2.7.74, Hertfordshire File SMC.BC/DS/07.2.
39) Letter from s. Carson, 5.11.76.
40) University of London, General Certificate of Education Examination Statistics(University of London, 1970).
41) See M. PLASKOW, The Life and Death of the Schools Council(Falmer Press, Lewes, 1985).

4부. 결론

12. 결론

1) M.F.D. YOUNG (Ed.), Knowledge and Contro (Collier Macmillan, 1971).
2) W.A. REID, Sixth Form, p.106.
3) P.L. QUANT, see Chapter 6, p.163.
4) See BANKS, Parity and Prestige.
5) See Chapter 1, notes 12 and 13.
6) DODD, Design and Technology.
7) Quoted in BANKS, op.cit., p.41
8) J. HEMMINGS The Betrayal of Youth(London, Marion Boyars, 1980).
9) B.W. WrrKIN 'Social class influence on the amount and type of positive evaluation of school lessons', Sociology, Vol. 5, No. 2, 1971.
10) The Times, 14 February 1978.

학교 교과의 탄생과 변화

펴 낸 날/ 초판1쇄 2022년 10월 31일
지 은 이/ 아이버 굿슨
옮 긴 이/ 김순미 노현주 신혜영 양미소 이윤미 조현정 하은숙 한경희
정광순 조상연 김세영
검　토/ 김수진 이한나

펴 낸 곳/ 도서출판 기역
펴 낸 이/ 이대건
편　집/ 책마을해리
출판등록/ 2010년 8월 2일(제313-2010-236)
주　소/ 전북 고창군 해리면 월봉성산길 88 책마을해리
경기도 파주시 회동길 363-8
문　의/ (대표전화)070-4175-0914, (전송)070-4209-1709

ISBN 979-11-91199-45-1 93370